U0691301

教育教学理论创新与发展研究

傅松桥　著

中国原子能出版社

图书在版编目（CIP）数据

教育教学理论创新与发展研究 / 傅松桥著. --北京：
中国原子能出版社，2023.12

ISBN 978-7-5221-3320-1

Ⅰ．①教… Ⅱ．①傅… Ⅲ．①教育研究②教学研究
Ⅳ．①G40-03②G420

中国国家版本馆 CIP 数据核字（2023）第 254960 号

教育教学理论创新与发展研究

出版发行	中国原子能出版社（北京市海淀区阜成路 43 号　100048）
责任编辑	潘玉玲
责任印制	赵　明
印　　刷	北京天恒嘉业印刷有限公司
经　　销	全国新华书店
开　　本	787 mm×1092 mm　1/16
印　　张	16
字　　数	242 千字
版　　次	2023 年 12 月第 1 版　2023 年 12 月第 1 次印刷
书　　号	ISBN 978-7-5221-3320-1　　　**定　价　76.00 元**

发行电话：**010-68452845**　　　　　　版权所有　侵权必究

前　言

　　教育是永恒且不断更新的话题。在我国当代教育改革实践中，教育理念的先导性已成为基本特征。教育改革者的逻辑是：先进教育理念为教师所掌握，教育行为将发生根本性变化。然而，教育理念的拥有并不一定能转化为相应的教育行为，因此，重视现代教育理念的提出、传播和实践是教育发展的关键。

　　教育理念是人们对教育现象或活动的理性认识、理想追求及其所形成的教育思想观念的哲学概括。自近代工业革命以来，教育新理念层出不穷，教育改革不断发展，教育的地位和作用日益提升。20 世纪以来，全面教育、全纳教育、终身教育等理念的提出，引领和促进了国际教育的改革发展。

　　我国一直重视教育，教育理念的更新与改革是现代教育发展的重要内容。然而，在日常教育教学中，教育人员并未将这些理念融入教学理论与实践建设中，导致我国教育存在理念丰富但缺乏实践智慧的问题。因此，撰写一本在现代教育理念视角下研究现代教育教学理论与实践的著作具有重要意义。

　　本书旨在为我国教育改革提供理论支持，为教育教学实践提供指导。希望本书的出版能为我国教育教学理论的创新与发展贡献力量，推动我国教育事业的发展。

目　录

第一章　教育与教育学基本概述

教育，作为人类社会的基石，自古至今扮演着不可或缺的角色，不仅是生存和发展的基础，也是现代社会进步的关键。近年来，随着素质教育的推进和基础教育改革的深化，教育理论和实践迅速发展，产生了众多新问题。正确理解教育及其内外关系，把握教育发展历程和教育学的研究范畴，对于领悟教育学的丰富内涵至关重要。

第一节　教育的概念与构成要素

教育对国家和个人的重要性已广为人知。对教育的认识和理解，以及如何科学合理地实施教育，成为教育理论研究者、教师和师范生必须关注的基本问题。

一、教育的概念

教育的定义看似简单，实际上却难以让所有人都满意。尽管教育活动已存在数千年，人们对教育的思考也经历了无数年，但关于教育的一致性定义仍难以达成。

（一）"教育"的词源

关于"教育"的词源，中西方有所不同。在我国古代，人们很少使用"教育"一词，更多使用"教"与"学"。在先秦古籍中，"教"已具有后来"教育"的含义。一般认为，"教育"一词最早见于《孟子·尽心上》。甲骨文中，"教"的常见写法是"𢒈"，而金文的写法"𢾰"更能反映古代教育的情况。左下方的"𢀳"表示一个小孩，是教育的对象；左上方的"𢆶"表示占卜的活动，是教的内容；右下方的"又"是表示手，右上方的"卜"表示鞭子或棍子，是教的过程和手段。19 世纪末 20 世纪初，清政府为广开民智，兴学育人，培养经世致用的人才。在甲午战争之后，一些人开始翻译日文教育学书籍，将有关"兴学"的活动和理论称为"教育"和"教育学"。1906 年，学部奏请颁布"教育宗旨"，民国后，正式改"学部"为"教育部"，此后，"教育"成为我国教育学的基本概念。

西文词源中"教育"的含义浸透着古希腊高超的唯心主义精神智慧，也内含着一种神秘主义的文化底蕴。苏格拉底的"精神助产术"，就十分精妙地展现了拉丁文"教育"的内蕴。

中西方在词源上对教育的内涵有共同性和不同点。共同性在于，两者都将教育视为培养人的活动，具有培养人的价值指向。不同点在于，中西方对所要培养的人的期许存在差异，这导致了不同的教育方式和价值。因为复杂的原因，中西方教育观在文化起源时选择了不同的起点，逐步形成了各具特色的教育传统。从传统教育的主流及总体趋向上看，中国教育更重约束、人为控制、知识累积和教师作用，而西方教育更重自由、顺其自然、能力培养和学生地位。这些差异历经数千年，延续至今，根深蒂固。

（二）"教育"定义的若干表述

由于对教育理解的侧重点和价值立场不同，对"教育是什么"的问题，历来众说纷纭。中国先哲们很早就开始了对教育意义的探索，将教育等同于道德教育。在西方，柏拉图认为教育的任务在于使人的灵魂转向理性世界，而卢梭、裴斯泰洛齐、斯宾塞、爱伦·凯和杜威等教育家们从个体功能和社会功能两个角度来解释教育。这些关于教育内涵的表述，并非在逻辑意义上给教育下定义，而是分析教育哲学意义上的纲领性定义。它们主要说明教育的"应然"，揭示了教育的共性，即任何教育都是培养人的活动。然而，这些纲领性定义在外延上过于宽泛。

一般来说，教育的定义可分为广义和狭义两种。

广义上的教育，如《中国大百科全书·教育》和《教育大辞典》等，认为教育是增进人们的知识和技能、影响人们的思想品德的各种活动。《美利坚百科全书》和法国教育学家涂尔干则认为教育是获得知识或见解的过程，以及年长者对未成熟者的社会生活影响。美国教育学家奈勒认为教育是对个人身心和性格产生塑造性影响的任何行动或经验。这些定义都揭示了教育的质的规定性，即培养人或促进人的发展。然而，这些广义教育的定义存在过宽、过泛之嫌，未能明确区分教育与其他具有教育性的社会活动。一种活动是否属于教育活动，需要同时具备教育的影响和作用，以及把教育人作为首要目的。

关于狭义教育（学校教育），我国学术界并无太大争议。《教育大辞典》认为狭义教育主要指学校教育，即根据社会要求和受教育者发展需要，有目的、有计划、有组织地对受教育者施加影响，培养所需人才。国外学者中，奈勒在《教育哲学导论》中提出，教育是通过各级学校、成人教育机构等有组织媒介，将文化遗产、知识和技能传给下一代的过程。

狭义教育的显著特征在于其专门性、制度性、目的性、计划性、组织性和持续性。学校教育以促进人的健全发展为己任，实现社会化与个性化的统一，丰富学识、发展能力，为生存和终身发展，以及获得幸福生活提供条件和奠定基础。然而，需要指出的是，尽管学校教育具有目的性、计划性和组织性，但对此亦不应过度强调。我国教育由于强调施教者一方的强势地位和对整个教育过程的掌控，使得教育的"要教育人"的意图往往过于明显、强烈。相对于教育者，学生固然是受教育者，但"受教育"并不等同于"被教育"。

后来的有识之士继续探索"教育"概念。德国教育家雅斯贝尔斯将教育视为"人对人的主体间灵肉交流活动"，日本学者小泉英明从脑科学角度定义教育为"控制和完善外部刺激的过程"。现代文献中关于教育定义的表述很多，美国学者谢弗勒将教育定义分为规定性定义、描述性定义和纲领性定义。由于定义方式不同，教育难以有一个"统一"的定义。有学者认为，阐述教育的意义在于表达教育理想、期望，观照教育现实，为现实教育发展谋求合理方向。因此，教育的唯一真正的定义似乎并不存在。

教育在本质上不属于科学概念，它是主观且变化的，且"教育"与"非教育"的界限在许多情况下是模糊的。因此，给教育下一个统一的科学定义是不明智的。本书不追求这种定义，但教育概念的不统一会导致对教育其他问题的认识混乱，不利于教育学的建设。

为教育下定义，尤其是狭义教育，需要定义者的基本立场。本书的立场包括：在逻辑立场、价值立场、学科立场和实践立场上，尽可能揭示出教育的质的规定性，赋予教育最一般的价值内涵和核心，将人的需求和人自身的发展视为教育的根本，对教育实践的基本活动方式给予符合教育本性的规定。

基于这些立场，本书将教育从广义上定义为"以有意识地教与学为活动形式，以传授知识经验和促进人的发展为首要目的的社会活动"，从狭义上定义为"一种有目的、有计划、有组织地对人施加影响，促使其身心得到发展的社会活动，主要指学校教育，但不限于学校教育，包括函授教育、远程教育等"。

二、教育的构成要素

要深入了解教育活动，需分析其构成要素。教育活动的构成要素包括教育者、受教育者、教育内容和教育手段，这些因素对于教育活动是必不可少的。

（一）教育者

广义上，教育者是指对受教育者在知识、技能、思想、品德等方面有教育影响作用的人，不局限于某些特定人群，如父母、新闻记者、政治家等。在狭义的学校教育中，教育者通常指教师。

教育者是教育活动的主体，以受教育者为对象，通过自身活动促进受教育者身心发展。教育者是教育活动的主导者，通过自身活动唤醒、激发、影响、引导受教育者，促进他们心灵的发展与变化。教育者的主导作用表现在"定向"和"选择"上，即为教育活动提供方向，确定教育内容和方法。教育者在教育过程中的地位和作用是在社会的专门委托下，以社会要求的体现者的身份参与教育过程，通过有目的的活动来调整、控制教育对象、教育内容、教育方式乃至整个教育过程。

（二）受教育者

受教育者是教育活动中从事学习的人，包括学校学生和成人教育学生。受教育者是教育对象，学习和自我教育的主体，教育活动的基本要素。没有受教育者，教育活动无法进行。受教育者虽看似被动，但实际上积极参与教育过程，自主成长发展。人类社会通过教育和学习传递经验，扩展人的认识范围，加速认识能力发展，并影响生理变化。受教育者具有教育需求和可教育性，通过教育实现从生物实体到社会实体的转变，从低素质者到高素质者的转变。受教育者在教育过程中具有主观能动性，教育活动是引导他们将外在教育影响内化为自己的智慧、才能、思想、观点和品质的过程，实质是促进自我教育和自主发展。

（三）教育内容

教育内容是教育者和受教育者共同认识的对象和客体。在广义教育活动中，教育内容泛指学校、家庭、社会等对受教育者有影响的各种因素。在学校教育中，教育内容指传授给学生的知识、技能、思想、观点、信念、行为、习惯等的总和。

教育内容需要经过教育者选择和安排，具有较高社会价值和教育价值的内容才能被纳入教育内容体系。教育内容主要体现在教科书、教学参考书、其他形式的信息载体、教育者自身所拥有的知识、经验、言谈举止、思想品质和工作作风，以及具有教育作用的环境中。教育内容根据历史条件和教育对象的不同而有所变化，但主要包括体、智、德、美、劳等几个方面的教育内容。

（四）教育手段

教育手段是教育活动中采用的方式和方法，包括教育者和受教育者的教与学方式，以及物质条件，如教具、实验器材等。教育手段是围绕教育内容设计，受内容性质和受教育者身心发展规律制约。教育手段有助于以合适的方式呈现教育内容，促使受教育者有意义学习和积极发展。教育手段是教育活动进行的必要条件，对教育质量和效果有直接影响。

第二节　教育发展的历史轨迹

为了科学、透彻地理解教育问题，必须清楚教育产生的源流，因此，教育起源和发展历史是教育学的重要理论问题。

一、教育的起源

人类好奇心和逻辑思维驱使人们探究最初教育活动的形态，提出了"教育起源"问题。教育起源问题是教育史和教育学研究的重要问题。从不同视角解释教育起源有助于理解教育内涵，澄清教育与其他社会现象的区别，以及教育在人类社会发展中的作用。关于教育起源，传统上有三种代表性观点：生物起源说、心理起源说和劳动起源说。

（一）教育的生物起源说

教育的生物起源说的代表人物是法国社会学家勒图尔诺和英国教育学家沛西·能。他们认为教育是生物现象，起源于动物的生存与繁衍本能。勒图尔诺认为教育在人类社会和动物界都存在，而沛西·能强调教育是与种族需要、种族生活相适应的天生本能行为。尽管这一观点以动物观察和人的生物属性为依据，但它过于强调人的生物属性，忽视了教育的目的性和社会性，将教育起源问题生物学化。

（二）教育的心理起源说

教育的心理起源说是英国教育家孟禄对生物起源说的批判。他认为生物起源说未揭示人与动物心理本质区别，动物界并无教育存在。孟禄认为教育起源于模仿，分为有意识模仿和无意识模仿，前者属于教育活动范畴，后者不属于。孟禄的观点虽然与生物起源说有区别，但实际上仍抹杀了教育的有意识性。他认为教育起源于原始社会中儿童对成人行为的无意识模仿，这种模仿是遗传性而非获得性的，是本能而非文化的和社会的。孟禄的观点忽略了教育的社会属性，将人类社会的有意识提升人格的活动等同于动物的无意识模仿。

（三）教育的劳动起源说

教育的劳动起源说是在马克思主义历史唯物主义理论指导下形成的，认为教育起源于劳动。这一观点得到了苏联和我国教育史学家的认可。劳动起源说认为人类教育伴随着人类社会的产生而产生，劳动过程中人们传递生产经验和生活经验的实际社会需要是推动教育起源的直接动因。自20世纪50年代初到80年代初，劳动起源说在我国被视为马克思主义的教育起源论。然而，自20世纪80年代以来，关于劳动起源说的质疑与争论不断，形成了多种关于教育起源的观点。这些争论留下了许多需要进一步思考的问题，为探索教育的"源头"和思考教育的内涵提供了空间。

二、教育的历史发展

教育是向社会传授文化知识和思想意识，使受教育者成为社会所需要的人。教育过程本质上就是实现社会要求的过程。因此，不同历史时期，社会对受教育者有不同要求，教育具有不同历史发展特点，形成了与各种历史形态相应的教育形态。

（一）原始社会的教育

原始社会是人类社会的最初形态，人们依靠集体狩猎采集的生产方式落后，生活条件艰苦，劳动产品平均分配，氏族部落内部无等级贵贱之分，人与人之间的关系平等。原始社会的教育特点与这些基本特征相适应。原始社会教育特点包括：无阶级性，教育水平低且手段原始，教育与生产、生活紧密结合为生产劳动服务。教育充满平等精神，所有社会成员都有受相同教育的权利和机会。教育方式主要靠年长一代的言传身教，内容简单贫乏，仅包括生产知识和生活经验。教育没有专门机构、教师和教材，主要靠言传身教。教育与社会生产、生活紧密结合，没有分化独立，主要围绕生产劳动进行。

原始社会晚期，教育活动进入新状态，表现为：教育目的明确，培养合格氏族成员；教育内容丰富，包括生产技术、宗教、道德、艺术和军事训练；教育形式多样化，包括口头传授和实践活动。

（二）奴隶社会的教育

在奴隶社会中，教育专门机构——学校的出现使教育独立于生产和生活方式，具备了独特的社会功能。中国奴隶社会已有各种教育机构，如校、序、庠、学、瞽宗等，后期还建立了政治与教育合一的国学、乡学体系。古希腊的斯巴达、雅典设立了文法学校、弦琴学校、体操学校和青年军训团等教育机构。古埃及王国末期则出现了宫廷学校。

　　奴隶社会的教育内容丰富多样。文字和典籍的发展极大地丰富了教育内容，有助于知识的积累和传承。我国西周教育的"六艺"涵盖了德、智、体、美等要素，成为学校教授的科目。古希腊也出现了德、智、体、美和谐发展的教育。学校教育已经具备了不可或缺的职能。

　　奴隶社会的学校教育呈现出明显的阶级性。我国夏、商、西周的学校主要招收王太子、王子、诸侯之子、公卿大夫之嫡子，乡学也仅限于奴隶主贵族子弟。古希腊斯巴达和雅典的学校专为贵族而设。古埃及的宫廷学校仅接收王子、王孙和贵族子弟。学校教育与生产劳动相脱离，劳动阶级子弟无法接受学校教育。

　　奴隶社会的学校教育开始受到一定的理论指导。随着教育经验的积累和教育作用的日益显现，哲学家和思想家纷纷参与教育活动和教育研究，推动了教育实践理性水平的提高。中国的孔子、孟子、荀子，古希腊的苏格拉底、柏拉图、亚里士多德，古罗马的昆体良等都是当时著名的思想家和教育家。

（三）封建社会的教育

　　在封建社会，学校体制逐渐完善。我国唐代已具备完善的学校体系，包括儒学、专门学校和地方学校。西方中世纪时期出现了教会学校、世俗封建主的宫廷学校，以及城市大学和行会学校。

　　封建社会教育功能得到拓展。教育在奴隶社会侧重政治、军事、伦理等功能，而封建社会科学技术和学问的发展使教育具有文化传播、社会选择和生产服务功能。统治阶级及其知识分子普遍轻视生产劳动，要求子弟学习统治术、战争术、外交术等，排斥生产劳动经验于学校教育之外。

　　封建社会教育具有阶级性、等级性和宗教性。学校教育成为阶级统治的工具，专为统治阶级培养人才，广大劳动人民基本无权享受这种教育。教育的阶级性表现在教育权、受教育权、教育目的、内容、方法、教师选择与任用等方面。与此同时，被统治阶级也在劳动生活中教育子女明确团结互助的重要性，以及对统治阶级的仇恨。

（四）现代社会的教育

第一次资产阶级革命标志着现代社会起点，开启了社会现代化的历程。现代化是应用近现代科技全面提升人类生存状态的过程。政治与工业革命推动了社会进入现代阶段，其核心特征是工业化生产，表现为手工工具向机器的转变，形成采掘、制造等主导产业，科技进步成为工业发展的动力。资本推动市场扩张，社会管理从农业专制转向民主，人际关系由人身依附转向以物为基础的个性独立，法律与道德（含宗教）成为生活准则。科技成为推动社会革命性进步的力量，与之适应的是现代教育的兴起。

现代教育，即资本主义和社会主义社会下的教育，虽然两者制度迥异，教育也有根本性差异，但都处于现代社会，教育存在共同特征。由于各国政治、经济、文化差异，现代教育的特征显著性也有很大差距。以下所概述的现代教育特征，主要是指西方发达国家引领，其他国家普遍追随的世界教育发展的普遍趋势。

普及义务教育的实施。学校教育普及程度显著提升，各工业化国家废除古代学校教育等级性，颁布义务教育法令。普鲁士公国、美国马萨诸塞州、英国、日本、法国等相继实施。20世纪以来，普及义务教育年限不断延长、质量提高。如今，多数国家已普及九年义务教育，这不仅成为国家发展战略重点，也是提升社会福利的关键措施。

现代教育体系的建立。随着社会发展与教育需求增长，多数国家逐步建立包括学前教育、学校教育、成人教育在内的终身教育体系，以及包括初等、中等、高等教育在内的各级教育体系和包括普通、职业、专门教育在内的各类教育体系。教育体系日益完整、丰富，现代学校类型多样，包括传统文法学校、实科学校、职业技术学校，以及各种类型的大学等。

教育民主理念的确立。义务教育的普及与民主精神深入人心，使教育从义务观转向权利观。20世纪，教育民主化推进了"教育机会均等"，确保人人享有入学机会，并打破了各级教育间的界限。现代社会要求教育体现民主、平等、合作精神，坚持公平、正义、人道原则，保障公民受教育权利平等，消除歧视和体罚。教育民主化旨在保障学习权益，实现终身学习，且人们追求的不仅是入学机会的平等，还有教育过程的自由和结果的优质。

教育的多元化。教育的多元化表现在教育制度、内容、方法和形式上。在教育制度上，办学主体、学校定位和办学特色趋向多元化。教育内容上，现代学校设有丰富多样的课程体系，并注重传授社会生产所需的自然科学知识，倡导知识开放性。教育方法上，反对单一化，提倡多样化的教育方法和知识获取途径。教育形式上，学校将智育、德育、体育等与社会生产需求结合，实现"教育同生产劳动相结合"的原则。教育的多元化旨在满足学生多样化需求，培养具有个性和创造精神的人才。

学校教育与社会实践和日常生活紧密结合。现代教育反对脱离现实生活的教育。教育应服务社会生产和生活，为学生现实生存、发展和幸福生活服务。教育被视为经济发展的关键，其消费与生产的关系受到各国政府高度重视。教育改革成为推动经济发展的战略性条件。

科学教育与人文教育的融合。自19世纪后期起，科学主义与人文主义相互对抗约百年。在此期间，科学教育占优，人文教育受冷落。然而，20世纪70年代人文主义在欧洲复兴，人们逐渐认识到，要培养完整的人、构建和谐社会，必须实现科学教育与人文教育的融合与互补。

教育的公共性日益突出。工业社会初期，教育主要为新兴资产阶级服务，阶级性明显。但随着工业发展、工人阶级争取教育权利的斗争激烈，以及社会管理方式的变化，教育的等级性和阶级性逐渐不合时宜，受到两方面的批判。因此，教育日益成为社会的公共事业，与公众整体利益相关。这体现在教育管理、决策、资助过程中的社会参与性增加，师生关系也由农业社会的不平等走向工业社会的民主。

三、知识社会的教育发展趋势

知识社会，也称"后工业社会"或"信息社会"，是以知识为基础的经济体系。根据经济合作组织（OECD）的定义，知识经济以现代科学技术为核心，建立在知识、信息的生产、存储、使用和消费之上。这是一种高技术、高文化、高智力经济，以高技术产业为支柱，智力资源为首要依据。

虽然知识社会仍处于形成中，但近半个世纪的社会发展已揭示出其初步轮廓。生产工具已从大机器时代进入智能时代，计算机和数字技术的迅猛发展引发了生产方式、生活方式和管理方式的革命性变革。劳动力从第一、第二产业转向第三产业，如交通、通信、商业、教育、科学等，蓝领阶层正在消失。高度智能化的高新技术产业已成为知识社会的支柱，传统产业也面临技术改造和知识更新的挑战。专业技术人员在就业人员中的比重迅速上升，新知识、新技术和优质人力资源成为制约国家发展的关键因素。

经济全球化加速了世界一体化进程，相互依赖和文化冲突成为 21 世纪的主要矛盾。与这些社会特征相联系，人们概括出知识社会教育的主要特征，包括以下五个方面。

（1）全面发展个人的培养从理想走向实践。教育的最高目的是实现人的全面发展。自古希腊亚里士多德提出人的和谐发展理论以来，培养全面发展个人成为教育理想。现代教育以人生而平等观念为基本理念。马克思主义对全面发展个人进行了科学论证，使其从理想走向实践，成为教育指导思想。

（2）学校将发生系列变革，以满足不同学习者需求，包括目的、类型、教育网络、市场联系、教学组织形式等方面。学校教育观、课程、教学及师生关系等将成为公共辩论焦点，教育的服务性、可选择性、公平性和公正性将成为改革的基本价值方向。

（3）教育的功能将得到全面理解，包括政治性、文化性等方面，教育将帮助青少年适应社会变革，启发他们反思和筹划新的社会变革，教育将从社会变革的边缘走向中心。

（4）教育的国际化和本土化趋势明显。全球化意味着不同国家、地区人们之间有着紧密关系，教育应培养受教育者适应国际化时代。同时，教育本土化对保护世界多样性具有重要意义。

（5）教育的终身化和全民化理念成为指导教育改革的基本理念。信息时代要求改变传统生活模式，终身教育成为关键，教育应贯穿人的一生，成为所有社会成员的基本需要。教育的终身化促进了学习型社会的形成，必然要求教育的全民化，即全体国民都有接受教育的基本权利，国家和政府有责任保证满足全民基本的学习需求。

第二章 现代教育的基本特征与理念

现代社会的形成与发展推动了现代教育的产生与发展。现代教育是适应现代社会并为之一服务的教育思想、制度、管理体系、内容、方法、形式的总和。它在现代社会条件下顺应时代发展需求而形成，具有与古代教育区别的特征，特别是 20 世纪 50 年代以来出现了许多新质、新特点。现代教育不断改革以适应社会需求，凸显出教育理想和理念变革的重要性。理念变革是现代教育改革发展的先导，当旧有教育理念无法适应实践追求时，新理念的产生和形成成为必然。现代教育理念的产生通常建立在已显现的现代教育特征之中。

第一节 现代教育发展的时代特征

人类已经历了以生产力与科技发展为主要标志的三个文明阶段：农业文明、工业文明和信息文明。每次文明的变迁都带来了前所未有的生活方式，彻底改变了文化与文明。农业革命历经数千年，工业文明兴起仅 300 年。自 20 世纪 50 年代以来，信息文明崛起，其与工业文明在运行法则、生产方式、生产观念等方面有很大不同。新文明不仅为物质生产带来便利，还彻底改变了人类的生活学习、工作、娱乐方式。人类文明模式的变迁将对各个方面产生深远影响，引领社会变革。在新的文明发展趋势中，现代教育展现出与过去不同的时代特征。

一、现代社会的时代特征

（一）现代化

"现代化"是一个表示人类社会近期急剧转变的总动态概念，内涵丰富，并已在多个学科研究中广泛使用。但由于不同学科的研究角度不同，对"现代化"的定义也各异，学术界尚未形成一个统一定义。从社会学角度看，现代化是一种有目的、有计划的社会变迁过程，涉及政治、经济、文化和社会生活各个方面，代表了人类社会进步的方向。因此，自第二次世界大战后，现代化成为一股世界性潮流，成为许多发展中国家的发展目标。

衡量一个国家现代化水平的标准，过去人们通常以经济指标为主，但自20世纪60年代以来，人们越来越意识到，衡量一个国家的发展水平需要综合考虑社会和经济方面的发展。现代化应是社会全面发展的综合体现，仅靠经济指标无法准确、全面地衡量一个国家或地区的发展水平。因此，许多国际组织和成员国开始研究反映整个社会发展状况的社会指标。现代化被认为是一个国家在社会、经济、科学技术，以及相应的民族心理方面所达到的一种水平、状态，是一个动态的发展过程，代表了时代发展的方向。现代化与现代社会的概念并不完全等同，尽管它们之间存在一定关系。

（二）经济和社会发展全球化

全球化作为当代经济和社会发展的必然趋势，正在深刻地改变世界。自20世纪90年代以来，全球化已成为人们关注的热点话题。

关于全球化的定义，综合各方意见，可以描述为：全球化是指世界各国、各地区、各民族通过设立跨国合作机构，打破国界限制，实现各领域不同程度的合作与调节，使世界各国、各地区、各民族在经济、政治、文化等领域增加共同性、减少差异性的发展进程。全球化包含经济、政治、文化等多方面内容，但当前研究全球化问题时，人们常将"经济全球化"视为"全球化"

的同义语。

全球化并非新生事物，而是社会化大生产的必然产物。从历史角度看，全球化现象伴随着资本主义生产方式、大机器工业的出现而逐步产生。第二次世界大战后，科技革命推动全球化进程不断发展。特别是 20 世纪 80 年代以来，信息革命、冷战结束及原计划经济国家的市场化等因素导致全球化浪潮空前，国际组织和跨国公司的爆炸性增长成为明显标志。这些国际组织和跨国公司本身就是世界各国、各民族在政治、经济等领域相互合作的产物，它们进一步推动了全球化进程，使世界各国、各民族之间联系和依赖不断增长。如今，世界上已不存在可以不受其他地区影响的国家和民族。

（三）知识经济悄然兴起

20 世纪末，以信息技术为核心的高科技迅猛发展，知识经济这一新型经济形态在美国、欧洲和亚太一些国家和地区逐渐兴起。知识经济通常指建立在知识与信息生产、分配和使用基础上的经济，它是继农业经济和工业经济之后出现的全新社会经济发展状态，具有与以往经济形态截然不同的特征。

1. 知识成为经济增长的主要资本

20 世纪后半期，科技发展呈现出新特点：科技成果产业化速度加快，即从科学到技术的转化周期缩短。据统计，这一周期在 19 世纪长达 50 多年；20 世纪初至中叶约 10 年；20 世纪下半叶缩短至 5 年；而到 20 世纪末，如多媒体电脑从设计到生产仅用 4 年。这一特点意味着更多科技成果迅速引入生产，导致经济产业结构不断调整，许多新兴产业加速形成，尤其是知识和技术密集型产业。因此，在知识经济时代，知识成为重要的生产要素，体现在人力资本和科学技术中的知识开始成为经济发展的决定性因素。

2. 高技术产业成为主要的支柱产业

高技术产业是以高科技为主要资源依托的产业。高科技，按联合国组织的分类，主要包括信息科技、生命科技、新能源与可再生能源科技、新材料科技、空间科技、海洋科技、环保高新科技和管理科技（又称软科技）等领域。在知识经济时代，高技术产业将成为主要的社会财富创造形式。

3. 知识阶层成为劳动力的主体

在知识经济时代，知识的创新和应用成为经济发展的基础和驱动力，这必然导致劳动力素质和结构发生重大变化，知识劳动者将取代传统产业工人成为劳动力主体。资料显示，美国劳动力结构中，白领阶层已占 59%，蓝领阶层仅占 29%。白领阶层中逐渐出现更多"金领工人"——受过高等教育的高技术人才。他们比普通白领工人更富有创造力，熟悉先进技术并拥有熟练技能，因此，一些高技术公司老板愿意花费巨额薪金争抢这些"天之骄子"。

4. 创新是知识经济的灵魂

在当前时代，科技发展迅速，创新是科技进步和经济持续发展的关键。如前所述，知识经济的主要产业是高技术产业，而高技术本身需要不断创新以保持先进性。知识经济再生产的本质特点之一是不断创新，包括技术创新、知识创新、观念创新和制度创新。尽管知识是使用中不被消耗的资源，但为形成竞争力，必须不断创新而非复制。创新是知识经济时代的根本特征，创新是知识经济的灵魂。

然而，需要注意的是，知识经济时代的创新不仅指科学技术上的发明创造。美国经济学家熊彼特在《经济发展理论》中提出，"创新"是企业家对生产要素的新组合，包括引入新产品或新质量、采用新的生产方式、进入新的市场、获取原料或半成品的新的供应来源，以及实施新的企业组织形式。熊彼特认为，技术发明者不一定是创新者，只有敢于将新发明引入经济的企业家才是创新者。目前，国外高技术产业采用了熊彼特的创新定义，高技术产业的创业者被称为创新者，因为他们能将高科技迅速形成新的支柱产业，实现产业结构的更新或调整，为经济发展注入新活力，从而促进经济和社会的快速发展。正因为认识到创新的重要性，各国都在调整经济政策、科技政策和战略，高度重视科研创新，尤其是高科技领域的创新。

（四）信息化

社会正在进入高度信息化的时代，全球信息通信网络使陌生人能够交换音像文字信息。在信息社会，比特作为信息的"DNA"，正在迅速取代原子成为人类社会的基本要素。

从 20 世纪走向 21 世纪，这不仅是世纪性的变化，更是人类文明史的重大转变，即由工业文明进入"信息社会"。知识和信息将成为未来社会发展的决定性因素。在信息化社会，除了强调信息的传输、获取、存储，更重视对信息的加工、利用、生产和创新。信息化对人类教育和教学的影响将不可避免。以多媒体和信息高速公路为标志的信息技术，使传统文化——教育得以产生的三大基础（即阅读方式、写作方式和计算方式，简称读、写、算）发生裂变，从而使传统教育存在的合理性基础受到质疑。因此，信息化和信息革命极大地促进了人们对人文（包括教育）的理解，极大地改变了社会的经济结构。

以电子与光电子技术为主的多媒体技术、信息高速公路将推动知识领域出现一次产业革命，知识和信息产业将成为整个产业的主流，对整个产业起支配作用。产业革命要求人们重建新的教育体系。这是一次影响深远的巨大革命，它将导致人类经济发生带有根本性、方向性的转型——进入新的信息经济时代。知识将是这种经济的核心，"智力资本"将成为社会最重要的东西。而以创造、整理、储存和输运知识的新工具——数字革命形成的新产业，将成为新经济的基础。21 世纪，"信息经济"和"知识经济"已成为时代的基本特征，促使新的"管理革命"再次发生。

（五）学习化

在工业社会中，教育和未完成社会化的人的关系是一次性的，教育仅传授终身受益的知识，个人在知识应用中实现社会化。一个人的未来生活取决于学校成绩，学校学习对终身有益，教育与社会相分离。然而，由于社会快速发展，知识激增和更新周期缩短，一次性教育观念难以适应新形势需求。同时，教育本身也在不断变化：社会提供的校外学习机会在各个领域不断增加，而传统资格概念在许多现代活动部门正在被不断发展的技能和适应性概念所取代。因此，构建学习化社会成为人类自身发展的必然需求。无论学习化社会概念的本质内涵如何，其社会特征都将使教育面临有史以来最大的变革和挑战，传统教育在各个方面都面临着重新构建的机遇和任务。终身教育和学习化社会与职前教育和职后继续教育相区别，将成为重建教育体系的基石。

二、现代社会对教育的要求

现代科技迅猛发展，速度超出人们想象，进入"超常"发展阶段。科技显示出巨大威力，新技术革命给人类带来前所未有的挑战，实质上是更加重视科技知识，及时有效地利用、更新和创造科技知识，即重视智力开发。新技术革命将工业革命主要利用自然资源转向利用知识、智力、科技等战略性资源，导致产业结构变化和结构性失业问题。接受现代教育正逐步成为人类面对生存问题的新的抉择。发展智力不仅具有经济依据，也是人类自我发展的要求。科技必须与儿童、青年或成人的教育活动结合，帮助个人控制自然、生产和社会力量，从而控制自己、决策和行为。科技还须帮助人类培养科学精神，既能促进科学发展，又不受科学奴役。

技术进步和职业变化对教育产生了重大影响。面对新技术革命和职业结构的变化，20 世纪 70 年代中期，国际学术界就提出了"半辈子专业"的观点，即大学生在校所学知识在毕业时已显陈旧。进入 20 世纪 90 年代后，社会处于知识和信息急剧增长时期，"知识爆炸"和"信息爆炸"真实反映了知识社会的情景。新知识和新技术应用带来了产业结构重组、工业布局调整、交通和通讯手段重新安排，以及人类知识传承载体和媒介的更新，这些都在改变人们的生活方式，给社会和家庭生活中的人际关系带来很大影响。人们接受教育的方式、教育目标、体制、结构、方法和手段也随之变革，最重要的影响将是教育思想、价值观的转变，将形成新的学习—再学习、培训—再培训的体系，以及学习与工作的新关系。这是技术发展给现今教育带来的具有深远意义的影响。

现代教育需培养创造性人才。科技发展和社会竞争都离不开创造性人才。创造性人才培养与传统教育的划一性、封闭性存在尖锐矛盾，现代教育的重要标志是尊重学生个体、发展个性、培养自我责任意识，并变革旧的教育理论和观念。现代教育的社会服务功能决定其必须把培养创造精神作为未来发展的目标。人通过创造活动完善自我，创造机能是对文化最敏感、最能丰富和超越成就的机能，但也容易受到压制与挫折。教育发展历史表明，教育既能培养创造精神，也常压制其发挥。"为创造性而教"仍是教育必须高扬的时代旗帜。

社会不断发展，对教育提出更新要求。学生将是未来社会生活的主人，社会变化导致对学校要求的变化。学校若能了解今天和预测明天的要求，便可避免落后。教育教学一直以适应社会生活需要为目的，20 世纪后半叶，适应具有超越性，为未来思考。21 世纪初的教育改革与创新以信息化、国际化、科技发展、环境问题等为原动力和适应性要求，提出适应未来社会发展的教育要求。

教育在人和社会持续发展中作用日益重要，被视为第一战略产业。革新教育、探索 21 世纪教育新模式成为世界潮流。这种世界性教育变革以教育教学思想、观念和理论的变革为先导。因此，变革传统教育、构建当代教育体系是时代潮流和社会发展的必然要求。

第二节　现代教育的基本特征

从概念出发界定和解释现代教育不能明确区分现代教育与传统教育，反而成为传统延续的借口。因此，从现代教育产生发展的时代环境和未来要求出发，总结现代教育基本特征是构建现代教育体系的理论要求。现代教育的基本特征体现在教育的当代合理性和未来合目的性发展方面。

一、现代性

教育现代化是社会现代化的重要部分，其概念有两方面。一方面，教育现代化指教育事业自身的发展与进步，成为内部结构完善、系统运转自如、可持续发展的系统，是社会大系统中的有机组成部分；另一方面，教育现代化意味着教育在推动社会进步、经济发展和人的全面发展等方面发挥应有的作用，作出与时俱进的贡献。

现代教育是相对于传统教育而言的，除了时间上距离当代最近外，现代性还体现在理论上更接近教育实践、符合时代要求、科学并具有理论指导功能。现代性特征包括现代教育在理论上的最新发展和教育发展的某种取向。现代性既指特定时间存在的教育发展特征，也包括教育在现代发展的具体内容与要求。以下几方面是教育现代性的内容。

（一）现代教育观

现代教育要求全新的教育观念，教师的权威性和学生的被动接受状态已被打破。教育过程要实现知识学习、能力发展、道德情感养成的有机整合，不仅促进认知发展，还要发挥教育性功能。教育过程应成为推动学习者整体全面发展的重要途径。

（二）教育的时空范围将不断拓展

自 20 世纪 50 年代起，教育在现代化过程中不断更新理论，时间和空间上都有拓展。为适应学习化社会和社会化学习需求，教育已摆脱传统定位，自主学习和探究发现取代了单向灌输和填鸭式记忆。因此，教育正逐渐被学习所取代，以学习者发展为目的。现代教育将寻求理论研究的逻辑起点，聚焦于探讨如何学和学什么。教育研究主题的转换并非以学习理论取代教育理论，但重视学习研究和探讨将成为现代教育的基本特征。现代教育需以新视野开拓特定研究领域，构建新理论框架，尤其是重新思考现代教育特质，揭示社会历史认识向个体认识转换的内在机制和外在条件。

（三）教育的现代化要求

教育的现代化需要建立在实践基础上，因此现代性特征必然包括教育的现代化。现代化是一个不断发展过程，教育的现代化不仅涉及技术层面，也包括理论层面。随着高新信息技术的介入，教育过程的基本要素正在重组或置换，重构教育过程和方式。从可预见的影响和现代性要求出发，教育的现代化在理论层面包括教育思想、理论的现代化，教育方法、内容和手段（技术）的现代化。在技术层面，尽管"信息高速公路"尚未完全建立，但前期信息技术如个人计算机、CD-ROM、互联网等在教育中的应用已预示着教育信息时代的来临。高新信息技术在教育现代性特征上的体现主要表现在以下几个方面。

信息技术的创新和应用不仅改变了知识传播载体，也改变了传递方式，教育将从"人—人"关系传递方式转变为"人—机—人"的新方式，从而要求根本性改变教育思想、内容和方法。

高新技术在知识储存、传递和呈现方面的高效率和高品质，使教育在很大程度上突破了时空限制，对以时间和空间为基础的传统教育提出了挑战，适应信息化要求的现代教育将应运而生。

教学最优化一直是教学研究界追求的目标。高新信息技术能集中优秀教师编排的教育内容和实例，优化教学内容和过程，提高教学效率和质量。信息高速公路通过对大量信息的选择和编排，将优质教学内容聚集起来，让所有人共享，实现最优化教学。

教育学界一直努力寻求个别化教学。高新技术根据学生个性特点设计学习过程和方式，使学习方式、进度和过程更加个别化，提高教学适应性。

高新信息技术特别是多媒体计算机在教育中的应用，将实现"愉快教育"。

这种方式符合人类"乐学"心理机制，解决限制乐学的关键问题。多媒体信息技术使学习过程具有强烈直观性和自我操作性，易于吸引学习者参与信息交流，增强自信，积极主动地获取信息和解决问题。

二、主体性

主体性是现代社会政治、经济、科技发展的时代要求，也是现代主体教育理论的教育体现。传统教育往往忽视学生主体性的培养。在物质丰富和科技高速发展的现代社会中，人的基本特征是独立性和主体性，主体性是人性中最能体现本质的部分，是在人与社会环境相互作用中形成的。表现为自尊、自立、自强、自律和对人生价值的清醒认识，不仅懂得生存，还知道如何发展；不仅能适应社会，还能主动改造社会。同时，人的主体性还表现在理智性和智慧性，具有合理的知识结构和认知能力。

现代教育区别于传统教育，从主体教育理论出发，要求确立以下现代教育观。

（1）整体综合观点。改变将教育作为封闭系统研究的倾向，将教育视为整体系统，并与社会联系，探讨社会政治、经济、文化、生态、宗教等与学校的相互关系。关注整体上研究和把握教育内在因素的结构、层次、过程和关系，以优化教育过程和提高整体效益。

（2）活动与实践观点。活动和实践是教育中认识的起点，是主客体关系的中介环节，是学生个体和群体认识发展的基础。教育要充分体现教育认识活动的实践性。

（3）主体性观点。现代教育观强调学生是认识的主体，注重发展学生的主体性，区别于将学习者置于从属和被动地位的传统教育。主体教育理论与实践针对传统教育忽视人的发展问题提出。在教育教学活动中，压抑学生高度的自主性、主动性和创造性。主体性教学以发展为基础，变革传统教育中不合理的行为方式和思维方式，逐步确立以主体教育为核心的现代教育观念。

三、对话性

对话关注真理，不妥协，追求平等、自由、公正的交流。谈话者相互尊重人格、观点和观念，形成友谊感和信任。认真倾听他人意见，表达真实想法，让不同观点碰撞、激荡、交融，真理脱颖而出。

巴西教育家保罗·弗莱雷将对话理念引入教育领域，推动现代教育观转变。他指出教育弊端：操纵学生，驯化人，非培养学生自主性。他提出"解放教育"理念，认为教育是自由的实践，目的使人觉醒，具有批判意识，学会学习和思考，获得解放。"对话式教学"是该理念的实践体现。对话性理论认为，对话是人的本质和自然需求，人们在对话中获得情绪体验，发展社会情感。教育应教导学生尊重他人和自己的思想与情感，突破独断思维，倡导开放、相互倾听、融合中保持独立声音的主体姿态，强调在对话氛围中展开思想碰撞与沟通，生成新视界。

四、科学性

现代教育的科学性特征依赖于理论基础和研究方法的科学性。

当代科学普遍发展奠定了教育改革的科学理论基础。20世纪60年代以来，科学哲学崛起，心理学与教学结合，生命科学发展，生理学、脑科学成果涌现，增强教育科学意识，运用科学研究教育现象和问题，揭示教育本质和规律成为自觉行为。现代教育发展建立在科学基础上。

科学研究方法为教育当代和未来发展奠定方法论基础。科学追求真理性认识，发现客观规律，对现象和过程做出描述、解释和预见，具有普适性。现代教育基于科学解释功能，运用研究方法服务学科发展，包括自然科学和社会科学启示、跨学科研究方法影响和实验研究促进教育发展。

现代教育理论研究成果缺乏实验基础被判定为缺乏科学依据。现代教育不断证明科学化选择是教育的光明前途。教育的未来发展是多向度的，但必须以科学为基础，这是现代教育科学性特征的根本内涵。

五、发展性

自 20 世纪 50 年代起，适应社会快速发展和变革的需求，发展性成为教育的现代目标。教育作为社会活动，与社会和个体之间具有适应和超越双重功能性关系，超越实质是发展。在以发展为主要特征的现代社会，教育的发展性功能日益凸显，发展性目标成为现代教育的必然追求。发展性教育将传统静态知识传授转向能力、品德、个性全面发展。现代教育首要功能是发展而非选拔。目标以培养学生各方面能力——智力、思维能力、创造力为出发点。从传统单向灌输知识教学转变为培养自主学习、独立思考能力的教学。发展性教学在实践中呈现以下特征。

（一）主动参与

强调学生主动参与，以促进个体发展为目标，探讨何种活动能有效促进学生发展变化。发展性教育将学生视为实践活动的主体，强调个体活动的主体性，而不仅仅是教学实践活动的基础和源泉。发展性教育活动是有教育性、创造性的实践活动，学生在实践基础上，主体运用现有认知结构去"同化"外部世界。通过学生积极参与，为每个学生提供自我表现、创造和成功的机会，培养提高自主性、选择性和创造性。

（二）合作学习

教育活动具有社会性，学生在合作与交往中发展，不当交往是个性社会化发展的主要障碍。发展性教育体现师生间、学生间合作、民主、平等和谐的人际关系，为学生主体性发展提供良好氛围和条件。承认教学认识的社会性，将主体间社会交往纳入认识活动过程，成为学生认识的重要内容。发展性教育关注教育活动中群体间人际关系和交往活动，积极建立群体合作学习关系。

（三）尊重差异

发展性教育强调尊重学生个体差异，包括两方面：一是承认学生发展存在差异性，让每个学生在原有基础上、不同起点上获得最优发展；二是承认学生发展的独特性。因此，在教育中要处理好全面发展与个性发展、同一性与灵活性、共同性与个别性的关系，区别指导，分层教学，避免按同一模式塑造学生。

（四）体验成功

发展性教育强调学生主动积极参与和获得成功体验，体现乐观向上、强烈主体意识的积极心态。成功体验强化学生积极学习行为，促进良好态度、稳定情绪情感、理想信念形成和人格养成。

现代教育发展性特征基于学习者发展需求，使教育过程以发展为目的和归宿，指向未来。学习者发展性追求是教育发展性特征的现实依据。

六、教育与生产劳动密切结合

不结合生产劳动的教育并非现代教育。教育与生产劳动结合在现代社会发展中，特别是科技在生产和社会生活中的重要性不断提升，其意义和内容日益丰富，形式多样。社会生产是社会生活的基础，经济、政治及日常生活等领域与之紧密相连。生产劳动概念扩大，涵盖了服务业、信息产业等"第三产业""第四产业"。因此，教育与生产劳动结合逐步演变为教育与社会经济、政治及整个社会生活结合，教育内容、形式及结构变得多样，包括职业教育、专业教育、成人教育等。

教育与生产劳动结合具有教育价值、经济价值、社会和文化价值。生产劳动引入教学领域，使教育更适应经济需求，为国民经济提供合格劳动力。教育与生产劳动结合有利于培养集体观念和社会价值观。学生参与生产劳动，直接掌握基本经验，为人才提供更多平等和社会流动机会，为教育民主化奠定基础。

七、拥有现代化的教育手段

现代教育特征之一是教育手段现代化，充分利用现代设施改变教育信息传递方式，提高教育效率和质量。科技发展应用于社会生产、生活领域，也成为教育专门领域，教育技术得以发展。现代教育技术自 19 世纪末萌芽，经过百年发展，从最初的幻灯到今天的计算机、教育卫星等广泛应用于学校教育。

现代技术手段运用推动了教育普及、职业教育发展、终身教育实现，有利于开发学生智力，培养主动性，促进教育教学探索性、创造性发展。教育个别化、分散化、小型化或巨型化、远距离或随时随地学习等都将成为可能。

八、科学精神和人文精神趋向统一

现代教育的核心是科学教育，教育内容和方法都遵循科学。现代教育要求学生系统学习科学知识，包括基础学科和专业知识，掌握综合技术和专门技术，培养科学精神。

然而，在现代教育发展中，科学教育受到"科学主义"和"人文主义"对立的影响。科学主义过度强调自然科学教育，忽视社会科学和人文科学教育，削弱学生全面发展和个性心理素质教育。第二次世界大战后，人本主义兴起，反对科学主义，强调个人绝对自由发展，重视人格因素，轻视科学因素。

为应对这些偏向，1972 年，《学会生存》报告提出"走向科学的人道主义"口号。1989 年，联合国教科文组织在我国召开的教育国际研讨会提倡超越个人，关心、尊重、友好合作，呼吁重视人格因素，实现科学和人文两种精神的统一。

九、日益显示出开放性、整体性特征

现代教育逐步发展为开放系统。传统学校体系封闭，与社会和劳动世界无联系。现代教育将学校与社会、劳动沟通，打破学校作为唯一教育场所的限制，出现夜校、函授教育等补充形式。现代教育开放性不仅体现在制度、组织形式突破封闭性，课程内容、教学方法等也不再局限于课堂内传授固定知识，而是提倡发现和创造地学习，将课堂教学与课外活动、生活联系起来。

现代教育系统各组成部分和方面相互依存，联系密切。教育要适应社会结构，寻求合理结构并不断调整，因此教育改革成为必然。21 世纪社会竞争激烈、节奏加快，要适应这一时代，必须重视人的整体性发展。人的整体性是多层次、多方面的整合体。现代教育将探索培养人整体发展的规律和特性，实现科学精神和人文精神统一，使学习者在理性、非理性、个性、社会性、独立性和创造性方面得到和谐统一和发展。

十、教育民主化向纵深发展

教育现代化与民主化进程同步进行。民主化是现代教育的基本特征，不民主的教育并非现代教育。教育民主化在不同时期和阶段面临的课题和表现各异，逐步深化和扩展，包括教育普及化和教育机会均等。

1. 教育的普及化

现代教育发展包括从贵族教育、英才教育向大众教育、普及教育的转变。18 世纪下半叶，一些先进资本主义国家通过法令普及初等教育。随着社会发展，尤其是生产和科技的发展，普及教育的年限逐渐延长。一些发达国家在普及中等教育的同时，积极发展职业教育。在实施和延长中小学教育的同时，高等教育也加速向大众化发展。在此过程中，学前教育也得到了迅速发展。

2. 教育机会均等

教育机会均等从仅强调受教育向强调积极参与教育的转变，是教育民主化深入发展的体现。最初，教育民主化的口号是"受教育机会均等"。20 世纪中期以来，更提倡"积极参与"，即不仅要接受教育，还要参与教育活动和决策。教育民主化的发展从形式和数量向内容和质量转变，提高教育质量成为现代教育发展的目标。教育机会均等不仅包括均等接受教育的机会，还应包括同等成功的机会，目标在于实现教育的平等成果。

教育民主化还体现在从外部民主向内部民主地发展。在教育教学过程中，教师与学生应建立平等、民主的关系。教师需要以平等和民主的态度对待学生，反对强迫学习和纪律，确立学生的主体地位，强调自我教育和自主学习，以促进学生的个性自由和主动发展。

第三节　现代教育理念的主旋律

当前，科技发展迅速，知识经济崛起，国际竞争加剧。社会发展要求教育不断变革，现代教育需要现代理念。观念变革是教育改革的基础，现代教育发展以理念突破和更新为先导，引发教育实践巨大变革。理念对教育发展具有引导作用，人们关注符合时代精神的教育理念更新，新的教育理念如素质教育、全民教育、终身教育、个性化教育等层出不穷，成为现代教育理念的主旋律。

一、素质教育

（一）素质教育的提出及其发展

1. 素质教育命题的提出

素质教育是改革开放时期的新生事物。这一概念最早在 20 世纪 80 年代中期提出，主要受两方面因素影响。一是 80 年代以来，世界政治经济格局剧变，综合国力竞争激烈，而这归根到底是技术和人才的竞争，因此人才素质问题受到广泛关注。1985 年，邓小平在全国教育工作会议上指出，国家国力和经济发展取决于劳动者素质。随后，《中共中央关于教育体制改革的决定》等文件也强调提高全民族素质。二是教育，特别是基础教育，是提高全民族素质的基础工程，因此，关于提高民族素质和探讨素质教育问题的文章日益增多。

2. 素质教育思想的形成和发展

随着对素质教育问题的理论探讨不断深入，素质教育的观念逐步确立，相关概念和原理也初步形成。1993 年，《中国教育改革和发展纲要》指出，中小学教育应从应试教育转向全面提高国民素质，促进学生全面发展。尽管没有直接使用"素质教育"一词，但已明确表达了这一观念。此后，素质教育的研究日益活跃，教育工作者对素质教育的社会背景、理论背景、内容、性质及意义，以及与应试教育、全面发展等的关系进行了深入探讨。在这些理论研究的基础上，素质教育的理论体系逐步确立，并对教育实践领域产生了重要的指导作用。

素质教育是体现时代精神和社会发展需求的理想教育理论体系和模式。要真正促进学生的理想发展并提高整个民族的文化素质，必须将理论体系和模式转变为教育实践。随着素质教育理念逐渐深入人心，从实践一线到理论界，从中小学到原国家教委都在逐步强调素质教育，素质教育在教育领域全面展开。1996 年，原国家教委肯定并推广湖南省汨罗市素质教育试验，标志着素质教育的试验与研究已从学校推广到区域。1997 年，原国家教委在山东省烟台市召开全国中小学素质教育经验交流会，全面部署素质教育工作。此后，素质教育进入全面推行阶段。各级教育行政部门召开各种类型的素质教育会议，广泛宣传、部署和组织实施素质教育。素质教育的实施成为全国性的教育教学改革运动，由各级政府机构决策领导，理论工作者研究指导，实际工作者具体实施。

1999 年 6 月 13 日，《中共中央 国务院关于深化教育改革，全面推进素质教育的决定》发布，为新时期素质教育赋予了新的内涵：提高全民素质为宗旨，培养学生创新精神和实践能力为重点，提高学生的思想政治素质为灵魂。教育部于 6 月 15 日部署贯彻该决定，将深化教育改革、推行素质教育提升至党中央国务院领导、全民人人尽责的高度，使实施素质教育成为有党政领导决策、有方针政策法规依据、有全民共同参与的兴国运动。可以说，《决定》

将新时期素质教育推向了新阶段。

（二）素质教育的基本特征

素质教育是一个随着时代发展而不断演变的理念。它起初是为了纠正应试教育的弊端而提出的。然而，随着教育改革的深化和人们对其认识的加深，素质教育的内涵也在持续丰富和扩展。现在，通常认为素质教育是一种以提高全民族素质为目标的教育，其核心是面向全体学生，全面提升他们的基本素质。这种教育模式注重发掘学生的潜能，并促使他们在德、智、体、美、劳各方面得到全面而生动的发展。与以往的教育相比，素质教育具有以下几个显著特点。

1. 教育对象的全体性

素质教育最基本的特征是教育对象的全体性。全体性意味着素质教育是面向全体国民的，无论是通过正规还是非正规的渠道，每个社会成员都应在一定时限和程度上接受教育，以达到提高全体国民素质的目标。从狭义上看，素质教育是面向全体学生的，旨在使每个学生在原有基础上得到应有的发展，并确保他们在社会所需的基本素质方面达到规定的合格标准，不忽视任何学生的素质培养与提高。这恰恰是素质教育与应试教育的显著区别，后者只关注有升学机会的学生，而忽视了大多数学生的发展。

2. 教育目标的全面性

素质教育以全面贯彻教育方针、提高国民素质为宗旨。我国教育方针要求学生"德、智、体、美、劳方面全面发展"，这符合人的发展需求和社会需求。因此，素质教育目标的全面性意味着要使受教育者的基本素质得到全面、和谐、充分的发展，让他们学会健康、学习、劳动、做人、创造和审美。这些素质是通过五育综合培养得到的，不能割裂。素质教育应贯穿于各学科和学校工作的各个环节，需要各育之间、学校各项工作之间相互协调、渗透。应试教育的弊端是过于关注升学考试所需的智力素质，而忽视其他素质的培养，导致教育不足，影响学生素质结构的和谐发展。全面发展不等于平均发展，关键是要给予每个学生充分的选择机会和发展空间。

3. 学生发展的主动性

学生作为具有自主意识的个体，其学习过程应是主动获取发展的过程。激发学生主观能动性，让他们积极参与教育教学过程，是获得主动发展的前提。素质教育尊重学生的主体地位，强调学生的主体作用，将学生视为包含认知和非认知因素的完整生命主体。教师应善于激发和调动学生学习积极性，将学习主动权交给学生，教会他们学习，并给予足够的时间和空间进行自主学习。根据学生特点，创造适合他们发展的教育条件，使个性得到充分自由发展。而应试教育常将学生视为被动接受知识的"容器"，忽视学生的主体作用，无视学生的主动性和创造性，以及个性特点和差异。

4. 教育内容、教育空间的开放性

在应试教育体制下，学生主要在课堂接受教育，知识和信息来源主要是教师和课本，这导致了教育空间的封闭性和信息来源的单一性，使得学生思想雷同，视野狭窄，缺乏动手能力。素质教育强调学生的全面和谐发展，要求教育内容拓展，不仅限于课堂和书本知识，而是要积极开拓获取知识的来源和发展的空间，重视利用课外自然资源和社会资源，开展丰富多样的活动，以促进学生的全面提高和和谐发展。此外，素质教育要求教育空间的开放和教育渠道的多样化，将教育场所扩展到大自然和社会，充分利用开放性教育场所，建立学校教育、家庭教育和社会教育相结合的教育网络，以及学科课程、活动课程和潜在课程相结合的课程体系，以适应学生全面发展和实现素质教育目标。

二、全民教育

1990 年，联合国教科文组织在泰国举行世界全民教育大会，通过了《世界全民教育宣言》和《满足基本学习需要的行动纲领》。全民教育致力于满足

所有人的学习需求，提升基本文化水平和谋生技能。这一理念推动了教育的普及化、民主化、终身化进程。全民教育观念是当今世界具有重大影响力的教育思潮之一。

（一）全民教育理念的提出

20 世纪 60 年代至 80 年代，社会经济发展、人口激增、国际政治动荡等因素使得人口、环境、教育成为许多国家面临的挑战。这些问题影响了教育的普及，1988 年世界人口达到 50 亿，贫穷和环境问题加剧，对资源需求增大，文盲人数持续增加，初等教育无法满足学龄儿童需求，不少儿童中途辍学。这促使全球开始思考教育全民化问题，全民教育理念应运而生，成为实现社会可持续发展的关键。

环境污染、资源短缺、不可持续的生产和生活方式、经济落后、历史因素等问题都与人口激增有关。全民教育，特别是普及初等教育、消除文盲和重视女童及妇女教育，与控制人口增长关系密切。人口激增阻碍了初等教育的普及和巩固，成为教育全民化的关键原因。20 世纪 90 年代，社会问题的复杂性和全球性使全民教育得到国际社会的关注。1990 年，联合国教科文组织在泰国召开"世界全民教育大会"，提出了"全民教育"的理念，包括扫除文盲、普及初等教育和消除男女教育差异。会议通过了《世界全民教育宣言》和《满足基本学习需要的行动纲领》。《世界全民教育宣言》明确了全民教育的目标是满足全民的基本学习需求。因此，发展全民教育成为全球多数国家向国际社会做出的政治承诺，成为各国教育发展的重要目标，并据此制定国家教育政策的指导原则。

全民教育的具体目标还包括如下内容。

（1）扩大幼儿的看护和发展活动，包括家庭和社区的参与，特别关注贫困儿童、处境不利儿童和残疾儿童的看护和发展。

（2）实现初等教育的普及并完成。

（3）提高学习成绩，使特定年龄组的认可百分比（如 14 岁的 80%）达到或超过规定的必要学习成绩水平。

（4）降低成人文盲率（各国自定适当的年龄组）。

《世界全民教育宣言》和《满足基本学习需要的行动纲领》确定了全民教育的目标、实施方法和具体行动计划，并呼吁全球各国在物质和道义上贡献力量，标志着全球实施全民教育的开始。

1990 年 9 月，世界儿童问题首脑会议通过的《儿童的生存、保护和发展的世界宣言》及其实施纲领，专门讨论了全民教育的目标，并为实现全民教育目标提出了五条具体措施。

（1）扩大幼儿早期发展活动。

（2）普及初等教育，确保至少 80%的学龄儿童完成小学教育或达到相应学习成绩，尤其关注减少男女儿童间的差距。

（3）将成人文盲率降低一半，特别是女性文盲。

（4）提供职业培训和为就业做准备。

（5）通过所有渠道，包括现代和传统交流手段，增强知识、技能和价值观的传播，以提高儿童及其家庭的生活质量。

1992 年巴西里约热内卢的"联合国环境与发展大会"、1994 年埃及开罗的"国际人口与发展大会"和"社会发展问题世界首脑会议"、1995 年丹麦哥本哈根的"联合国第四次世界妇女大会"，以及 1995 年中国北京等地的重大会议，尽管主题不同，但都强调了全民教育的重要性，特别是全民教育对促进人口、解决环境、社会发展、妇女问题的积极作用，重申了国际社会对实现全民教育目标的承诺。

2010 年 1 月 19 日，联合国秘书长潘基文和联合国教科文组织新任总干事伊莲娜·博科娃在联合国纽约总部共同发布了《2010 年全民教育全球监测报告》，主题为"向边缘群体提供教育"。该报告每年发布一次，由独立专家组撰写，旨在评估 160 多个国家承诺实施全民教育六大目标的进展情况。例如，开罗会议的行动纲领在教育方面强调了普及初等教育、扫除文盲、职业培训和消除性别不平等的必要性，特别关注基础教育、人口和社会发展三者之间的相互依赖关系。

全民教育的国际支持来自联合国系统机构、政府间组织、非政府组织、多边和双边资助机构等在财力和物力方面所做的承诺，涉及明确的经费资助目标。在一定程度上，发展中国家的一些全民教育项目得到了国际社会的支持。

全民教育是 20 世纪 90 年代提出的新的教育理念，其目标是满足所有人的基本学习需求，使每个人都可以受教育，接受社会为每个人提供的知识与技能，通过接受教育改善自身状况，使每个人都可以自立、自尊地生活，通过不断学习完善自己，进一步成为为国家乃至为全人类发展做出贡献的公民。

（二）全民教育的基本思想

20 世纪 90 年代，联合国教科文组织提出的全民教育新思想和新理念，明确了包括学前教育、初等教育、成人教育和扫盲教育等领域在内的目标。全民教育的终极目标是满足所有人的学习需求，确保每个人都有受教育的机会。

全民教育理念超越了以往对教育概念的理解，首次提出满足基本学习需求。从学习者个人角度看，基本学习需求包括读写、口语表达、基本运算和问题解决等基本学习手段，这些手段能满足学习者个人的基本生存、发展需求，改善生活条件并准备终身学习。从社会角度看，基本学习需求包括物质文化和精神文化，学习者作为社会成员有责任传承世界共同文化遗产，丰富精神财富，接受关于世界理解、宽容和促进国际和平的理念。

1990 年，泰国宗天会议通过的《世界全民教育宣言：满足基本学习需要》从三个方面阐述了全民教育的基本思想。

1. 教育对象的全民化

全民教育主张教育对象全民化，即人人都有权接受教育，教育应对所有人开放。无论年龄、性别、种族、语言、肤色、经济条件、社会地位、宗教信仰、政治主张，全民教育都主张所有人享有接受基础教育的权利，并促进教育机会的平等。实现全民教育目标需要各国教育部门、教育机构平等对待不同群体，并得到全社会的参与和支持。

从个人发展角度看，全民教育既是实现受教育权利和平等的根本保证，也是获得生存和发展能力的基本手段。从社会或国家发展角度看，全民教育既是社会经济进步的必然结果，也是摆脱危机、贫困，实现繁荣的必然选择。从全球整体发展角度看，全民教育有助于缓解贫困，解决环境、儿童失学、新文盲、成人扫盲、功能性文盲等严峻问题，是促进世界文明和共同繁荣的需要。

2. 满足所有人的基本学习需要

《世界全民教育宣言》第一条表明，每个人都应获得满足基本学习需求的受教育机会，全民教育不仅是目标，也是终身教育的基础。全民教育涵盖了幼儿看护与发展、初等教育、校外教育、扫盲教育、成人教育等正规与非正规教育，并强调全社会要利用各种途径满足全民基础教育需求。

全民教育关注学习者的学习结果、知识实际应用性、技能操作性及所学社会价值观的正确性，重视改善学习环境，主张提供接受教育所需的保障，包括卫生、健康等方面的物质及情感等必要条件。

3. 全民教育的普及

全民教育旨在使所有人都能受到教育，特别是让适龄儿童入学，降低辍学率，消除中青年文盲。这一运动在全球范围内，特别是发展中国家，得到了积极响应，形成了一种全球教育思潮。

全民教育强调教育机会均等，这一观念已为全球普遍接受。各国通过义务教育制度实现全民教育普及，义务教育具有强制性和普及性，依靠教育法律法规确保教育普及，形成一种制度保障机制。

全民教育的重点在于儿童初等教育的普及和成人扫盲。全民教育关注全球普遍关心的世界性问题，强调教育在人类进步和社会发展中的重要作用。

全民教育主张为儿童、青年和成人提供基础教育，扩大高质量基础教育服务，并采取措施减少差异。总之，全民教育要求教育对象全民化，人人享有受教育权利；其目的在于满足基本学习需求；普及全民教育需教育法律法规制度的保障。实施全民教育需要和平的国际环境，以及各国政府承诺、出台良好政策和财政资金支持。

（三）全民教育的进程与挑战

1. 全民教育的进程

自 1990 年世界全民教育大会以来，全民教育受到国际社会广泛关注和积极响应，教育被置于优先发展的地位，全民教育观念成为公众媒体关注焦点。

20 世纪 90 年代初期，各国政府和教育部相继制定教育政策和计划，增加基础教育经费。20 世纪 90 年代中期，全民教育概念逐渐扩大，从小学阶段的基础教育发展到初中阶段，少数国家将第三级教育也纳入基础教育范围。

2000 年，联合国教科文组织通过《达喀尔行动纲领》，提出实现全民教育的六大目标：扫盲、发展幼儿教育、普及初等教育、促进男女教育机会平等、生活技能培训、全面提高教育质量。

《2004 年全民教育全球监测报告》显示，约 2/3 的国家在初等教育领域实现了两性平等。《2006 年全民教育全球监测报告》强调扫盲为全民教育主题。《2007 年全民教育全球监测报告》数据显示，47 个国家已实现全民教育基本目标。

《2013 年全民教育全球监测报告》提出"教学与学习：实现高质量全民教育。"

全民教育实施多年，联合国教科文组织出版的文献显示，各国政府在提高儿童入学率、关注幼儿教育、普及义务教育、加强青少年继续教育、开展扫盲教育和实现两性平等方面取得了巨大成就。

2. 全民教育面临的挑战

由于各国政治、经济、文化及教育体制的差异，各国政府对全民教育的承诺、参与、支持与投入各不相同，导致全民教育进程和发展速度存在较大差异，这在一定程度上影响了全民教育目标的实现。全民教育主要面临以下挑战。

（1）贫穷造成的失学

贫穷、性别不平等和社会排斥仍然是实现全民教育目标的障碍。《2013年全民教育全球监测报告》指出，约5700万名儿童因无法上学而无法学习。到2015年，全民教育基本目标仍未完全实现。

由于缺乏强有力的多边框架保障资金、捐助来源有限、私营部门支持不足，以及英国教育改革"快车道计划"未发挥预期作用等问题，国际社会建议彻底改革全球教育援助协调机构。借鉴全球健康基金经验，建立更有效的多边教育援助方式，重点关注弥补经费缺口、提高学业成绩和提升教育公平等方面。捐助方需要采用更灵活的方法增加对受冲突影响国家的支持。

为实现全民教育目标，各国政府应加倍努力为所有弱势人群提供学习机会，努力解决性别不平等问题。教育女性可以让她们有能力保护儿童生命，教育全社会可以实现社会转型和经济发展。各国政府承诺通过相应计划，在学校体系内外，满足包括男女生在内的少年儿童的特定教育需求，注重培养生活技能。

对于已入学的儿童，低质量教育也是学习障碍。报告显示，1/3的小学适龄儿童，无论上学与否，都没有学好基本技能。

（2）政策资金投入不足

《2013年全民教育全球监测报告》指出，基础教育每年资金缺口达260亿美元。为确保资金的充分投入，各国政府改革政策需加大对全民教育经费的投入，并建立多种融资渠道。平等入学和平等学习已成为21世纪教育目标的核心。国际社会应确保所有儿童和青少年能学习基本技能，获得全球公民所需的可迁移技能。各国政府需制定明确可量度的目标，国际社会需追踪监测政府及组织的捐助，以防止援助资金缩减。国际社会更应集中力量解决最弱势群体的全民教育需求。对于世界冲突地区的教育统计数据，全民教育全球监测报告应给予特殊关注。

为弱势群体提供灵活的国家教育体系，非政府组织、社区和私营部门可举办非正规教育。提供符合青年和成人需求的技能培训，开展与就业相结合的学习计划，加大民间办学监督力度，并将其纳入国家教育体系。

（3）全民教育质量指标的衡量

在全民教育实施过程中，各国政府在提高儿童入学率、普及义务教育和增加入学机会等方面付出了巨大努力，但提高教育质量的统计数据较少，教育质量衡量指标不明确。学习者的知识掌握程度和理解能力没有明确显示。全民教育的质量问题决定各国教育努力程度，是实现个人和社会发展目标的关键。

《2005 年全民教育全球监测报告》提出了教育质量衡量指标体系，用于调查各国政府提高全民教育质量的进展。指标体系包括学习者认知能力发展和教育对公民价值观、态度、创造能力和情感发展的影响。

2014 年，联合国第 11 次《全民教育全球监测报告》认为，教育质量评价主要关注入学率、辍学率、测试结果和进展。报告指出，这些评价重视输入和输出，因为它们比教学过程本身更容易测量。目前，许多西方国家开始关注课堂教学过程，因为课堂是影响教育质量的重要因素。教育质量评价需要从重视输入和输出转向重视学习过程。

（4）师资的匮乏

《2013 年全民教育全球监测报告》指出，教师质量是青年文盲率高的一个主要原因。提高教育质量的关键是开发教师潜能。报告显示，优秀教师对教育质量有积极影响，反之亦然。优秀教育系统离不开优秀教师。报告提出了四种策略，为全体儿童提供高质量教育贡献最佳师资：一是选拔适合的教师，满足学生多样性需求；二是培训教师，从低年级开始支持弱势学生；三是最优秀教师应赴国家最困难地区任教，消除学习不平等；四是政府对教师进行适当激励，鼓励他们坚持教育，确保全体儿童持续学习。报告还强调，只有在适当环境、提供精心设计的课程和促进教与学的评估策略下，教师才能发挥最大潜力。

全民教育是当今世界具有影响力的教育思潮之一，各国政府投资教育，将教育视为社会发展的助推器。全民教育推动了教育的普及化、民主化、终身化进程。世界各国关注社会发展和生态环境变化，深刻认识到满足所有人学习需要的重要意义，以及全民教育在解决人类困境中的重要作用。

三、终身教育

终身教育是由法国的保罗·朗格朗在 1965 年联合国教科文组织主持的成人教育促进国际会议上正式提出。他倡导为个体在其需要时提供必要的教育，使个体在不同人生阶段都能接受所需的教育，获得知识和技能的机会，即人的一生教育与个人及社会生活整体教育的总和。

（一）终身教育产生的背景和理论基础

1. 终身教育产生的背景

（1）社会结构的变革

20 世纪 50 年代末至 60 年代初，技术革新和社会结构急剧变化。科技革新应用于生产劳动，推动产业结构变革，进而影响人们日常生活和家庭生活。面对不断变化的职业、家庭和社会生活，人们需要适应这些变化，更新知识、技能和观念。为了满足社会经济结构变化的需求，个体需在一生中持续学习和接受教育，以获得新的适应能力。终身教育理念迎合了这一时代需求。

（2）个体需求的变化

第二次世界大战后，经济状况改善，人们逐渐解决了基本生活困境。现实生活中，电器产品的普及减轻了体力劳动和家务劳动。随着生活条件改善，个体开始关注并追求精神生活，期望通过自身努力实现自我完善。为满足这种需求，个体会不断寻求发展机会，提高知识技能水平。然而，普通学校教育已无法满足这些需求，必须依靠终身教育来实现。

（3）教育体系的改革

随着近代学校发展和教育制度完善，学校一直负责培养年轻一代，这是其他社会活动无法替代的。然而，自 20 世纪 60 年代以来，学校的考试竞争和学历教育导致学校与社会脱节。因此，社会对传统学校教育体系改革有强烈要求，希望从根本上改革旧有教育制度，摒弃一校定终身的观念。各种校外教育活动开始涌现，如成人扫盲运动、广播电视大学、社区大学、老年大学和开放教育等。全社会倡导家庭教育、学校教育和社会教育（成人教育）有机结合，全面开放的终身教育必然成为教育发展的新趋势。

2. 终身教育的理论基础

1965 年，在法国巴黎的成人教育促进国际会议上，联合国教科文组织成人教育局局长保罗·朗格朗正式提出终身教育理念，指人一生的教育是个人与社会生活整体教育的总和。终身教育不仅涵盖学校教育和毕业后教育，还包括正规教育与非正规教育的关系发展，以及个人通过社区生活实现文化及教育目的。

国际发展委员会的报告《学会生存》中，将终身教育定义为涵盖教育的一切方面，整体大于部分的总和。终身教育不是一个教育体系，而是建立一个体系的全面的组织所根据的原则。

普遍认为，终身教育是人们在一生中所受到的各种培养的总和，从生命之初到生命之末，包括各个阶段及方面的教育活动，目的在于维持和改善个人社会生活的质量。终身教育开启了世界教育改革和发展新纪元。

朗格朗在提案中提出了五个关于终身教育发展的目标。

（1）社会应为人的整个生命周期提供教育机会，使人的一生都能参加各种生存发展的教育学习活动，以适应不断变化的世界。

（2）各级各类教育应协调统合，完善教育体系，实现职业教育与普通教育的融通，职前与职后教育的有效衔接，正规教育与非正规教育的协调互补，发展继续教育，建立终身教育体制机制。

（3）鼓励小学、中学、大学及地区性社会学校、地区性文化中心的教育功能，强调教育需要社会各方面力量的支持与参与。

（4）促进实施劳动日调整、教育休假、文化休假等制度或措施。

（5）将终身教育理念渗透到教育各领域，实现个体在不同阶段、不同场所接受不同教育的统合协调，形成新的教育手段，注重专门职业能力，并在个体发展中持续进行。

（二）终身教育的特点与意义

1. 终身教育的特点

终身教育具有以下特点。

第一，终身性：终身教育突破正规学校学习框架，涵盖整个生命过程，包括正规教育和非正规教育，涉及教育体系各阶段和各种教学组织形式。

第二，平等性：终身教育为社会全体公民提供知识服务，使每个人都有平等接受教育的机会，无论性别、年龄、贫富地位，所有人都可享受终身教育。

第三，统整性：终身教育整合各种教育渠道和方式，学习机会贯穿人的一生，包括家庭教育、学校教育和社会教育。在终身教育体系下，学习方式、地点、内容会随社会变迁而改变，学习者可根据自身特点和需求选择最适合自己的学习。终身教育将使正规、非正规及非正式的教育机会更加扩展、分化和连贯。

2. 终身教育的意义

联合国教科文组织将终身教育确定为教育活动领域的指导原则，各国纷纷响应并推动终身教育实践。终身教育对现代世界教育改革和发展具有重要理论价值和现实意义，主要体现在以下两个方面。

（1）促进教育体系的变革

终身教育的推进在全球范围内改变了教育体系的结构。它将社区内不同社会阶层、组织、团体结合起来，形成教育合力和社会关心教育、参与教育管理的机制，实现对不同社会成员的多渠道、多层次、多维教育。终身教育超越了传统教育和职业教育，打破了学校作为唯一教育机构的观念，使教育扩展到人生的整个领域。非义务教育和非学历教育成为终身教育体系的重要组成部分，各国对教育经费的投入也呈现出多渠道化。

（2）促进教育与社会经济的和谐发展

终身教育的目标在于培养个性化目标和社会整体人力资源水平，使个体适应科技和社会发展的需求，实现人与经济、科技的和谐发展。经济社会的发展依赖于科技和生产力，而人力资源素质决定了生产力水平，对经济社会的发展起决定性作用。

终身教育从社会全局角度出发，关注社会与教育的关系。它的思想已扩展到社会生活各领域，贯穿人的一生。终身教育能帮助个体实现发展目标，社会全体可通过终身教育调整与科技和社会发展的差距，实现整体进步，逐步达到更高社会发展层次。

终身教育摒弃了过去的封闭学习体系，在教育发展史上实现了根本性变革。建立学习型社会是终身教育的重要意义和价值所在。

四、个性化教育

2008 年，国际个性化教育协会首次理事会议对个性化教育作出明确解释。它表示，个性化教育是通过综合调查、研究、分析、测试、考核和诊断被教育对象，根据社会或未来发展趋势、对象的潜质特征和自我价值倾向，以及利益相关者的实际要求，为对象量身定制教育目标、计划、方案和管理系统。通过专业的教育培训方法、学习管理和知识管理技术，以及整合有效的教育资源，从潜能开发、素养教育、灵修教育等多方面，对对象的心态、观念、信念、思维力、学习力、创新力、知识、经验等进行咨询、教育和培训，以帮助对象释放生命潜能，突破生存限制，实现量身定制的自我成长、实现和超越。

（一）个性化教育的历史渊源

个性教育作为独立理念始于 20 世纪，但其观念自古就存在。儒家代表孔子提出的个性教育观，强调个体差异。《论语·先进篇》中孔子根据子路和冉有的性格特点给予不同建议，体现了"因材施教"的观念。朱熹《论语集注》也提到因性格施教，说明性格对学习的影响。因材施教是根据学生的志趣、能力等具体情况进行不同教育，虽然我国古代已有此教育理想，但至今未真正形成相应教育系统或制度。现今的"制度化教育"和"共性化教育"与"因材施教"相悖，因此，个性化教育简单来说，是我国传统教育理念的回归。

（1）西方社会历史上的个性教育观

古罗马教育家昆体良关注学生个体差异，但西方古代个性教育研究始于更早的古希腊时期。苏格拉底、柏拉图和亚里士多德等人都提出了个性教育观念，强调个体与社会的关系，为教育开拓新理念，为个性发展提供理论支持。

文艺复兴时期，个性教育观强调个性解放和人格独立。启蒙运动中，法国的卢梭和德国的康德分别阐述个性教育思想，认为人生来自由平等，个性具有内在价值。

俄国教育家乌申斯基认为个性不是与社会共性对立的，他指出了培养个性的具体任务，并阐述了在家庭教育、学校教育、社会教育等方面如何培养个性。西方近代个性教育观具有自觉性、鲜明性，丰富而深刻。

（2）现代心理学派的个性教育观

国外儿童中心主义教育观认为，教育应关注人的终极发展，适应个体差异。心理学派的个性教育旨在帮助学生发掘、形成和发展个性，使个性得到充分发展。教育者在承认学生存在差异的前提下，实现"有教无类"和"因材施教"，使每个学生全面发展。个性教育以学习者个性差异为基础，让每个学生找到自己发展的独特领域，以个性充分发展、人格健全为目标。

心理学派的个性教育是针对班级授课制和划一性教育制度下忽视学生个性的教育提出的，强调关注学生差异，承认智力、社会背景、情感和生理等方面的差异性，了解兴趣、爱好和特长，根据社会要求，适应能力水平进行教育，促进发展。尽管个性教育将个性视为人的客观存在，但将教育目的仅定为发展个性具有一定的局限性。

（二）个性化教育的内涵与本质

"个性"一词源于古希腊，最初来自拉丁语 Personal。在许多学科中，个性都备受关注，定义各异。通常，个性是个性心理的简称，在西方又称人格。美国心理学家奥尔波特认为个性是决定行为和思想的心理、物理学体系的个体行为结构。卡特尔认为人格是一种倾向，可预测个体在给定环境中的行为。苏联心理学家彼得罗夫斯基认为个性是个体在活动和交往中获得的，表明个体社会关系水平和性质的系统社会品质。心理学上，个性即人格，是区别于他人的，在不同环境中显现出来的，相对稳定的，影响外显和内隐性行为模式的心理特征总和。

个性的全面和谐构成个性整体。个体的独特性主要表现在心理特征上，如兴趣、爱好、理想、信念、世界观，以及能力、气质、性格等。个性是在社会实践中形成的，个体的意识和行为倾向表现出与他人不同的特质。教育的目的就是发现个体差异性，并引导个体养成更完善的人格。

1. 个性化教育的内涵

个性化教育概念有多种诠释。美国学者卡罗尔将其定义为学习者和学习环境之间达到的平衡，是学习者个性特征与知识、概念、行为方式、学习环境、激励系统及习得技能之间的合理匹配。这个定义针对学校教育或制度化教育体制的缺陷，但缺乏对教育前提、目的和操作系统的全面阐述。

2008 年，国际个性化教育协会学术会议上，中国个性化教育研究院执行院长曹晓峰教授提出更全面的定义，包括综合调查、研究、分析、测试、考核和诊断被教育对象，根据社会环境变化或未来发展趋势、对象潜质特征和自我价值倾向，量身定制教育目标、计划、方案和管理系统，从而帮助对象形成完整独立人格和优化自身个性，实现自我成长、实现和超越。

个性化教育需在正确教育思想和观念指导下，尊重学生需要、兴趣、创造和自由，培养学生良好的个性品质，促进个性自主和谐发展。个性化教育突出个性，因材施教，需遵循教育规律和原理，关注学习者终身学习和发展。个性化教育还在完善，处于初级阶段。

2. 个性化教育的本质

个性化教育的本质主要体现在以下几方面。

（1）个性化教育的本质是各系统的融合

个性化教育通过不同的教育内容和形式促进个体特征的发展，是家庭教育、社会教育和学校教育三大系统的融合统一。在家庭教育中，家长通常承担学习管理任务，但可能缺乏专业知识和技能。在学校教育中，班主任教师负责班级学习管理，但由于学科教学任务和班级管理职责的兼顾，难以针对每个学生提供系统性的学习管理服务。个性化教育需要根据特定教学方案进行学习管理，实现家庭、社会和学校教育的充分融合。

（2）个性化教育的目的是个性化

个性化教育尊重个人选择，符合学习者个性倾向，是量身定制、多元化、阶段化的，以适应需求和发展。个性化教育不能模式化、固定化、单一化。其本质是帮助学习者形成完整独立人格和优化个性，使他成为个人和家庭期望的、适应社会要求的人。

（3）个性化教育系统的中心和主体是学习者个体

学校教育中，教师是教学主体，学生是教学客体。学生的教育选择权可能因入学条件的筛选和限定而被弱化、限定、歧视甚至剥夺。在家庭教育中，家长与孩子互为主客体。社会教育中，环境是主体，学习者成为环境的客体。

个性化教育系统中，学校、教师、家长、家庭、环境都是教育客体资源，以学习者为中心。个性化教育尊重学习者主观和客观前提条件，保障独立自主、自由意愿和自主选择权，适应未来社会环境变化和发展趋势。

（4）个性化教育的教育内容是个性化的

个性化教育系统中，针对每个学生的教育内容根据教育目的和目标进行计划、安排、组织和管理工作。个性化教育以个性化为目的，与学校教育侧重学科知识和专业技能的教学内容不同。个性化教育内容完全针对特定教育对象的需求，为其量身定制，根据成长要求弹性组织和管理学习进度和不断变化的学习要求。个性化教育的学习内容旨在完善和优化学习者个性特征和人格结构，以适应社会发展、丰富人生经历、实现学习者个体的自我价值。

（三）个性化教育诸要素的关系、特征及思考

1. 个性化教育各因素间的关系

（1）社会化与个性化的关系

个性化教育适应社会经济发展，为个人发展提供多样机会，也对人的主动性、创造性、开放性、应变性等素质提出高要求。社会经济发展需要具有独特个性和完整人格的人才。个性化教育肩负历史使命，促进人格全面发展，注重差异性，开发潜能，帮助学习者实现社会化，成为各类型、各层次的高素质人才。个性化教育将社会化与个性化统一，从未来社会对人才需求角度看，势在必行。

（2）全面发展和个性发展的关系

个性化教育满足学习者全面发展的需求。从个性教育角度看，全面发展意味着每个社会成员的智力和体力达到社会和学校的统一要求，实现学习者尽可能多的自由、统一和整体水平的成果。然而，全面发展不等同于各方面均衡发展，个性充分发展是实现全面发展的必要条件和核心内容。个性化教育以个性充分发展为核心，实现人的全方位提升。

（3）教学评价和对学生评价的关系

个性化教育是教育思维方式变革的必然结果，其表现是将系统理论引入考试过程，使教育质量评价不再是简单相加的各科成绩，而是追求整体效益。在这种思想指导下，个性化教育从选拔性转向发展性。个性化教育将创造宽松的教学环境，发挥学校教育的优势，促进学习者做人、求知、办事、健体等各方面素质的全面提高。个性化教育的教学过程需要教师、学习者、教学媒体、教学设施和教学评价等方面的有效参与，教师需具备广泛知识储备、高能力素养和积极责任心。教师要根据学习者基础，培养学习能力，激发求知欲和学习动机，满足内在学习需求，教授有效学习策略和方法，锻炼学习者的非智力因素。个性化教育要求教学各环节结合预定的教学目标，以目标指导教学工作。教学规律在实践中完善，在理论指导下提高。

2. 个性化教育的特征

（1）民主性

民主性教育是真正的个性化教育，以适应和促进个性发展为目标，培养具有完善个性的人，比统一教育更具民主性。教育民主的核心是让学习者的个性得到充分、和谐、自由的发展，倡导民主型的师生关系。教师不仅是学生的师长，还是朋友，了解、理解、尊重学生，帮助学生寻找最适合其个性发展的方式。

（2）主体性

主体性教育强调确立学习者的主体地位，提高学习者的主体意识、能力和价值，在教育中表现为学习者自主、创造和自我教育的活动。

人的主体意识和能力是主体性的重要体现。主体意识是人在认识和实践活动中的自觉意识，包括自我意识和对象意识，是主体性观念的体现。主体能力是认识和改造外部世界的能力，是主体性的外在体现。形成主体意识和获得主体能力都依赖于教育。人要从最初的虚弱生物体转变为认识和实践的主体，需要获取相应的知识和能力，理解外部世界的客观规律，发展自我意识，从而积极地影响外部世界，实现改变对象世界的目标。因此，对个体来说，教育过程是发展自我意识、提升素质、增强能力的过程。通过教育的定向、强化和加速作用，有助于更好地形成主体意识、发展主体能力，进而使人的主体性持续发展和增强。

（3）选择性

一些研究显示，人的差异是先天的，即使通过后天学习，也难以消除这种差异。这一现实要求当前教育必须摒弃单一的教育模式，针对学习者的个性特点进行选择性教育。个性化教育提倡的"选择"是让学习者根据自身个性、兴趣和爱好，培养某一方面的才能。个性化教育以学习者个性发展为核心，允许学习者进行选择。

选择性教育不仅包括多种有效的教育方法，还在教育制度、组织形式、教育内容、教育评价等各方面全面适应不同个性学习者的需求。个性化教育关注人的全面发展潜能，强调各要素的和谐发展。

3. 个性化教育的理性思考

（1）对教育理论和个性化教育的思考

教育理论涵盖"尊重的教育"，包括尊重教学规律、学习者的人性人格、人才成长规律，以及教育者的劳动成果等。然而，若理论与实际不一致，教学很可能会失败。教育的目的、目标和手段都应是善良的。在个性化教育中，教师要正确看待学习者，将他们视为需要帮助的人，用心协助他们解决学习问题，并关注他们的长远发展。

（2）对教育资源配置和教育与社会关系的思考

教育的经济问题涉及投资和产出。人口、教育与经济紧密相连，人口结构和教育程度对经济和教育发展产生深远影响。因此，整合和优化教育资源是必要的。只有合理配置教育资源，并通过有效管理，才能使个性化教育有效，对个性化教育的投入才具有真正的社会价值。不合理的教育资源分配、学校差异、学习者认知层次不同、经济和地域差异等问题都会影响学习者受教育程度。教育资源配置不合理是教育发展的主要矛盾。个性化教育试图缓解因教育引起的社会矛盾冲突，并在一定程度上缓解社会矛盾，解决因学习评价结果带来的教育资源差异。因此，个性化教育旨在让教育资源更加合理、公平地配置，体现个性化教育在社会发展和进步中的作用。教育资源从不均衡走向均衡是必然趋势。

（3）教育管理的思考

在各级各类学校的日常管理中，学校管理、班级管理和课堂管理是教育管理的主要研究问题。建立师生员工和谐健康的人际关系是教育管理的核心。各种参与教育管理的人际关系的和谐与健康在一定程度上影响教育教学的成败。个性化教育中的教育管理更具挑战性，学习者各方面可能存在问题，导致规章制度难以执行。因此，个性化教育需要更加规范化，让教育者以认真负责的态度投入个性化教学，以提高有效性。

第三章　现代教育的目的和功能

教育作为培养人的社会活动，是在理性引导下有目的的追求，涉及培养人的核心问题。教育目的是教育工作的根本目标。在学术界，教育目的的理论研究是教育理论研究的重要部分。人们的教育活动有各种各样的目的，这是因为教育活动和系统能对个体和社会发展产生一定的影响和作用，这就是教育功能。本章将简要分析和研究教育目的和教育功能。

第一节　教育目的的理论基础

人的发展理想问题是古今中外教育思想家关注的重要议题。在古希腊、古罗马时期，就有人提出关于人的发展理想。由于对教育的价值观念不同，人们在制定教育目的依据等问题上形成不同观点。有些人关注教育的个人目的，也有人关注教育的社会需求。现阶段，人的全面发展理论、社会本位论与个人本位论、科学主义与人文主义对我国教育目的的理论和实践产生了实质性的影响，构成了我国教育目的的理论基础。

一、人的全面发展理论

尽管关于人的全面发展的定义仍有诸多争议，但人的全面发展理论始终是我国教育目的最直接、最重要的理论基础。

总的来说，推动人的全面、和谐与自由发展是教育发展的主要趋势，也是社会进步和文明在人的发展上体现的主流价值。人的全面发展不仅是社会发展和完善对人的素质的客观需求，也符合人的本性。对于社会的发展和完善来说，只有全面发展的人，才能构建丰富多彩的社会文明；对于人的发展来说，追求多样、避免单调，追求和谐、避免畸形，是人的自然本能。因此，教育需要在不同的条件下，促进人的全面发展，这正是教育始终如一的目标。

（一）人的全面发展的思想渊源

1. 原始社会：对"完整"的人的朦胧向往

对"完整"的人的向往，在原始社会已有萌芽。原始人意识到，人既是自然实体，也是社会实体。作为自然的人，他们需要与自然进行物质交换以维持生存；作为社会的人，他们需要人际协作与交往来保障个体和共同体的生存。基于这种意识和生存需求，在自然法则"物竞天择、适者生存"的驱动下，人类祖先明白，为了保障基本生存条件，人必须掌握与自然进行物质变换的劳动经验、技能，以及人际交往所需的社会规范。也就是说，原始社会的人必须在自然活动和社会活动两方面实现较为完整的发展，否则无法生存。这一点可以从原始人的社会生活和教育中得以证实。

2. 古希腊：对和谐发展的追求

两千多年前，古希腊人已对"和谐"与"完美"的人充满追求，并建立了相应的教育体系。在古希腊哲学中，人具有极高的地位。普罗塔哥拉认为："人是万物的尺度，是存在的事物存在的尺度，也是不存在的事物不存在的尺度。"那么，这样地位的人应该是什么样的呢？当时的理想人，是真、善、美三位一体的"完美的人"，即"和谐发展的人"。美国哲学家瓦托夫斯基指出，古希腊人追求和谐，寻求有序、统一、和谐的方式将各种要素联系起来，寻求平衡、对称和正确的结合。他们不仅将这种思想体现在艺术创作、日常生活和国家构想中，而且古希腊人的理性主义也表现在人自身的发展中。在古希腊人看来，正义是和谐的现实和整体部分的统一，非正义则是违反事物天然或固有秩序引起的冲突。

古希腊哲学家和教育家认为，要培养和谐与完美的人，必须依靠教育。雅典教育在这方面堪称典范。雅典人提出了"和谐发展的人"的概念，初步形成了促进身心和谐发展的教育理想。和谐发展的人是体、智、德、美、劳均衡发展的人。相应地，雅典教育的具体内容也是多方面的，包括体育、德育和"缪斯"教育。雅典教育最突出、最积极的特点是重视人在各个方面的发展和各个教育方面的相互配合与联系。在这种教育中，德育不仅具有独立地位，而且贯穿于其他教育之中，要求培养年轻一代坚忍刚毅、勇于进取的精神和自制自尊、善于把握情绪的涵养；智育要使年轻一代掌握读、写、算的基本技能和文法、修辞、哲学的基本知识，培养他们的审美情趣和为民主政治服务的态度；体育要锻炼年轻一代强健的体魄，同时重视体格的健美、动作的柔美，以及精神意志力的修炼；美育要教授年轻一代美学方面的知识和技能，以及文学（如诗歌）、几何（如美的对称规律）等方面的训练和道德教育。

3. 文艺复兴时期：塑造完善全面的人

中世纪以后，受封建神学影响，希腊、罗马古典文明几乎消失。文艺复兴运动兴起后，人性得以复苏。人文主义者倡导人的解放，强调人的价值和地位，赞美人的能力与作用，提倡个性自由和解放。在人的发展问题上，人文主义者认为人的本性是完整的，精神与肉体不可分割。这一时期哲学中的人既表现为完整的、独立的个体，又表现为与宇宙的有机统一。在崇尚人性完整的哲学基础上，人文主义者建立了新的伦理学观念和人的全面发展学说，提出了"全才"这一崇高的人格典范。拉蒙特指出，文艺复兴时期的理想人不再是禁欲主义的僧侣，而是一个完善全面的人，具备充分完备的人格。新的世界观、新的生产力，以及科学、文学、艺术的辉煌发展，使文艺复兴时期涌现出了一批多才多艺的时代"巨人"。

文艺复兴时期，教育领域也发生了深刻变革。人文主义教育家一方面讽刺经院主义教育的荒谬，认为它只能使人变得毫无个性、愚蠢；另一方面，他们明确提出以发展人格为核心的身心全面发展的教育目标。意大利教育家维多里诺主张兼顾身心发展，德育与智育并重，儿童个性、人格的发展与政治、社会责任感培养相结合。文艺复兴时代的教育尊重儿童的人格，发展儿童的个性，激发进取精神，发挥自主性和创造性，培养积极从事社会、政治、文化、经济等实际活动的实际活动家和努力开拓事业的冒险家。与只教授宗教教义、忽视现实生活，只重视死记硬背教条、禁止自由独立思考，只塑造宗教道德、不培养世俗道德，以及只能损害身体以拯救灵魂、不能强健体魄求自然发展的教会教育相比，文艺复兴时期的教育呈现出新的面貌。

4. 近代资产阶级的信念：和谐、全面地发展人的一切天赋和能力

文艺复兴后，人的和谐、全面发展成为西方文明的崇高理想。资本主义的进步带来了人性的解放和生产力的繁荣，确立了以人的独立性为特征的社会关系，使人的发展获得更大的空间和自由。进步思想家们继续倡导人道主义，揭露和批判资本主义对人的发展的破坏。席勒批判现代社会导致人的完整性破坏，提出美育概念，认为审美教育对人的全面、和谐发展有重要作用。康德和黑格尔也对人的全面发展充满向往。

近代资产阶级进步思想家和教育家将实现人的全面发展理想的途径寄托于和谐、全面与理性的教育。夸美纽斯认为人的身心天赋上就是和谐的，教育应培养身体、智慧、德行和信仰方面和谐发展的人。洛克首次明确区分教育的三大组成部分：德育、智育、体育。裴斯泰洛齐主张教育的目的是促进人的各种能力的和谐发展，包括体育与劳动教育、德育和智育。赫尔巴特从儿童多方面兴趣的角度论证了多方面教育的必要性，认为实施和谐、全面发展的教育是为了和谐发展学生各方面的兴趣和能力。

5. 空想社会主义的最高目标："全面发展的人"

空想社会主义者作为无产者的理论代表，继承并发展了人的全面发展思想，将其作为理想社会的最高目标。圣西门认为人的真正自由是尽量广泛地发展有利于集体的才能。傅立叶追求的理想是社会成员能从事多种多样的劳

动，实现体力和智力的全面发展。欧文不仅在理论上主张人的智、德、体、行的充分发展，还进行了社会试验。

空想社会主义者的全面发展思想更为深刻，表现在两个方面：一是明确旧分工是破坏人的全面发展的根源，提出消灭旧分工的主张；二是主张教育与生产劳动相结合是实现人的全面发展的根本途径。

6. 马克思关于人的全面发展学说

马克思在《资本论》中提出，共产主义是以每个人的全面而自由的发展为基本原则的社会形式。在马克思主义理论中，人的全面发展问题具有重要地位。马克思关于人的全面发展学说的基本观点包括。

1. 人的发展与人从事的活动相一致。

2. 旧分工是造成人片面发展的根源，但可逐步弱化乃至消除。

3. 社会化大生产为人的全面发展提出客观要求并创造可能。

4. 自由时间是人的全面发展的重要条件。

5. 人的全面发展是一个社会历史过程，是人类社会的永恒主题。

6. 生产劳动与教育相结合是造就全面发展的人的重要途径。

这些观点强调了人的全面发展在现代生产中的重要性，以及实现全面发展的社会历史条件和途径。

（二）人的全面发展的内涵

人的全面发展理论是我国教育目的的重要理论基础，但很多人并未真正理解其内涵。有人认为全面发展既不可能，也无必要，甚至可能阻碍个性发展，导致"全面平庸"。这种认识的偏差主要源于对全面发展内涵的错误理解。

要理解"人的全面发展"的实质，首先要明确两个理论前提：一是全面发展既是理想，也存在于现实中，是人在发展上的永恒追求和价值取向；二是全面发展是相对概念，而非指一个人万事皆知、无所不能，其实质是人在发展上的自由、自主、和谐、丰富和变化，而非受强制、被奴役、凝固不变。

综合各种全面发展理论，可将"人的全面发展"的内涵概括为四个方面。

1. 完整发展

所谓完整发展，是指人的基本素质的整体提升。这些基本素质可能在不同人身上有不同程度的发展，但都是不可或缺的，否则就会导致片面发展。关于基本素质的具体内容，没有统一的界定，马克思的理论中也没有现成的答案。可以将其理解为"做人"与"做事"的完整发展，或者"身"与"心"的完整发展，也可以是"德、智、体、美"各个方面的完整发展，或者是西方传统文化中所说的"真、善、美"的完整发展。在这些基本素质的发展上，可以有侧重，但不能偏废任何一方，不能只发展人的某一方面而忽视其他方面。

2. 多方面发展

多方面发展意味着人的各种素质要素在主客观条件允许的范围内多样化发展。人的基本素质内部具有丰富内涵，可分解为多个素质要素。以"德"为例，可以分解为知、情、意、行等要素；"智"则可根据多元智力理论划分为言语——语言智力、音乐——节奏智力、逻辑——数理智力、视觉——空间智力、身体——动觉智力、自知——自省智力、交往——交流智力等。个人应在可能条件下，根据发展需求和社会生活要求，追求素质的丰富多彩发展，避免单一与贫乏。

3. 和谐发展

和谐发展是指人的基本素质之间的协调发展。在基本素质发展上，现实中的偏废不多，但偏移普遍存在。人的发展可以有所偏移，但不可失调，否则会导致畸形发展，即某方面基本素质过度短缺，导致整体发展失衡。有时，人的整体发展甚至命运可能由基本素质中的"短板"决定。和谐发展强调基本素质间关系的协调性，是人在发展上所展现的一种美。

4. 自由发展

自由发展是指人的自主、具有独特性和个性化的成长。真正的全面发展必然是自由发展。全面发展关注人的发展的完整性、统一性和和谐性，而自由发展则强调发展的自主性、独特性和个别性。全面发展并非意味着平均发展和一致性，它允许并鼓励个性的自由发展。

客观地说，全面发展的四个方面内涵只能从相对角度理解。所谓"完整""多方面""和谐"和"自由"并无绝对和特定标准。尽管不同历史时期的人或同一时期的不同人对于全面发展的理解和追求存在差异，但其本质始终相同，即不断追求自身的完善和丰富。

二、个人本位论与社会本位论

（一）教育目的的个人本位论

个人本位教育目的论认为，教育目的应立足于个人需求，强调以个人完善和发展为核心来制定教育目的和构建教育活动。这一理论渊源可追溯至古希腊智者派。个人本位论否定社会制度权威，反对社会对个人的束缚，强调个人自由权利的至高无上，认为教育主要目的在于弘扬人性、发展人的理性和个性，实现人的精神丰富和道德高尚，而非追求国家利益、社会发展和个人功利性需求。18 世纪和 19 世纪上半叶是这一理论的全盛时期，代表人物包括卢梭、裴斯泰洛齐、福禄倍尔、爱伦·凯等。他们认为，教育目的应依据个人天然需求制定，个人价值高于社会价值；教育应抵制现实社会对个人发展的干扰，有益于个人发展的教育才有利于社会发展。

个人本位教育目的论可分为三种类型。卢梭为代表的个人本位论极端反社会，在当时具有很大进步意义，尤其对于揭露社会腐朽面和促进思想启蒙具有重要意义。爱伦·凯为代表的个人本位论强调颂扬儿童真善美的天性和自主个性，主张教育过程中不应压制儿童，而应促进其自由自主发展。新人文主义性质的个人本位论不排斥教育的社会目的，认为个人价值高于社会价值，社会价值需通过个人价值体现，教育应以培育理想人性为首要目的。

（二）教育目的的社会本位论

社会本位教育目的论认为，教育目的应立足于社会需求，强调以社会发展为核心来制定教育目的和构建教育活动。这一理论渊源可追溯至古希腊的柏拉图和中国春秋战国时期的荀况。柏拉图主张按国家需要培养个人，实现理想正义国家。荀况认为教育应从社会需要出发，以"礼义"教化人。19世纪下半叶，这一理论达到鼎盛，代表人物包括孔德、涂尔干、凯兴斯泰纳、纳托尔普等。他们认为，个人发展依赖社会，教育目的在于使个人社会化，成为有用公民。

社会本位教育目的论可分为两种类型。以涂尔干为代表的"社会学派"认为社会是目的，个人是手段，但未完全否定个人价值。以凯兴斯泰纳为代表的社会本位论则极端强调国家利益高于一切，具有国家主义倾向，狭隘且排他，危险性较高。这种思想受到法西斯主义青睐和利用。

（三）两种本位论对立的根源和历史的具体的统一

个人本位论与社会本位论在教育目的上的对立，根源在于社会现实和理论认知。通常，在社会混乱时期，人文主义思想家倡导个人本位论，期望改变社会；而在社会上升稳定时期，唯物主义和功利主义思想家主张社会本位论，保持社会繁荣稳定。教育思想家们的观点与所处时代的社会背景有关，他们对待时代的态度和价值选择各异。

个人本位论与社会本位论对立的理论根源在于对个人与社会关系的理解。个人本位论强调个人的价值和能动性，揭示了不合理社会现实对人性和个性的伤害，但忽视了人的社会制约性。社会本位论强调人对社会的依赖，关注社会价值和稳定，但未看到社会有待超越，忽视了人的能动性。实际上，教育应既立足社会又追求超越，维护社会秩序的同时谋求变革。

客观而言，人和教育对社会的适应必须有批判和选择，而非盲目追随。教育目的应兼顾个人价值和社会需求，以实现社会的稳定与活力。无论社会处于何种阶段，人的发展和教育都不可能完全排斥对社会的适应。

需要指出，没有任何一个时代的教育能完全脱离社会而存在。卢梭认为一个人不能既是"自然人"又是"公民"，将两者对立起来。在卢梭的时代，他的观点有其合理性，因为当时的"公民"意味着顺应封建制度，而"自然人"则意味着反抗封建制度。然而，若将卢梭的观点无条件地普遍化，认为其适用于所有时代和社会，则过于片面。卢梭的主张并非超历史，其合理性需结合具体历史条件分析。此外，卢梭的浪漫主义理想在很大程度上仅存在于理论和思想中，卢梭时代的教育也不可能是远离社会的自然教育。卢梭设想的自然教育实际上是一种自然社会的教育，目的在于促进个体的社会化。卢梭是用一种社会化反对另一种社会化，因为反对一种社会化意味着追求另一种社会化。

在不同社会背景下，个人价值与社会价值、个人发展与社会发展之间总会存在矛盾和冲突。个人本位论和社会本位论是教育思想家为解决这些矛盾和冲突而提出的不同教育观点。他们之间的争论实际上是在特定社会状态下，探讨哪种教育观点更优、更合适和更有效。尽管个人价值与社会价值的冲突与选择困扰了许多教育思想家，但大多数人仍试图通过某种选择将两种教育价值以不同方式和程度统一于教育目的和活动中。这些选择是随社会历史条件变化而改变的，形成了教育价值选择上的"钟摆"现象。现实中不存在一劳永逸、不偏不倚的价值选择。个人价值与社会价值之间没有绝对的优劣之分，个人本位论与社会本位论也没有绝对的对错之分。二者的合理性、局限性，以及谁更合理，需在特定、具体的历史条件下考察。正如杜威所说，个人教育观与社会教育观这类术语，离开上下文就毫无意义。教育中个人价值与社会价值的权衡与选择，受具体社会历史条件制约，随社会历史条件变化而变化并有所侧重。

三、人文主义与科学主义

在现代社会中，人文主义、科学主义，以及二者融合的科学人文主义三大社会文化思潮对教育目的产生了深远影响，进而形成了三种不同的教育目的观。学者们普遍认为，现代文明中科学文化与人文文化的对立与融合始终存在。

（一）人文主义教育目的观

人文主义教育目的观是以人为中心，以人的精神完善与发展为出发点和归宿的教育目的理论。在 20 世纪，这一观点主要涵盖了永恒主义教育、新托马斯主义教育、存在主义教育等教育思想流派。

1. 人文主义教育目的观的哲学基础

人文主义教育目的观的哲学基础主要包括以下三个方面。

人性永恒美好。人文主义者认为人性美好且永恒不变，教育的本质和目的是培养人性，使其得以展示和发扬。因此，无论何时何地，人性始终如一，教育亦然。

理性是人的最高价值。人文主义强调价值理性，认为人的本质特征是理性，人类世界之所以有序，是因为人具有理性。教育最高目的在于培养和发展人性中的理性，这是使人类世界具有理性的前提，也是实现理想生活的根本保证。

个人价值高于社会价值。人文主义者认为，个人价值优于社会价值，社会只有在促进个人幸福时才有价值。个人价值的最高层次在于精神上的自我完善和自我实现，而非物质生活的满足。

2. 人文主义教育目的观的特点

人文主义教育目的观的特点主要表现在以下三个方面。

追求永恒的教育目的。人文主义教育认为人性永恒不变，教育的根本目的也是永恒不变的，即培养人性，弘扬理性。教育应重视人文传统，强调精神价值，培养学生适应真理的能力，而非适应现实世界的能力。

追求理想的教育目的。人文主义教育坚持精神高于物质的哲学观，认为人生最有价值的追求是精神而不是物质。教育目的应离现实生活远一些，离理想生活近一些，重视"人的教育"，而非仅注重功利性教育。

追求人性化的教育目的。人文主义教育强调人的主体性尊重和培育，主张个人的自我生成论。教育应关注人文学科教育、生活教育、情感教育、死亡教育、个性教育和自由与责任的教育，将重点从物质世界转移到人格世界，实现人的自我发展和自我实现。

综上所述，人文主义教育目的观强调人性、理性和个人价值，追求永恒、理想和人性化的教育目的。

（二）科学主义教育目的观

科学主义教育目的观是一种以社会需求为出发点与归宿，以科学为核心的教育目的理论。随着科学的发展及其功能的日益凸显，科学主义作为一种社会文化思潮应运而生。在 20 世纪，科学的飞速发展不仅创造了丰富的物质财富，还引发了人类生活方式、价值观和道德规范的变革。面对科学的巨大影响，人们开始崇拜甚至迷信科学。科学地位的提升对教育提出了新的要求，进而催生了科学主义教育目的观。在 20 世纪，持有科学主义教育目的观的教育哲学流派主要包括实用主义教育和学科结构主义教育。

1. 科学主义教育目的观的哲学基础

科学主义教育目的观的哲学基础主要体现在以下两点。

实在具有变化性。实用主义哲学认为，变化是实在的本质，世界上没有永恒不变的事物。因此，教育必须随社会变化而变化，没有永恒不变的教育目的。实用主义还主张价值观是相对的、变化的，没有绝对和永恒的价值原则。

事物应具有实用价值。实用主义哲学强调工具主义的真理论，认为科学即真理，真理的唯一标准即有用。因此，科学的最大价值在于其实用性。实用主义要求教育更实际，关注普通人日常关心的事，增设职业课程和技术课程，培养学生的社会适应能力。

2. 科学主义教育目的观的基本特征

科学主义教育目的观的主要特征表现在以下三个方面。

强调教育目的的社会适应性。科学主义教育目的观认为，教育应适应社会变化，为社会发展作出贡献。教育方法和课程的变化应与社会情况改变相适应，教育目的和手段应根据事实和价值观用科学方法决定。

强调教育目的的社会功利性。科学主义教育目的观关注现实社会中的人，强调教育对个人社会生活和社会繁荣进步的有用性。反对抽象地谈论教育目的，强调教育必须对个人的社会生活和社会的繁荣进步有用。

重视科学教育。科学教育在 20 世纪前 50 年就占据了强势地位，之后受到重视。学科结构运动充分反映了西方各国对科学教育的关注。科学教育强调掌握基础理论和科学原理，提高学生的适应能力，发展学生的智力，以帮助国家保持世界领导权。

3. 科学人文主义教育目的观

科学人文主义教育目的观是一种融合科学精神和人文精神的教育观念。它既信仰科学，又尊重人道，以科学为基础和手段，以人文为方向和目的，力求在科学与人文的互动中推动社会在物质和精神两方面的协调发展，以实现人的解放。科学人文主义教育不是科学教育和人文教育的简单相加或机械组合，而是二者的有机融合。此外，科学人文主义教育并非一个教育思想流派。

4. 科学人文主义教育目的观的基本精神

科学人文主义教育目的观的基本精神主要体现在以下两个方面。

一方面，科学精神是教育目的的基础。由于物质活动是人类最基本的活动，科学活动也成为了人类的基本活动。教育必须以科学精神和科学训练为基础，这一点只会加强，不会削弱。

另一方面，人文精神是教育目的的价值方向。科技和物质给人类带来的并非都是福音，而是喜忧参半。科学万能的信仰正在坍塌，以科学为基础，以人文为价值方向的社会发展观和人的发展观正在深入人心。人们日益认识到，无论从社会发展和人的发展的角度看，还是从教育自身发展的角度看，科学教育都需要人文教育的价值导向。

5. 科学教育与人文教育必将融合

科学主义与人文主义长期以来存在尖锐对抗，相互指责。科学主义认为人文主义的社会价值观和道德价值观不切实际，人文学科不可证明、不可测量，无助于解决实际问题。人文主义则认为现代科学技术对人性是一种摧残，对文明是一种毁灭，破坏了人类的道德情感。这种观点导致了一种"两难推理"，科学的发展及其运用既带来人类幸福，又可能导致道德堕落。

然而，科学与道德并非天然对立。科学的发展和物质的进步既不会自动带来道德进步，也不会必然导致道德堕落。人类需要完整的生活，社会需要保持物质和精神两方面的平衡，这促使科学主义与人文主义融合。科学教育与人文教育都具有不可替代的价值和固有的局限性，二者具有天然的互补性。只有坚持完整的教育目的，才能促进人和社会的全面、和谐发展。

总之，科学教育和人文教育都是教育的重要组成部分，相互之间不能替代。在21世纪的教育中，除了继续强化科学教育外，还需要提升长期被忽视和轻视的人文教育地位。幸运的是，人文主义教育的复兴已经成为一种趋势。从20世纪70年代开始，"学校的人化"和教育的"人性化""人道化""个性化"已经成为全球教育改革关注的焦点。现代人文主义教育目的观在伦理价值方面有所发展，强调理解与和平、人的尊严、自由与责任、尊重自然等。

最后需要强调的是，科学人文主义教育不是科学教育和人文教育的简单相加或机械组合，而是二者的有机融合。

第二节　教育目的的确立依据

　　教育目的的确立是指通过一定的组织形式对教育目的进行确认和确定，这是对教育目的或目标选择结果的肯定。在我国当前阶段，教育目的主要依据马克思关于人的全面发展学说，以及受教育者身心发展规律和社会现实及其发展需要。现代教育目的的确立的依据主要包括理论依据和现实依据，即马克思主义关于人的全面发展学说，以及人的身心发展规律和社会现实和发展的需要。

一、理论依据

　　我国教育目的包含全面发展的要求，这与马克思关于人的全面发展的学说密切相关。马克思主义通过实践和辩证的观点，揭示了人的社会属性本质，并科学地界定了人的全面发展的内涵。因此，马克思关于人的全面发展学说成为了我国教育目的的理论基础。

（一）人的全面发展学说的基本内涵

　　人的全面发展内涵可概括为四个层面：完整发展、和谐发展、多方面发展和自由发展。

　　完整发展：人的基本素质应获得比较完整的发展，不可偏废。这可以是"做人"与"做事"的完整发展，也可以是"身心"的完整发展，或是"德、智、体、美、劳"的完整发展，甚至可以是"真、善、美"的完整发展。

　　和谐发展：人的基本素质应获得比较协调的发展，各方面发展不能失调。这强调人的各基本素质之间关系的适当和协调。

　　多方面发展：人的基本素质中的各要素和具体能力应获得尽可能多方面的发展。这只是一个尽可能的追求，因为"多方面"是没有界限的，也具有很大的个别差异性。

自由发展：人的自主的、具有独特性和富有个性的发展。全面发展与自由发展是两个关系极为密切的概念。全面发展并不是指平均发展和人的发展的一律化，更不是指所有个人的发展都必须遵循一个相同的模式。自由发展的本质就是个性发展。

这四个方面的人的全面发展内涵，都只能做相对的理解。所谓"完整""和谐""多方面""自由"，在很大程度上都只是一种理想、一种追求、一种价值取向，是一个动态的过程。

（二）人的全面发展的局限性

人的全面发展理论是针对特定历史阶段提出的，旨在克服资本主义社会中人的异化和片面发展。这一理论带有理想化色彩，其正面价值不容置疑。然而，随着时代的进步，该理论的局限性也逐渐显现。全面发展受多种条件制约，实际上它更像是一个不断突破已有局限的过程。这一点可从以下几个角度来理解。

1. 人的存在本身具有片面性，人是一种片面性存在物

在分工出现之前，人们的社会生活是简单的全面性。分工形成后，社会生活变得具有深刻的片面性，这种片面性带来了更多的丰富性。整个社会生活的丰富性是通过这种深刻片面性的不断发展来实现的。

就社会生活的全面性而言，它是通过分工来实现的，因此是一种社会群体的全面性，而非单个个体的全面性。个体的丰富性是通过专注于自己的片面性工作，并通过交换来实现的。这种片面性工作是获得社会生活丰富性的基础。

不能将社会生活方式的全面性等同于个体生活的全面性。一个人无论能力多强，都不可能全面掌握所有的社会关系。

从人与世界接触的角度看，不仅个体的活动范围有限，整个人类与世界的接触范围也相对狭小。因此，人的生活无论相对于自然还是社会，都只能是一种片面的存在。

2. 人的全面发展受到人类文明发展方式的制约

人的活动是具有能动性和主体性的，人们在无数可能性中根据现实情况和自身理想进行选择。因此，人的发展是选择性行为的过程，人们在选择基础上创造了相应的文明形式。这种文明形式一旦确立，人的发展便受到其制约，人的片面发展成为这种文明形式的结果，全面发展同样受限于这种文明形式。

从人的产生和发展角度看，人与自然、人与人的关系构成了一个无限的开放系统。人类文明起源于经济生活，从农耕文明到工业文明，再到生态文明，每个时期的人的发展都受到相应文明形式的制约。

总之，正如人的片面发展受到社会文明生产方式和劳动分工的影响，全面发展作为对片面发展的超越，同样不能摆脱既定文明形式的制约，也离不开社会分工。全面发展是特定历史条件下的可能性，而非思想中的可能性。

3. 人的全面发展受到生产资料所有制的制约

马克思认为人的本质是自由自觉的活动，但在私有制下，劳动失去了这一特性，导致社会物质条件与劳动的异化，阻碍了人在劳动中能动性的实现和发展。要改变这种状况，必须改变劳动的现实条件，尤其是生产资料所有制关系，实现劳动者共同占有生产资料，使劳动受到联合个人的支配，让所有体力劳动者都能拥有自由发展的时间，而不仅是少数人。

4. 人的全面发展要受到生产力发展水平的制约

生产力发展具有有限性，而人的欲望是无限的。生产力反映了人与自然关系的处理能力，这种能力的发展是受限的。主要从以下几个方面理解。

自然的限度。自然作为认识对象，是一个无限开放的系统。人类只能在系统中进行认识活动，从较小的系统逐步扩大到较大的系统。然而，人永远无法达到终极性认识，无法全面了解无限系统。

人的主体能力限度。包括先天自然能力，如精力、脑力和体力的限度，以及社会能力发展的限度。尽管教育是提高社会生产和培养全面发展人的方法，但它不能使人成为全能者。个体感受的丰富性、深刻性和全面性是全面发展的重要标志，这在很大程度上需要个体经验，而教育无法满足这一需求。

工具的限度。工具是技术与物质的结合，技术源于科学，而科学转化为技术过程中受到诸多限制。人的认识能力限度导致科学和技术的限度，进而影响工具的发展。此外，物质自身的限度和获取物质的限度也制约了工具的发展。

（三）"全面发展"与"个性发展"的关系

如果误将"全面发展"理解为"面面俱到"和无所不能，容易导致个性消磨和全面平庸。然而，真正的全面发展追求的是个性和卓越。

人的全面发展和素质个性化是基本一致的过程。全面发展即个性全面发展，个性发展即全面发展的个性。因此，全面发展的个人应具备个性。由于遗传素质、兴趣爱好、社会生活条件和人生追求的差异，每个人都不可能和没必要在所有方面都获得发展。教育若忽视个别差异，强求一律和平均化发展，将培养出无个性特点和创造力的庸才。

人的精力有限，想在某方面有突出发展，必须使发展有适当偏移，而非全面平均用力。不同侧重的发展目标对素质的偏重和组合，也会产生相应的素质偏移，甚至产生某些素质盲点和盲区。所谓"通才"，既不是指什么都知道但什么都不精通的人，也不是指平均发展、无特点的人，而是指既有全面素质和广泛基础，又在某一方面有较高造诣的人。

二、现实依据

（一）人的依据

教育是推动个体发展的特殊途径，为社会服务也需通过培养人才来实现。

因此，教育的最终目标是根据人的潜能，培养具有个性特征的人。实现这一目标需要各级各类学校达到具体培养目标，要符合受教育者身心发展规律。具体包括以下几点。

要考虑教育对象的身心发展程度。身心发展程度反映了个体成熟程度，教育应根据学生成熟情况适当引导，以引领学生发展。

要关注教育对象的身心发展变化。科技进步和信息量的增加使得当代学生拥有更大的发展潜能，教育应适应这一变化。

要满足不同类型教育对象的不同需求。学生在外貌、思维方式和情感态度等方面的差异，呈现出不同的个性类型，教育应因材施教，满足学生实际需求。

（二）社会的依据

教育与政治经济制度、生产力发展水平、科学技术状况紧密相连，因此，确立教育目的需考虑社会现实和发展需求。从社会发展角度出发，教育目的的确立应基于以下两个方面。

1. 要依据社会生产和科学技术发展的需要

人的体力和智力发展与社会生产力、科学技术进步有着内在联系。因此，在任何社会中，人才培养的质量规格都应大体反映生产力和科技发展水平。现代社会中，生产力发展、产业结构变化和科技作用日益明显，已成为制定教育目的的重要直接因素。知识经济和信息化已成为社会主要特征，社会生产和管理趋于科学化、知识化、信息化和智能化，对劳动者质量规格提出新要求。许多国家根据这些要求重新选择教育目的，培养适应未来发展需要的人才。

2. 要符合社会政治经济的需要

教育目的属于意识形态范畴，与社会政治经济有直接关系。培养何种人才直接反映了特定社会政治、经济需求，在阶级社会中，体现了统治阶级的利益。因此，不同社会、阶级和政党的人才标准不同，教育目的也各异。奴隶社会的教育目的是培养奴隶主阶级子弟成为政治统治者和武士。封建社会的教育目的是培养地主阶级子弟成为封建制度维护者，对农民实行愚民政策。资本主义社会有双重教育目的，一方面培养资产阶级子弟成为管理经济的资本家，另一方面培养工人阶级子女成为科技熟练、创造高额利润的生产者。在社会主义社会，劳动人民掌握教育领导权，其子女享有受教育权利，教育目的是培养全面发展的建设者和接班人，体现无产阶级和广大劳动人民的根本利益。

第三节　我国教育目的及实现途径

一、我国的教育目的

自新中国成立以来，我国教育方针和目的经历了多次制定和调整，以适应社会发展和教育探索的需求。

1949 年，第一次全国教育工作会议确定了新民主主义文化教育方针，强调提高人民文化水平，培养国家建设人才。1957 年，毛泽东同志提出社会主义教育方针，强调培养德、智、体全面发展的有社会主义觉悟的劳动者。1958 年，教育工作由党来领导，强调教育与生产劳动相结合。1981 年和 1982 年，我国教育目的以法律形式出现，强调全面发展。1985 年，教育体制改革强调提高民族素质，培养有理想、有道德、有文化、有纪律的社会主义建设人才。

1990 年，我国教育方针继续强调德、智、体全面发展，培养社会主义事业的建设者和接班人。1995 年，《中华人民共和国教育法》进一步确认了这一方针。随着素质教育理论和实践的发展，在 2021 年 4 月 29 日第三次修正的《中华人民共和国教育法》中将其进一步扩展为"德智体美劳"。

习近平总书记指出，我们建设教育强国的目的，就是培养一代又一代德智体美劳全面发展的社会主义建设者和接班人。

建设富强、民主、文明的社会主义现代化国家是我国当前社会发展的目标，这一目标也是教育发展的方向和衡量办学水平的重要指标。教育与生产劳动相结合是马克思主义教育学说的一个重要原理，也是现代教育的一条基本规律。在现代社会，它不仅是培养人的有效方法，也是教育为社会服务的有效途径。

二、我国教育目的的实现途径

（一）实现我国教育目的的根本途径

1. 全面发展教育的组成部分及其相互关系

实现我国教育目的关键在于全面发展的教育。全面发展教育是教育者根据社会发展需求和人的身心发展规律，有目的、有计划、有组织地对受教育者进行的，旨在促进素质结构全面、和谐、充分发展的系统教育。社会主义全面发展教育包括德育、智育、体育、美育和劳动技术教育等部分。

（1）德育

德育，即思想品德教育，是教育者按照社会要求，有目的、有计划地对受教育者进行系统影响，将社会思想观点、政治准则转化为个体思想品质的教育。

德育是全面发展教育目的的保障，是全面发展教育的重要组成部分。在全面发展教育中，德育对其他方面起到灵魂和指导作用，一方面，从思想和政治上确保育人方向，使学生按照社会期望发展；另一方面，为其他方面提供动力和能源，推动学生在智、体、美、劳等方面的全面发展，实现全面发展教育目的。

（2）智育

智育是教育者向学生传授系统科学文化知识、技能，培养和发展学生智力的过程。

虽然智育与教学经常被混淆，但实际上，两者既有联系又有区别。智育是全面发展教育的一部分，与德育、体育、美育、劳育共同构成完整的教育体系。而教学则是学校的基本工作，是实施各种教育的基本途径。智育的任务包括向学生传授系统的文化科学基础知识，培养基本技能和技巧，以及发展学生的智力。

智育在培养社会所需人才和人的全面发展中具有重要作用。它是科学知识再生产、人类精神财富延续和发展的关键条件，也是开发智力、培养各级各类人才的重要手段。

智育的任务包括：向学生传授系统的文化科学基础知识，选择最基本的内容传授给学生；培养训练学生形成基本技能和技巧，如学习技能、操作技能、社会活动技能等；发展学生的智力，包括观察力、注意力、想象力、思维能力等，其中核心是思维能力和创造能力。

（3）体育

体育教育旨在教授学生健身知识和技能，提高他们的身体素质和运动能力，以增强体质。

体育教育对于促进学生身体发育和增强体质具有重要意义。在中小学生的关键生长发育阶段，有计划、有组织地进行体育锻炼，有助于促进青少年儿童身体的正常发育，奠定一生健康的基础。

体育教育也是促进学生全面发展的重要条件。人的身心发展是相互促进的，身体是全面发展的物质前提，也是智力活动和其他一切活动的基础。体育教育能开发学生大脑潜力，保持精力充沛，提高学习效率；培养学生的团结友爱精神、勇敢顽强意志、活泼愉悦心情和遵纪守法品德；使学生的形体匀称、动作协调、姿态优美，培养美的感受和情感；并为劳动技术教育提供良好的身体条件。

体育教育还丰富了学生的业余生活。在完成学习任务之外，学生参与各种体育活动，能带来休闲性和主动感，有助于愉悦心情、缓解学习紧张、丰富生活、减轻负担和提高享受闲暇的能力。

体育教育的任务包括：指导学生锻炼身体，促进身体发育和机能发展，增强体质，全面提高身体素质和基本活动能力；使学生掌握身体锻炼的基本知识和正确技能技巧，养成良好锻炼习惯；教授卫生保健知识，培养良好卫生保健习惯；培养良好的体育道德品质；为国家发掘、选拔和培养体育人才。

（4）美育

美育，又称审美教育或美感教育，旨在培养学生正确的审美观念，以及感受美、鉴赏美和创造美的能力。

美育能提升人们的审美能力，增长智慧，丰富精神生活，满足日益增长的审美需求和情趣。美育为人们提供区分善恶美丑的标准，提高精神境界，促进社会主义精神文明建设。美育使学生在未来的物质生产中，能按照美的要求创造优质美观的产品。

美育是陶冶性情，培养健全人格的需求。美育以形象性和情感性为特点，通过具体、鲜明、生动的形象感染和陶冶人。美育能潜移默化地影响人的气质、情操、性格、意志和信念，塑造心灵、陶冶情感、培养健全人格。

美育是全面发展教育的重要组成部分，渗透在各个方面，对学生的身心健康和谐发展有促进作用。

美育的任务包括：培养学生正确的审美观念，使其具备感受美、理解美和鉴赏美的知识和能力；培养学生艺术活动的技能和兴趣；培养学生美好的情操和文明行为习惯。

（5）劳动技术教育

劳动技术教育是教授学生现代生产劳动基础知识和基本技能，培养正确劳动观念和良好劳动习惯的教育，包括劳动教育和技术教育两个方面。

劳动技术教育有助于学生全面发展。通过中小学阶段的劳动技术教育，让学生参与一定程度的劳动，可以培养学生良好的道德品质，树立劳动观念、习惯和尊重劳动人民的思想感情，养成珍惜劳动成果、爱护公共财物的品德，增强对社会和集体的责任感。

劳动技术教育将学生课堂所学知识与实际相结合，加深对书本知识的理解，促进理论和实际、感性认识和理性认识的融合，使学生获得更完整的知识和掌握一定的生产劳动技能。在劳动实践中，学生的情操得到陶冶，体质得到锻炼。

加强劳动技术教育是提高全民族科学文化素质和解决学生缺乏劳动能力问题的需要。近年来，学生劳动观念淡薄、劳动能力较差、怕吃苦、讲享受、缺乏勤俭节约精神和责任感。重视劳动技术教育，培养学生的劳动态度、习惯和生产技能，塑造优良的民族精神和美德，关系到民族和国家的前途和未来。

劳动技术教育是全球教育发展的共同趋势。许多国家在义务教育阶段十分重视劳动技术教育，将其作为独立课程纳入教学计划，制定专门的劳动教育教学大纲。例如，日本规定中学生每周参加两小时全校性生产劳动，学生每周还要参加 1 小时小组生产劳动。美国从小学开始进行"事业教育"，启发学生认识劳动意义，了解未来可能从事的职业。加强劳动技术教育已成为世界各国教育发展的趋势。

劳动技术教育的任务包括：培养学生正确的劳动观点和良好劳动习惯；使学生掌握初步的生产劳动知识和技能；促进学生身心健康发展。通过劳动技术教育，增强学生体质，陶冶学生情操，促进身心健康发展，并在劳动中培养学生观察、思维、想象能力和创造精神。

综上所述，德育、智育、体育、美育和劳动技术教育都是全面发展教育的有机组成部分。它们各自有基本任务，相互不可替代，但又相互联系、相互促进，形成一个整体。德育是实施其他各育的思想基础，保证方向和动力；智育是其他各育的知识和智力基础；体育为各育的实施提供健康基础，是重要保证；美育和劳动技术教育是德、智、体的具体运用与实施，促进德、智、体的发展和提高。因此，实施德育、智育、体育、美育和劳动技术教育是培养全面发展人才的基本教育内容。

在实际教育工作中，应避免忽视某一部分或孤立各部分的错误做法，坚持"五育"并重，使全面发展教育的各组成部分有机结合。然而，"五育"并重并非要求均衡发展，而是指学生基本素质的发展。学生可以在基本素质全面发展的基础上保持并发展自己的兴趣和特长。因此，在教育中要承认学生的个人特点和差异，将全面发展与因材施教相结合，使学生既有完善的基本素质，又能充分发展特长，形成丰富而独特的个性。

2. 基础教育不同阶段全面发展教育的培养目标

（1）小学教育的培养目标

小学教育的培养目标主要涵盖德育、智育、体育、美育和劳动技术教育等方面，具体如下。

德育方面，培养学生具有爱国、爱人民、爱劳动、爱科学、爱社会主义和爱中国共产党的思想感情，关心他人和集体，诚实、勤俭、勇敢面对困难等良好品德，具备初步分辨是非的能力，养成文明、礼貌、守纪律的行为习惯。

智育方面，教授学生阅读、书写、表达、计算的基础知识和技能，掌握一定的自然、社会和生活常识，培养观察、思维、动手操作和自学能力，发展广泛兴趣和爱好，形成良好的学习习惯。

体育方面，培养学生养成锻炼身体和讲究卫生的习惯，拥有健康的体魄。

美育方面，培养学生的审美情趣，具备初步的审美能力。

劳动技术教育方面，培养学生良好的劳动习惯，使学生掌握几种简单的劳动工具，具备初步的生活自理能力。

小学教育培养目标是根据我国社会主义教育目的任务和学龄初期学生身心发展特点提出的。作为基础教育的基础阶段，小学教育着重为学生今后全面和谐充分发展奠定"初步"基础。

（2）初中教育的培养目标

初中教育的培养目标主要涉及德育、智育、体育、美育和劳动技术教育等方面，具体如下。

德育方面，培养学生具有爱国、爱社会主义、爱中国共产党的思想感情，树立辩证唯物主义、历史唯物主义的基本观点，具备为人民服务和集体主义观点，培养良好品德，以及分辨是非和抵制不良影响的能力，养成文明礼貌、遵纪守法的行为习惯。

智育方面，教授学生文化科学基础知识和基本技能，培养自学能力、分析问题解决问题能力，以及动手操作能力，形成实事求是的态度和追求新知识的精神。

体育方面，教授锻炼身体的基础知识和正确方法，养成卫生习惯，保持健康体魄。

美育方面，培养学生具备审美能力，形成健康的兴趣和爱好。

劳动技术教育方面，教授生产劳动基础知识和技能，了解择业常识，培养正确的劳动观点、态度和良好劳动习惯。

初中教育是小学教育的延续，也是为普通高中、职业高中和成人高中奠定基础的教育。初中教育阶段的学生处于学龄中期，这一时期是人的成长发展过程中关键的转折点，因此，初中教育的培养目标应在小学阶段全面发展的基础上，为学生身心健康和谐发展奠定坚实基础。初中教育至关重要，但目前仍需加强，因此，教育界和全社会都高度关注初中教育目标的全面实现。

（3）高中教育的培养目标

高中教育在义务教育基础上，进一步提升学生的思想道德素质、科学文化素质、身体心理素质，促使学生个性健康发展，为培养社会主义建设者和接班人打下良好基础。其主要目标如下。

德育方面，培养学生具有社会主义和共产主义理想，热爱祖国和事业，拥护中国共产党，为国家富强和人民富裕而奋斗，树立辩证唯物主义和历史唯物主义观点，具备社会主义和共产主义道德品质，发展道德思维和评价能力，自我教育能力和习惯，遵纪守法、文明礼貌行为习惯。

智育方面，在初中教育基础上，进一步掌握文化科学基础知识和基本技能，特别是语文、数学、外语基础，发展学生兴趣和特长，培养追求新知识的热情、自学能力和分析解决问题能力，实事求是、独立思考、勇于创造的科学精神。

体育方面，掌握锻炼身体的基础知识和技能，学会科学锻炼方法，养成自觉锻炼习惯，全面提高身体素质，具备健康体魄和从事生活、生产所需身体活动能力，培养良好卫生习惯。

美育方面，培养学生正确的审美观，发展感受美、鉴赏美和创造美的能力。

劳动技术教育方面，培养学生具备劳动观点、习惯和学习生产技术兴趣，掌握现代生产技术基础知识和技能，学会使用一般生产工具，掌握组织生产和管理生产的初步知识和技能。

高中教育阶段学生处于青春早期，身体和心理发展基本成熟。在已有文化科学知识、生活经验和思想道德水平基础上，学生初步形成世界观、人生观和道德观，立志择业，为走向生活和独立做准备。因此，培养目标需体现上述特点。

培养目标具有导向性、规范性和可操作性。中小学各阶段培养目标体现了不同阶段培养德智体全面发展人才的基本要求。

（二）实现我国教育目的的具体途径

1. 教学

教学是教师引导和学生积极参与的一种人才培养活动，教师有目的、有计划、有组织地帮助学生自觉学习并快速掌握文化科学基础知识和技能，全面提升学生素质，培养社会所需人才。

教学是学校实现教育目的和完成教育任务的主要途径。经过长期实践和理性选择，人们从多种经验途径中筛选出学校教学、课外活动、劳动、学生集体活动、社会公益活动、家庭活动等最有利于学生身心发展的途径，并在现代教育中广泛运用。各种途径共同影响学生发展，其中教学是学校教育的基本途径，教育目的的贯彻落实和教育任务的完成主要依靠教学。

教学在全面发展和个性特长发挥方面具有更强作用，原因在于教学的知识容量较大，计划性和主动性更强，活动效果更为明显。

自教学活动产生以来，它对人类社会的发展起到了重要作用，主要体现在以下几点。

教学以有目的、有计划、有组织的活动形式传授人类经验，确保教学活动秩序井然，提高教学效率。教学规章制度规范了师生行为，使教学活动摆脱随意性和零散性，成为专业性强的特殊活动。

教学将经过科学选择的内容，依据知识逻辑顺序和学生认知规律编成教材，作为学生认识世界的媒介。与自发学习社会经验相比，教学在目标、内容、时间和效果方面具有明显优势。

教学在教师引导和精心安排下进行，避免自学困难和反复尝试错误。教师努力选择最佳方法完成教育任务，确保学习者学习过程顺利。

教学不仅传授知识，还要全面发展，包括知识获得、智力发展、能力培养提高，以及思想品德完善、基本技能形成、个性特长发展等。教学是实现全面发展的唯一途径。

教学的重要作用客观上决定了学校工作以教学为主导，这是学校客观规律的体现。学校工作以教学为主，意味着教学是学校核心工作，在时间安排上占据主导地位或时间最多。学校工作必须以教学为主，主要由以下几点原因决定。

学校教育工作以教学为主的特点决定了以教学为主导。学校教育区别于社会生活和生产劳动过程中的教育，教学活动成为学校教育的主要内容。从学校产生以来，教学就是学校教育工作的核心。教学是学校与工、农、商等部门的根本区别，没有教学就没有学校。

学校工作以教学为主是由学生以学习间接经验为主的任务决定的。学校的主要职责是帮助学生迅速掌握人类积累的社会生活和生产劳动经验，即间接经验。教学是学生掌握间接经验的捷径。如果学校工作不以教学为主，学生就无法迅速掌握人类积累的社会生活和生产劳动经验。

以教学为主是学校教育工作历史经验的总结。新中国成立以来，学校教育遵循以教学为主的规律，经历了三次大的调整，确保了教育质量，培养了合格的人才。

教学作为现代学校教育实现教育目的和完成教育任务的基本途径，体现在两个方面。一是教学以完成智育任务为本，这是教学与其他教育途径的主要区别；二是教学以完成智育任务为中心，但不仅限于智育任务。作为基本途径，教学需要完成德育、体育、美育、劳育等各育的任务。

2. 课外活动

课外活动是学校组织或校外教育机关组织的一种教育活动，旨在补充课堂教学，实现教育方针要求。它是根据受教育者的需求和努力，以及教育教学需求，在教育者直接或间接指导下实现教育目的的活动。

课外活动可分为校内活动和校外活动，主要区别在于组织指导方面。校内活动由学校领导和教师组织指导，而校外活动由校外教育机关组织指导。需要注意的是，校内活动不仅限于学校范围内，也可以在校外组织，其与校外活动的区别主要在于组织和领导方面。将校内活动和校外活动统称为课外活动。

在我国古代，课外活动作为一种教育形式已经出现。课堂教学被称为"正业"，而课堂教学以外的活动被称为"居学"。受教育者在课堂学习之外，还需进行与课堂学习相关的课外活动，以实现安礼、乐学，亲近教师，信任道理的目标。

随着社会发展需求，个别教学被以班级授课制为基础的课堂教学所取代。课堂教学能大规模培养人才，适应社会和生产发展需求，但存在局限性，不利于因材施教和个人天性充分发展。因此，课外活动作为课堂教学的必要补充形式应运而生，并在长期发展和实践中不断完善和积累经验。

课外活动和课堂教学是一个完整的教育系统，课外活动是课堂教育的必要补充，二者相互促进，对完成教育任务和实现教育目的具有同等重要的作用。它对解决全面发展与因材施教、一般发展与特殊发展、间接经验与直接经验等矛盾具有重要意义。

课外活动和课堂教学虽都是实现教育目的的重要途径，但课外活动在活动内容、组织形式、活动方式等方面与课堂教学不同，因此具备自身特点。

3. 社会实践

社会实践活动是校外社会活动中的一种有目的、有组织的教育活动，它是教育体系的重要组成部分，对于实现教育目的具有独特价值。这一教育途径的功能是其他途径无法比拟的。

（1）社会实践是实现教育"三结合"的中介桥梁

马克思主义教育思想强调教育要与生产劳动相结合，理论知识要与实际相结合，知识分子要与工农相结合，这是培养全面发展人才的关键途径。通过参与多种社会实践活动，学生可以在生产劳动中实现手脑并用，将理论、实践、感性认识和理性认识、直接经验和间接经验相结合。通过参与工农业生产活动，与工农结合，学生可以亲身体验劳动的艰辛，培养劳动观念、习惯，以及对劳动人民的感情和主人翁的劳动态度，进而形成热爱工农和向工农学习的思想品质。

（2）社会实践活动是造就德智体全面发展人才的关键环节

培养德智体美劳全面发展的人才需遵循其内在规律，以及马克思主义唯物辩证法的人类认识总规律，即从实践到认识，再从认识到实践。正如列宁和毛泽东所提出的认识图式，学生的个体认识也需遵循这一普遍认识规律，同时具有特殊性。在实践阶段，学生的实践主要是通过具有教育因素的社会活动，强化所学理论与实际联系，实现学以致用，而非为社会生产物质产品。

（3）社会实践活动是塑造和学习主体的重要途径

教育的核心目标是逐步建立和发展学生在学习过程中的主体地位，也就是塑造学习主体。学生主体地位的确立是一个动态且持续的实践过程，社会实践既是确立学生主体地位的终极途径，也是培养主体意识的基础途径。在参与社会活动中，学生逐渐减少对教师的依赖，从教师主导的教学地位转向学生主体地位，以自觉性、能动性和独立性参与社会实践活动，并在解决社会问题中发挥自身才智，逐渐形成主体意识，这是课堂教学无法达到的效果。

教育中的社会实践活动包括以下三个方面。

以德育为目标的活动，如社会生产劳动、社会服务活动、社会调查、军事训练等，通过这些活动对学生进行劳动教育、社会公德教育、国情教育等多种教育。

以智育为目标的活动，如教学实验、专业实习、咨询服务、扶贫培训等，这些活动有助于检验、巩固书本知识，提高学生专业工作能力，培养学生热爱专业、精益求精的精神和严谨工作作风。

以劳动教育为目标的活动，主要形式为勤工俭学。这一活动是全面贯彻党的教育方针，加强学生劳动观点教育和技能训练的重要途径，能够提高教育质量，培养全面发展的人才。在勤工俭学过程中，学生可以充分发挥主观能动性和创造性，培养实践能力，同时实现教育与生产劳动的结合。

为确保社会实践活动的效果，需要在以下几个方面做好工作。

明确活动目标。社会实践活动具有方向性，服务于特定社会目标。在制定学生社会实践目标时，应遵循党的基本路线和教育方针，促进学生德、智、体、美、劳全面发展，培养社会主义事业的建设者和接班人。

因地制宜，因材施教。根据不同地区和情况确定社会实践内容，针对不同学生提出不同要求，采用适当方法。这一原则是提高社会实践效果的重要保证，两者相互补充，相辅相成。

关注综合效益。要重视学生通过社会实践活动产生的效果和利益，包括经济效益和社会效益。在社会实践活动中，要妥善处理学校和社会实践活动基地的效益归属，坚持综合处理效应原则，符合经济发展和社会发展需求。

宏观控制，微观放开。面对社会实践活动的广泛涉及和分散性，需要加强宏观控制，确保政治方向和统一领导。同时，要信任和依靠群众，发挥教师、学生和社会实践活动基地人员的积极作用，不断丰富和拓展社会实践活动的内容，提高活动效果。

第四节　教育功能的层次与形成

教育功能是指教育活动及系统对社会和个体发展所产生的各种影响和作用。这包括教育特性和能力，以及教育活动所引起的变化和产生的作用。教育功能具有客观性、必然性，同时还具有方向性和多方面性。

一、教育功能的层次

教育功能分为本体功能、个体功能和社会功能三个层次，它们相互关联、相互渗透。教育功能受社会生产力水平、社会政治经济制度，以及人的身心发展规律的制约。育人功能和社会功能的统一，在共产主义社会，即社会需要与人的需要完美统一的社会，才能得以真正实现。

（一）教育的本体功能

教育的文化传承作用即为本体功能，这是教育特有的功能，也是教育功能的第一个层次。联合国教科文组织国际教育发展委员会在 1996 年指出，教育能自我再现和更新，其基本功能之一是传承知识，教育体系有传递传统价值的职责。这些说明教育体系具有强大生命力，教育活动经验的积累是其生命力源泉。教育的各种结构及其优化，教育理论与技术的进步，教育思想的形成与发展，师范教育的繁荣等，都为教育的延续提供了内在保证。教育的本体功能实际上是教育本质的表现形式，教育的本质问题是要说明教育是什么，教育的功能问题是要回答教育有什么作用。回答教育是什么的问题，实际上只能从教育对人类社会具有什么作用这个根本问题来回答才有可能，而从教育的本体功能上去回答才是解决问题的正确路径。教育的本体功能和教育的本质问题实际上是同一个问题的两个不同侧面。具体来说，教育的本体功能主要包括以下几个方面。

1. 文化传承功能

文化传承是教育的主要职责，学校教育的系统性、集中性、高效性和普及性等特点，使其成为文化传承最基本且重要的途径。学校教育通过筛选和整理人类文化，将其转化为与学生发展紧密相关的教育内容和方式，从而实现文化的传承。

2. 文化筛选功能

尽管文化传承是教育的基本职责，但教育所传承的文化是经过仔细筛选的，只有符合真、善、美标准的文化才能进入教育活动。这意味着，教育在传承文化时会进行选择，一些文化会被保留并传承，而一些文化则会被淘汰。因此，教育对人类文化的选择并非随意或简单，而是根据社会需求和教育的特点，通过严格的标准进行筛选。

3. 文化交流功能

文化具有时代性和地域性，是特定时期和区域内人们的共同创造，不同国家、地区和民族的文化存在差异。文化在交流和融合的过程中发展，没有文化交流与融合，就没有文化的发展。社会的发展使得人们之间的交流更加频繁，文化的时代性和地域性逐渐被打破，开放性增强，文化交流变得必然。教育在文化交流中扮演重要角色，主要通过两种方式实现：一是通过教育内容和方法的革新；二是通过各种学术交流活动。

4. 文化创新功能

文化的真正发展源于不断的创新和创造。教育对文化的创新和更新具有重要意义，尤其在现代社会，教育不仅要发挥保存、传承、筛选文化的作用，更要推动文化的创新和更新。通过教育，各种文化元素不断丰富和发展，新的文化得以重建，从而促进社会文化的繁荣与发展。

教育在三个方面推动文化创新。教育通过传授科学文化知识，培养具有创新精神和创造力的人才。人既是社会文化的产物，也是创造者，教育培养的具有创新才能的人会创造和发明出新的文化。教育本身也能创造新的文化，比如新作品、新思想、新科学技术等。这些新的教育思想、理念、学说是社会总体文化创新的一部分，其在社会文化中的独特地位和作用不容忽视。现代学校特别是高等学校，由于其学科优势、人才优势、学术氛围等条件，成为文化创新的重要力量。在学术探究和自由的环境下，文化经过选择、批判和融合，形成新的价值观和文化思潮，推动文化不断更新和发展。

5. 文化活化功能

文化分为主体和客体，主体文化是活跃形态的文化，客体文化是存储形态的文化。存储形态的文化通常依附于实物、符号等，具有储存意义；而活跃形态的文化不仅依附于实物、文字等载体，还依赖个体存在。一旦活跃的文化形态体现在人身上，就成为了人的思想，也就是"活"的文化。文化的活化过程就是从存储形态向活跃形态的转化过程。通过教育活动，可以将文化从物质载体转移到个体身上，与人的思想、智慧、情感建立联系，使文化成为影响个体行为的现实力量，实现文化的活化。教育的传承、筛选、创新和交流功能最终都需要通过活化文化功能来实现。

（二）教育的个体功能

教育的个体发展促进作用，即个体功能，是教育的第二个层次。它位于教育三个功能层次的中间，上接教育本体功能，即传递、传播人类知识和文化，下接教育的社会功能。由于教育对个体作用是教育对社会作用的基础，个体功能在教育的三个功能层次中地位和意义尤为重要。教育活动作为人类世代积累的知识文化的传递、传播工具，直接以人类个体为对象，因此，教育传递、传播的社会知识、文化必然影响社会的个体。

（三）教育的社会功能

社会功能是教育对社会的本体功能和个体功能的派生结果。缺乏教育的本体功能和个体功能，教育的社会功能便无法存在。教育对国家、民族、社会的作用源于教育对个体的作用，因此，教育的社会功能是教育个体功能在社会领域的表现。它既受到社会各领域的制约，又对社会具有巨大的能动作用。实际上，教育对社会发展的范围与人类社会实践和生活领域的大小相当。

二、教育功能的形成

教育功能的形成发生在教育过程中，起点是社会对个人发展的期望和要求，终点是教育成果的出现。它主要经历三个阶段：确立教育功能取向、发生教育功能行为和产生教育功能结果。

（一）教育功能取向的确立阶段

教学功能取向是指教学本身的功能期望，这种期望来源于社会和个体对教学系统作用于自身发展的客观结果的愿望和要求。确立教学功能取向是教育功能形成的第一个阶段。社会和个人对教学如何为自己服务有不同的期望。在衡量社会和个人期望以确定教学功能取向时，会出现以下两种情况。

（1）当社会发展和个人发展出现对立冲突时，会产生个人本位和社会本位两种不同的价值取向。个人本位认为个人价值高于社会价值，教育应遵循人的身心发展需求，促进人的自由和谐发展。而社会本位认为社会价值高于个人价值，教育需根据社会需求培养符合社会需要的工具人。

（2）当社会发展与个人发展和谐一致，且社会各组成部分也处于和谐状态时，社会功能需求与个人功能需求相同。在这种情况下，教育功能价值取向的确立是对社会各组成部分和个人功能需求的认同过程。

（二）教育功能行动的发生阶段

教育功能行动是教育功能形成的第二个阶段，包括教育制度建立、教育结构确立、教育目标设定、教育内容编制及教育手段选择等。从教育功能取向确立到教育功能行动发生，这个转换过程受到教育系统自身和社会的制约。教育功能行动能否发生主要取决于教学过程的运行，包括教学者和受教学者的素质条件，以及教学过程是否有序、持续运行。不同的学校和时期，同样的教学投入会产生不同的教学效果。这主要是因为教学者和受教学者的素质条件差异，素质高的能使教学产生正向功能，素质低的则可能导致负向功能。另外，教学秩序良好的时期，教育功能行动的发生能更好地符合教育功能取向的要求和期待，呈现正向功能；而在教学混乱的时期，教育功能行动的发生可能违背教育功能取向的要求和期待，呈现负向功能。从社会制约角度看，教育功能行动的发生主要表现为社会对教学的控制，包括教育制度建立、教育目标设定、政策控制、领导权力控制、教育经费控制、教学内容控制等，以使教学沿着社会期望的方向发展，满足社会发展需求。

（三）教育功能结果的产生阶段

教育功能结果的产生是教育功能形成的第三个阶段，包括以下两个过程。

1. 教育对社会各要素的直接影响与改变过程，形成教育社会功能的直接结果，如教育宣传产生的政治舆论、教育消费带来的相关行业经济增长，以及教育对文化的传播、选择、创造、活化功能等。

2. 教育对受教育者的影响过程，通过控制教育功能行为，形成受教育者的文化特性，培养符合社会要求的人，实现教育的个体功能。

人们更重视第二种教育功能结果，因为教育的本体功能是培养人。然而，培养何种人取决于不同的教育功能取向。社会本位的教育功能取向主张培养"社会人"，如德国教育家凯兴斯泰纳，他认为国家教育目的在于培养具有一定生产技术、绝对服从国家利益的个人和士兵。个人本位的教育功能取向主张培养"自然人"，如18世纪法国教育家卢梭，他选择"人"而非"公民"。我国确立的教育功能取向是社会发展与个人发展相统一，倡导培养德、智、体全面发展的人。

第五节　教育的个体功能

教育的个体功能是指教育对促进人的生存和发展所具有的作用和效果，即教育的育人功能。人是教育的对象，也是教育的目标。本质上，教育的个体功能是教育的基本要求。要实现教育的个体功能，需要揭示人的发展规律和影响因素，并根据这些规律和影响因素进行教育活动。

一、人的发展的基本内涵

人的发展是指从出生到生命终结，个体身心各方面发生的变化，即由潜在素质向现实特征转变的过程。具体包括身体发展和心理发展两个方面。身体发展涉及机体形态、组织器官和机能的完善；心理发展则包括认知、情感、意志和社会性的发展。身体与心理发展相互制约、相互促进。教育通过独特的形式和丰富的内容，推动个体身心全面发展。

二、影响人的发展的主要因素

人类身心发展受遗传、环境、教育和个体主观能动性四个方面的影响。这些因素相互关联，共同作用于人的发展。

（一）遗传与人的发展

遗传，即遗传素质，是个体从上代继承的生理结构特征，如机体结构、形态、感官和神经系统等。遗传素质对人的身心发展影响表现在三个方面：一是遗传素质是既定的、先天的，具有潜在和非现实性作用，并不决定人的发展；二是遗传素质是非获得性素质，无法遗传；三是遗传成熟机制制约着个体发展的方向和速度，教育可以在适应的基础上适度超越。

1. 遗传素质是人的身心发展的生理前提

个体的生理结构和机能由父母的遗传物质（DNA）决定，包括身体形态结构和内在功能。尽管遗传存在，但遗传规定的素质是潜在的，而非现实的，因此遗传并不决定人的发展。有学者认为遗传决定人的发展，包括遗传决定论者、血统论者、人种论者、泛性论者等。

遗传素质是非获得性素质，是基因本能遗传现象。遗传作为个体从上代继承的生理特点，是个体生长发育的基本前提。在形态结构方面，即使后天可以模仿，但不能遗传。品德、能力、认识等素质属于获得性素质，不能遗传。这说明遗传素质对人的发展影响主要在生理方面，而知识、才能、思想、观点、性格、爱好、道德品质等后天获得。

遗传成熟机制制约着个体发展的顺序和速度。人的发展包括从受精卵到死亡的全过程，在此过程中，生理和心理发展顺序受遗传物质制约。在正常条件下，胎儿期、婴儿期、儿童期、青春期、青年期、中年期、更年期、老年期的发展阶段和历程有规律可循。一般来说，上一代的遗传基因决定下一代生长发育的顺序和速度。个体身心发展遵循"先中央、后四周"的方向性原则，先大脑、躯干发育完善，再四肢；心理发展先感觉、知觉，后注意、记忆，再情绪、情感、气质、性格，最后思维、想象。这些都是教育循序渐进的原因。即使在环境条件改变时，这些顺序也不会改变，只是停留时间的长短有所变化。这表明遗传因素对人的身心发展有严格的制约作用，教育在很大程度上只能适应此制约。但在适应的基础上也应适度超越，根据苏联心理学家维果茨基的"最近发展区"理论，可以运用适度超前的教育来诱导个体身心发展，使教育走在发展的前面。

2. 遗传素质不决定人的发展

遗传因素对人的发展具有可能性，但并非现实性，因此遗传并不决定人的发展。遗传素质在个体发展中的角色是必要条件，而非决定性条件。个体身心的发展水平和方向，取决于环境和教育，而非遗传素质。认为遗传决定论和先天决定论夸大了遗传素质的作用。认为儿童的智力水平和品质在生殖细胞的基因中就已决定，后天环境和教育只是对这些"智力种子"的激发或抑制，这种观点是错误的。音乐家、画家和聪明孩子的天赋可能通过遗传获得，但要成为音乐家、画家或智者，除遗传可能性外，还取决于社会条件、教育和个人努力。此外，即使天资不足的人，通过后天努力也能成功。

（二）环境与人的发展

环境是指个体周围对身心产生影响的外部因素。简而言之，环境包括自然环境、社会环境和家庭环境。

1. 环境会影响人的发展

自然环境对人的身心发展有影响。自然环境包括出生地的自然条件和地理位置，如光照、空气、水、土壤等。科学研究证实，自然环境因素对身体发展有影响，如身高与日照时间相关。自然环境也影响心理发展水平，如在险恶环境中，人的性格更坚强；沿海、交通发达地区的人见识更广，视野更开阔。但过分强调自然环境决定论和地理环境决定论是错误的。

社会环境对人的身心发展有影响。社会环境包括各种性质的社会关系，它是身心发展的外部客观条件，对身心发展有制约作用。人的身体发育和成长与社会生活条件直接相关。社会条件好，身心发育成长就快；反之，则慢。然而，过分强调环境影响作用，搞社会环境决定论，并以此为依据攻击特定社会的政治、经济制度是错误的。

家庭环境对人的身心发展有影响。家庭是血缘关系结合的特殊单位，既是生产单位，又是生活单位，也是教育单位。家庭是人生的起步地，对个体身心发展的影响不可忽视。家庭教育具有启蒙性，能进行最初级的读、写、算和道德品质等方面的教育；时间上具有开放性，满足孩子学习的随机性要求；家庭的血缘性使父母与子女可以无所不谈。当然，家庭中的许多因素也会影响家庭教育的结果，如父母的学历、职业、对子女教育的重视程度、家庭气氛和物质条件等都影响着儿童的身心发展。

2. 环境不能决定人的发展

环境对人的身心发展有一定影响，但并不决定人的发展。环境作用的特点主要有三个方面。

自发性。自然环境、社会环境、家庭环境对身心发展的影响都是自发的。

偶然性。客观存在的环境因素不一定实际影响个体发展，只有当个体接触到这些环境因素时，才可能受到影响。

适应与对抗。个体的态度决定环境对个体影响的程度：若个体接受环境影响，则环境容易对人产生作用；若个体对环境影响有抵抗意识或情绪，特别是能够抵抗不良环境影响，那么环境就不容易对人产生作用。

总之，环境既可制约人的身心发展，同时人也可以发挥自身主观能动性，超越环境制约。

（三）教育与人的发展

教育与人的发展的关系是教育科学中的关键理论问题。理解教育与人的发展的关系，对于正确认识教育问题的性质与作用，以及合理组织教育工作具有重大意义，同时也对于认识人类个体的心理特征和建立科学发展观具有重要意义。

发展是指持续不断的变化过程，包括量的变化和质的变化，表现为从量变到质变的渐进演变。人的发展包括身体和心理两个方面。身体发展包括机体的正常发育和体质增强，二者相互联系，只有正常发育的机体才能使体质增强，而体质的增强又有助于机体的正常发育。心理发展包括认识和意向的发展，认识的发展主要体现在感觉、知觉、记忆、思维等方面。意向的发展主要体现在需要、兴趣、情感、意志等方面。人的身体和心理两个方面密切相关。心理是人脑的机能，因此身体发展，特别是神经系统发展的情况制约着心理活动及其发展。同时，身体发展也受到认识、情感、意志和性格等心理过程和特征的影响。

1. 教育与人的生理发展

教育与人的生理发展关系主要表现在两个方面。

个体的生理发展对教育有制约作用。教育作为社会经验传递系统，以受教育者为对象和目的。要实现社会经验传承以促进受教育者发展、适应环境变化、满足社会要求，必须以个体生理的一定发展为基础，即个体成熟为前提。从这个角度看，个体成熟为教育提供了物质可能。

教育活动对人的生理发展具有促进作用。生理发展是有机体生物学方面的发展，受"用进废退"的自然法则支配。因此，通过教育，特别是学习活动，可以对个体生理成熟产生影响。一些学者的研究和早期教育实验表明，教育与学习活动对人的发育与成熟确实具有影响。

2. 教育与人的心理发展

教育与人的心理发展关系主要表现在两个方面。

教育可以推动个体心理的发展。教育有助于培养个体的认知、情感、意志等心理方面的发展。

教育受到个体心理发展现有水平的制约。教育需要根据个体的心理发展水平进行因材施教，以达到更好的教育效果。

（1）教育能够促进个体心理的发展

教育与个体心理发展的关系是辩证的。一方面，教育影响个体心理发展的性质和水平；另一方面，教育受到个体心理发展水平的制约。教育活动需从受教育者心理现有水平出发，以实现其促进作用。

人的心理发展实质上是人脑对客观世界的反映。人的心理是客观现实在人脑中的主观映像，以及人脑对客观现实的反映机能，这种主观映像实际上是人在反映现实过程中形成的心理结构，对于客观现实的反映机能实际上就是主体内部的构造活动。因此，人的心理发展就是人脑中主观映像或心理结构的不断发展变化，以及人脑对客观现实的反映机能或构造活动方式的发展变化。这两种变化都离不开教育和学习活动。

对于主观映像或心理结构的发展，教师需要为学生提供适宜的外界刺激，学生则通过学习活动不断获得新的主观映像，并改造原有主观映像，建立新的心理结构，从而推动个体心理发展。

对于人脑反映机能的发展，人脑的反映机能系统包括人脑固有的、由生物进化过程中固定的自然结构和机能，以及个体在反映现实过程中获得的反映活动方式。反映活动或构造活动方式的机能系统的发生发展直接依赖于教育和学习。通过教育和学习，儿童学会了分析、综合、抽象、概括、判断和推理等思维方式。不仅反映活动方式的机能系统发生发展依赖于教育和学习，自然生物学方面的机能系统，特别是脑固有的结构与机能，也遵循"用进废退"的自然规律而使个体获得发展。

（2）教育要受到个体心理发展的已有水平的制约

教育活动需要通过学生一系列心理活动来完成。教育活动依赖学生个体及其接受和学习活动。学习作为个体活动，需要一定的需求引发，并具备满足需求的可能才能实现。如果缺乏学习需求及满足需求的心理可能，学习就无法在个体身上发生，教育活动也无法完成。实验证明，儿童心理发展的不同阶段，他们的心理需求不同，满足需求的心理学水平也不同。心理需求及心理水平的差异导致个体学习需求不同，进而影响学习效果。因此，教育受到个体心理已有发展水平的制约。

个体心理发展的各个阶段受心理发展规律制约。人的心理发展阶段变化及顺序具有客观必然性，不能超越或颠倒。因此，教育必须适应个体心理发展的客观规律。在心理发展的不同阶段，教育应具备不同的要求、教学内容和形式。

人的心理发展存在差异。教育不仅受一般儿童年龄阶段特点制约，还受个体特殊心理特点制约。这种制约主要表现在个体心理发展速度和质量的不同。因此，教育活动需关注儿童心理发展的个别差异，实现因材施教。

总之，教育与人的发展密切相关。个体生理发展和心理发展为教育提供基础与可能，而教育促使心理发展可能成为现实，从而推动个体持续发展。

（四）个体实践与人的发展

人的活动包括生命活动、心理活动和社会实践活动，其中生命活动是基础，心理活动是保障，社会实践活动是目的。生命活动直接影响身心发展，心理活动帮助人们认识世界和自己，而社会实践活动使人成为社会成员并从事职业。个体实践是人们从事的各种活动，是生命活动和心理活动的源泉，生命活动和心理活动贯穿于所有实践活动。随着社会实践活动的范围扩大、内容丰富和深化，人的身心发展水平不断提高。离开个体实践，人的发展将无从谈起。对于发展中的个体，教育环境下的学习活动是最重要的实践活动，人的发展是通过与客观现实相互作用，在学习中获得经验，并运用这些经验调节行动来实现的。

需要指出的是，影响人发展的各种因素相互作用、相互影响并共同作用于人的发展，它们是一个整体系统。人们不能孤立、片面地分析每个因素对人的发展作用。它们之间的性质差异、力量强弱、组合不同，以及不断发展变化，使人的发展呈现出不同的水平和特色。

三、个体发展的基本特征

人的身心发展遵循规律。教育应依据这些规律组织活动，否则无法发挥教育的主导作用。人的发展表现出顺序性、阶段性、不平衡性、个体差异性、稳定性和可变性等特点，教育活动需要考虑这些因素，并据此设计具体的教育实践活动。

（一）人的发展具有顺序性

顺序性指个体身心发展具有先后顺序。正常情况下，个体发展速度有差异，但总体顺序有规律。儿童身体和运动机能发展遵循头尾法则和近远法则，即从头部、颈部到躯干、四肢，从身体中心到边缘的发展顺序。心理发展按动作思维、形象思维到抽象思维的顺序进行，情感发展则从一般性情感如喜、怒、哀、乐逐步发展到高级情感如理智感、道德感等。

身心发展的顺序性决定教育工作的顺序性，教育者应遵循顺序，对受教育者提出循序渐进的要求。知识技能传授、智力发展、体质增强、思想品德提高等方面都要遵循由浅入深、由简到繁、由低到高、由具体到抽象的顺序，既不要过度加速，也不要压抑学生发展。教育过程中，要在现有基础上根据儿童年龄特征促进其身心发展，达到更高水平。强调循序渐进并不意味着教育要滞后于学生发展，而是提倡在学生成熟之前给予适当超前的教育，引领学生发展。

（二）人的发展具有阶段性

阶段性指人在不同年龄阶段表现出与其他阶段区别的典型特征，心理学上称为年龄特征。个体发展是由量变到质变的连续过程，当量的积累达到一定程度时，会产生质的飞跃，发展的连续性中断，呈现出阶段性。在不同发展阶段，个体在生理、心理和行为方式上都表现出显著差异。关于年龄阶段的划分，目前尚无明确共识，一般根据生理年龄和发展状况来划分。学术界通常将个体从出生到青年初期划分为几个具体阶段：乳儿期（0～1岁）、婴儿期（1～3岁）、幼儿期（3～6岁）、童年期（6～12岁）、少年期（12～15岁）、青年初期（15～18岁）。

研究表明，不同阶段学生的身心发展具有不同特点。因此，教育不能一概而论，要根据不同阶段受教育者身心发展的特点进行教学内容安排、教学进度选择、教学方法设计等。一方面，教育要考虑受教育者的发展水平和年龄特征，不能将小学生、初中生和高中生混为一谈；另一方面，不同年龄阶段相互联系、相互衔接，考虑教育工作的阶段性时，还需关注不同阶段的衔接问题。

1. 人的发展具有不平衡性

不平衡性指人的身心发展具有非等速、非直线的特征。主要表现在两个方面：一是同一方面在不同年龄阶段的发展速度不同。例如，个体身高发展在出生到 1 岁和青春期两个高峰期迅速，其他阶段发展较慢。智力发展在 4 岁前最快，之后放缓。二是不同方面的发展速度不同。有的方面早期就达到较高水平，有的则较晚。通常，神经系统发展先快后慢，大脑重量在幼儿期达到成熟期的 80%，9 岁左右接近成人水平，而生殖系统发展则先慢后快，青春期后发展速度明显加快。

身心发展的不平衡性对教育具有重要指导意义。教育者要了解教育对象各方面发展的成熟水平，进行相应的教育，既不能过早也不能过晚。心理学研究表明，身心发展的成熟度与学习效果密切相关。某一方面达到成熟水平，意味着已为接受该方面的教育和学习做好准备。此外，教育者要抓住学生身心发展的关键期，采取及时有效的教育措施。

2. 人的发展具有个体差异性

个体差异性指由于遗传、社会生活条件、教育和主观能动性等因素的不同，同一年龄的个体在发展速度、水平、倾向等方面表现出不同的个人特点，即身心发展的差异性。在身体方面，如高矮、胖瘦、美丑等都是明显的个体差异。在心理方面，人们的差异表现在感知觉的敏锐度、注意力的持久性、思维的类型、想象的丰富性、兴趣的方向、性格的外向或内向、气质的开朗或抑郁，以及能力表现的不同。

教育者面对的是有思想感情、具有个体差异的人，因此，不仅要了解身心发展的普遍规律，更要关注个体的差异，才能因材施教，使所有学生都能获得良好的发展。

3. 人的发展具有稳定性和可变性

稳定性指在正常情况下，只要具备基本的社会生活条件，个体身心发展的阶段、年龄特征、速度具有普遍性和共同性。无论是资本主义还是社会主义社会，个体身心发展的顺序性和阶段性大体相同。

可变性则指由于家庭环境、教育条件和个人主观努力程度等差异，个体身心发展的速度和特征各不相同。对于个体来说，身心发展的可变性表现为可塑性。人的身体发展受生理情况和营养条件影响，而心理发展则更多地受社会和教育影响。

总之，人的身心发展既稳定又可变，教育者要根据稳定的共性特征选择教育内容和教育方法，同时关注身心发展的可变性，充分利用发展可能性，采取有效措施，推动受教育者身心向更高质量发展。

四、教育促进个体发展的功能

教育的核心对象是人，教育在个体发展过程中具有特殊功能，是非常重要的因素。教育对个体发展的促进作用表现在两个方面。一是教育促进个体的社会化和个性化的辩证统一。通过这一过程，个体在适应社会生活、维护社会传统的基础上，实现自我价值和意义，同时推动社会不断发展和进步。二是教育培养个体的谋生技能和增进个体的享用功能，这是教育促进个体发展功能的延伸。

（一）教育促进个体社会化和个性化的功能

1. 教育促进个体的社会化

个体社会化是个体学习社会生活方式，内化社会期望的价值观和行为范式，掌握适应社会需求的知识和技能的过程。主要包括接受社会文化价值和规范、追求与社会要求一致的目标、掌握获得社会成员资格和追求目标所需的知识和技能、学会认同自身身份和角色。

影响个体社会化的主要因素有家庭、学校、同伴群体、大众传媒、职业组织、社区等。不同年龄阶段，社会化的主导因素不同。幼儿阶段以家庭教育为主，青少年阶段以学校教育为主，成年阶段以社会组织为主。学校作为青少年社会化的主要场所，通过有目的、有计划、有组织的教育活动实现。

教育促进个体社会化的功能主要表现在以下几个方面。一是促进个体思想意识的社会化，通过教育传承社会主流文化和价值观念，使个体形成与社会主流文化和价值观念相对一致的思想意识。二是促进个体行为的社会化，通过传承社会规范，使个体认识到在一定的社会生活中应该做什么、不应该做什么，防止行为偏离社会规范要求。三是培养个体的职业意识和角色意识，通过教育使个体根据自己的兴趣、爱好、能力，结合社会实际需要确定发展方向，逐步实现职业理想。

2. 教育促进个体的个性化

个性是个体在实践活动中形成的独特性，个性化的核心是个体在社会实践活动中自主性、独特性、创造性的形成。教育促进个体个性化的功能主要体现在以下几点。

教育促进人的主体意识的形成和主体能力的发展。主体意识包括主体的自我意识和对象意识，主体能力是主体认识、改造外部世界的能力。教育帮助个体提高自身素质、增强自我能力，成为认识和实践的主体。

教育促进个体差异的充分发展，形成人的独特性。教育必须因材施教，尊重个体差异，选择最适宜的发展路径，充分开发不同学生的内在潜质，形成与众不同的优势区域和独特性。

教育促使人的创造性开发并实现个体价值。创造性是个体在创造活动中所表现出来的自主、独特、与众不同的心理倾向，一方面满足社会发展需要，另一方面满足人类自身对多彩生活及人生价值实现的需要。通过创造活动，社会价值、个体价值及人生意义能够得到最完美的结合。

（二）培养个体谋生技能和提高生命品质的功能

马斯洛的"需要层次理论"阐述了人的需求层次及其产生条件。他认为，生理需求是人的基础需求，自我实现是人的最高需求。这有助于我们更好地理解教育的个体功能。

教育能培养个体的谋生技能。一方面，教育通过个体社会化，将社会行为规范传递给新一代，使他们获得相应的角色意识，适应社会生活。另一方面，教育要教授学生"何以为生"的本领，特别是职业技术教育、高等教育、成人教育，培养具有谋生本领的劳动者和建设者，成为推动社会发展的人力资源。教育需教会人"学会生存"，这是学校教育和终身教育的职责。

教育能提高生命品质。教育可以满足学生个体的超越性需求，使学生在精神或心理上获得满足，感到自由、充实与欢乐。这是建立在教育谋生功能基础之上的，是教育谋生功能的必然发展。教育的真正目的在于，通过培养个体谋生技能，满足个体的生存需求，同时提升个人的生活质量，满足个体更多的精神需求。

通过教育过程，个体获得以知识为基础的教育成果，这不仅是个体生产能力的提升，也意味着个体谋生手段更为丰富和可靠，同时可以促进个体身心和谐发展，塑造完善自由人格，增进个体幸福生活。

第六节 教育的社会功能

教育的社会功能是指教育对社会的存在与发展所产生的功效和作用。教育与社会之间有密切的联系，主要表现在两个方面：一是教育受到社会的强力制约；二是教育对社会具有巨大的能动作用。教育对社会发展的作用范围与人类的社会生活领域相等。总的来说，教育的社会功能主要在经济、文化、政治等方面体现。

一、教育的经济功能

教育的经济功能是指教育系统对特定社会经济发展的作用。在现代社会中，随着科技对经济增长贡献率的持续提高和人的素质不断进步，教育已成为推动经济增长和提升经济质量的关键因素。客观上，教育对经济发展的作用并非直接创造物质财富，而是通过再生产劳动者和科技来实现。

（一）教育是劳动者再生产的基本手段

作为生产力要素中最关键、最活跃的劳动者，在现代生产中，技术改造、设备更新、资源利用、工艺变革和劳动生产率提高等都主要依赖于包括科技人员、管理人员和一线工人在内的所有劳动者素质。因此，教育，特别是学校教育，逐渐成为劳动者再生产的主要手段。过去依赖生产现场传授技艺和个体经验积累再生产劳动者的时代已经过去。

1. 教育能够把可能的劳动者转化为现实的劳动者

在严格意义上，一个人在未获得相关知识和经验前，只是一个潜在的劳动者。获取劳动知识和经验需要通过一定的教育或培训。在现代社会，学校教育在此方面的基础作用日益突出。科学技术已成为现代经济活动的关键因素，但作为知识形态的生产力，在未应用于生产过程和内化为劳动者素质前，仅是潜在的生产力。只有掌握科学技术知识和相应劳动能力的人，才能成为生产力中的劳动力要素，进而成为实际的劳动者。

2. 教育能够把一般性的劳动者转型为专门性的劳动者

在这方面，专业教育和职业教育的作用尤为明显，而普通教育在劳动者再生产上的主要作用是提升整个民族的科学文化水平。普通教育培养的劳动者本质上还是一般劳动者，作为劳动后备力量，这是劳动者再生产所必需的。而专业教育和职业教育可以在普通教育基础上，将一般劳动者转变为特定领域、行业或岗位的专门劳动者，这种劳动者对经济活动具有更现实的意义。

3. 教育能够把较低水平的劳动者转变为较高水平的劳动者

劳动者素质的提升是一个从低到高的过程。在现代社会，由于生产技术基础不断更新，生产方式和劳动工艺持续变化，劳动者素质需要不断适应新要求，劳动者不仅要受教育，而且需要持续受教育。从终身教育的角度看，现代社会劳动者必须接受终身教育，除了职前学校教育外，职后还需要间断性地在工作与学校间往返，将教育分布在一生中。终身教育已逐渐成为人们的生活方式，成为提升劳动者素质和促进纵向流动的基本途径。

4. 教育能够把一种形态的劳动者转换为另一种形态的劳动者

在传统生产活动中，劳动主要依赖个体经验，而经验积累需要长时间的探索，再加上行业间隔离，一个人很难从一个劳动领域转向另一个领域。在这种社会环境下，劳动者的工作转换和职能变化既无必要，也不可能。现代生产以科学技术为基础，社会化大生产中行业兴衰、职业增减、工种消长不断，劳动者需要面对职业和岗位转换。如今，改行转业、工作变换日益常见，学非所用、用非所学并不稀奇。这要求劳动者具备扎实基础，提高改行转业的灵活性和适应能力。由于现代生产科技含量高，劳动者掌握生产和工艺的一般原理后，就能较为顺利地从事不同工作，实现劳动者形态的转换。因此，劳动者形态转换既必要又可能，教育成为实现转换和促进横向流动的关键手段。

5. 教育能够把单维度的劳动者改善为多维度的劳动者

在传统经济学中，劳动者被视为纯粹的劳动力，一个可使用的工具，这种劳动者是单维度的，其发展和需求也仅限于单一维度。然而，现代经济学对劳动者的理解已经超越了纯经济学的范畴，这种劳动者不仅具备科学技术知识和劳动能力，还有一定的文化素养、思想修养、职业道德、心理素质和创新精神。这种劳动者是多维度的，其发展和需求也涉及多个维度。多维度的劳动者境界和层次更高，精神世界更丰富，劳动能力更强，且生活不仅仅"从属于劳动"。许多西方学者和我国一些学者都强调提升劳动者综合素质的重要性，教育在提高劳动者素质方面具有综合意义，现代教育越来越注重培养劳动者的多维度能力。

关于教育对经济增长的贡献，一些经济学家已经进行了各种定量分析。苏联经济学家斯特鲁米林通过计算受教育年限与劳动简化率的关系，得出教育程度提高带来的价值占国民收入的比率为30%。美国经济学家、1979年诺贝尔经济学奖得主舒尔茨根据人力资本理论，通过教育资本储量分析方法，估算出教育水平提升对美国国民经济增长的贡献率为 33%。美国经济学家丹尼森采用经济增长因素分析方法，计算出教育对国民收入增长率的贡献为 35%。

（二）教育是科学知识再生产的重要手段

科学技术作为第一生产力的论断，强调了现代社会中科学技术的经济价值。据国外学者估计，20 世纪初，技术进步在发达国家经济增长的主要因素（劳动力增加、资金增长和技术进步）中的贡献率仅为 5%～20%，而 20 世纪 70 年代后，这一比例普遍达到 60%～80%。我国近年来也采取措施，加大科技进步对生产力的推动作用，提出要将经济增长方式逐步转向依靠科技进步和提高劳动者素质。科学技术的发展与教育关系密切，我国"科教兴国"的基本国策将科技与教育并重，凸显了这一点。

1. 教育能够传递和传播科学知识

科学知识的再生产需要积累和继承，这是科学发展的基本前提。任何科学发现和发明都与前人成果有直接或间接关系。科学知识的积累和继承离不开传递、传播和大众科学素质提高，这也是科学发展的基本前提。科学知识传递和传播为科学发展提供必要前提和基础，且这种传递和传播本身也是科学知识再生产。科学知识传递确保其延续，这种延续可理解为科学知识的简单再生产。科学知识传播使少数人掌握的知识被更多人掌握，虽未创造新科学知识，但可理解为科学知识的扩大再生产。通常，教育是传递和传播科学知识最简捷和有效的途径，正如马克思所说："再生产科学所必要的劳动时间，同最初生产科学所需要的劳动时间是无法相比的，例如，学生在一小时内就能学会二项式定理。"

2. 教育能够发展科学

发展科学是科学知识扩大再生产的另一方面。教育主要职责是传递和传播已有科学知识，同时也负责创造新科学知识，尤其在高等学校中。严格来说，教育活动本身并不具备创造新科学知识的功能，只有科学研究才能产生新科学知识。教育活动和科学研究活动性质不同，教育活动是教师与学生之间的互动，旨在培养人，关注学生对已有科学知识的理解与掌握，而科学研究活动是科研人员针对自然、社会等领域的研究，旨在探索和发现新科学知识。因此，不是教育，而是学校可以生产新科学知识。学校与教育是两个不同概念，教育是培养人的活动，学校是实施教育的机构，学校的基本活动是教育活动，但教育活动并非唯一活动。在大学，特别是研究型大学，科学研究不仅是一种独立活动，还有专门科研机构和人员，科研与教学往往紧密结合，甚至同步进行，因为教学与科研的相互渗透是培养高层次人才的关键。从这个角度看，教育可以再产生新科学知识。

自 19 世纪初德国柏林大学率先实行"教学与科研相统一"以来，科学研究已成为大学，尤其是顶尖大学的重要职能，大学甚至成为许多国家的科学中心。大学在科研方面，尤其是基础研究能力强，原因在于：一是大学具有丰富理论储备，二是高级人才集中，三是学科综合性强，四是师生思想活跃。因此，大学特别适合开展基础研究和跨学科研究。

二、教育的文化功能

教育的文化功能指教育系统在文化保存和发展方面的作用。文化概念歧义众多，内涵不确定，外延模糊。通常将文化分为物质文化、制度文化和精神文化三个层面。物质文化是文化基础，是人类创造的物质财富总和，主要体现在各种人造物上的人的思想特征。制度文化包括典章制度和维系个体与一定文化共同体关系的法则，是人们在团体中为满足或适应基本需要而建立的思想与行为模式。精神文化又称观念文化，是文化构成的核心，包括价值观念、思维方式、行为准则、伦理道德、宗教信仰、文学艺术、审美情趣、民俗风范等，其中价值观念为核心。这里的文化主要指精神文化。广义上，教育也是文化的一部分，但教育又是一种特殊文化，既是文化构成体，又是文化传承、传播、改造和更新的手段。

（一）传承文化

文化的传承是文化得以延续和发展的基本前提。教育传承文化的功能有三种主要表现形式。

1. 教育可以传递和保存文化

人类社会是人的生物性和社会文化性的统一体。文化既是社会活动的产物，也是新生代生存和发展的基础和必要条件。人类社会的延续本质上是文化的延续，这种延续必须通过文化传递，而教育是文化传递最基本和最重要的手段。相对于人类生物学意义上的延续，人类文化的延续有一个重要特征，就是文化只能通过后天学习和实践的方式获得，这就决定了文化从产生之日起，就与教育有着不可分割的联系。

人类文化传递大致经历了三个历史阶段。第一阶段，文字出现之前，文化主要依赖口耳相传而获得传递与保存，这时专门的教育还未产生，教育与人们的社会生产与生活融为一体。由于这种文化传递的时空范围有限，史前文化虽然经历了漫长岁月，但其积累却相当微薄。第二阶段，文字出现后，文化的传递与保存更多地依赖于文字的记载和授受，专门的学校教育应运而生。文字的出现为人类文化的传递与保存带来了革命性的变革，打破了文化传递与保存的时空界限，使文化有可能与人类个体的生命存在相分离，从而为人类文化的大量积累创造了条件。社会发展至今，文字已成为人们生活中最重要的工具。第三阶段，人类通过教育与多种高科技手段传递和保存文化。教育的重心逐渐从大量授受知识转移到帮助人们从浩瀚文化中获得最基本的要素，包括选取、使用、储存与创造文化的基本手段与基本方法，学会认知或学会学习，已成为当今教育所要解决的基本问题之一。

2. 教育可以活化文化

文字和科学技术为人类提供了多种传递和保存文化的方式，避免了因人类个体生死交替导致的文化流失和断裂。然而，如果文化仅附着于物体、文字或其他技术性载体，那仅是一种储存形态的文化，虽然实现了文化保存，但并未被活化。教育要实现真正意义上的文化传承，必须将储存形态的文化转化为活跃形态的文化，即将附着于物体、文字和技术性载体上的文化符号转移到人这一载体上，让人掌握和内化。这一过程就是文化的活化。

（二）改造文化

改造文化是指在原有文化要素基础上进行取舍、调整和再组合。教育对文化的改造主要通过选择和整理文化来实现。

文化是教育的基本素材，但并非所有文化都能成为教育内容。教育需对文化进行选择、加工和整理，使其成为教育内容。选择哪些文化进入教育内容，有两个基本标准：一是社会价值标准，主要由社会政治、经济和文化传统决定，以确保人才培养方向；二是知识价值标准，主要由知识类型、层次和功用决定，以确保人才培养规格。教育通常选择不同层次和类型文化中的基本要素。确定教育内容后，教材编写就是整理文化基本要素和选取文化精髓的过程。为遵循受教者认知发展规律和学科内在逻辑，必须对文化进行整理和组织，使之系统化、逻辑化、简约化、结构化。人类文化不断积累，新文化不断产生，要求教育内容不断充实、更新和变革，因此，教育始终在不断地选择、整理、改造文化。

教育对文化的选择和整理既给文化发展以导向，又对文化体系进行某种程度改造。例如，我国自汉代起，罢黜百家、独尊儒术，使儒家经典成为学校教育的主要内容。这种对文化的选择对中国文化发展具有强有力的导向作用，促进了儒家文化的兴盛，使其成为中国传统文化的主体。当前，我国正面临文化转型期，教育对文化的选择直接关系到中国文化的基本走向和格局。如何对待本土文化和外来文化及其关系，如何对这些文化进行选择和整理，都是教育必须认真对待的问题。

（三）创造与更新文化

随着社会发展，文化的创造和更新变得必要。传统社会教育在文化延续中更注重继承和守成，而现代社会要求教育在继承优秀传统文化的同时，发挥创造与更新文化的作用，包括文化批判、文化融合，以及导向文化和教化社会的作用。

教育创造和更新文化的功能主要表现在两个方面。一方面，教育通过培养具有创新精神和创造能力的人来实现文化创造功能，这是教育文化创新功能的基本方面。人既是文化的产物也是文化的创造者，只有那些掌握大量文化知识并具备创新精神和创造能力的人才能对文化发展做出较大贡献。在现代社会，创新精神已成为现代人必须具备的重要文化心理品质，培养有创造性的人才已成为现代教育的文化追求。另一方面，教育通过创造新的文化来发挥其文化创造功能。学校往往是新思想、新文化的发源地，在文化的创造与更新中起着关键作用。新的教育思想、理念、学说的提出和实施本身就是文化创新的重要组成部分。作为实施教育的机构，学校尤其是大学还可以直接创造出新的文化。

教育的社会功能不仅体现在经济、政治和文化等方面，还潜在和隐含地表现在社会发展的其他方面。例如，教育具有一定的人口功能，即教育对社会人口数量的调节控制和人口质量的改善所具有的作用。

三、教育的政治功能

在现代社会，尽管教育逐渐从主要为政治服务转向主要为经济服务，但教育的政治功能仍然显著，只是教育的政治功能具有新的特点。政治是经济的集中表现，是社会不同利益集团关系的反映，而作为政治核心的各级国家政权，其基本职能就是直接或间接地组织、调节和干预社会生活。现代社会人们更加重视民主与法治、社会秩序，以及全体公民主动参与社会政治生活，因此政治生活更加普遍，对公民参与政治事务和政治决策的素质要求也更高。

教育为政治服务具有必然性，古今中外几乎没有哪一个政治家和社会思想家不关注教育和影响教育，不把教育作为实现其政治和社会理想的重要手段。在古代社会，教育和政治几乎融为一体。在现代社会，尽管教育相对独立于政治，但教育为政治服务仍然是必要的。

根据教育的本质，教育的政治功能，无论是稳定政治的功能还是变革政治的功能，主要通过培养人来实现。

（一）促进年轻一代的政治社会化

政治社会化是指人们通过接受一定社会的政治意识形态，逐步形成适应一定社会政治制度的政治态度、政治认同感、政治生活方式和政治生活习惯的过程。政治社会化是人的社会化的一个重要方面，对社会的稳定与变革，以及人在社会生活中的生存与发展至关重要。在现代社会，人的政治社会化通常是不可避免的，只是程度不同，一个人不被这种政治社会化，往往就要被另一种政治社会化。通过政治社会化，可以形成一定社会主流的政治意向，提高人们的政治参与意识，巩固社会的政治基础。任何一个社会，如果不能使大多数人认同其政治制度和政治原则，那么这个社会就多少有些危险了。因此，社会成员的政治社会化状况直接关系到一定社会政治制度和政治秩序的稳定。教育作为传播文化、形成思想、培养情感和养成社会行为习惯的活动，能以直接或间接的、显性或隐性的方式向年轻一代传播一定的社会政治意识，促进他们的政治社会化。没有任何一个国家，其教育的目的、制度、内容甚至方法不内含有某种政治意向。作为教育者的教师，也难以避免地具有某种政治立场或政治倾向，并且有意无意地要在教育过程中以这样或那样的方式影响学生。

教育通过政治社会化，不仅可以使年轻一代普遍养成一定社会所需要的政治意识和政治态度，还可以培养出各种专门的政治人才或为其奠定基础。在现代社会，没受过高水平教育的政治家越来越少，学校已成为培养政治人才的主要场所。随着科学的发展和政治活动日趋复杂，要求专门从事政治活动的人需具备较高的科学文化水平和政治素质，因此，通过系统教育的方式来培养政治人才的趋势日益明显。一流大学在培养专门政治人才方面的作用显得尤为突出，西方发达国家的高级政治领导人大多毕业于名牌大学。

需要指出的是，专制社会的教育与民主社会的教育对人的政治社会化的基本理念有着本质区别。专制社会关注的主要是政权的稳定，因而所实施的思想教化是为了把学生驯服为安分守己、服服帖帖和政治头脑简单的顺民，其目的是要扼杀人们政治上的独立人格，盲目而无条件地认同和接受统治者的任何政治主张，进而达到维护既得利益者的政治目的。民主社会不仅重视政治的稳定，而且追求政治的变革和完善。因此，教育除了引导人们对现有政治的认同外，还引导人们主动参与政治和监督政府，自觉承担政治义务和正确行使政治权利，其目的是要培养人们的民主精神、政治上的独立人格，以及政治责任感，以使社会更加文明。

（二）制造政治舆论

政治舆论和政治思潮是政治稳定与发展的关键思想力量，一直受到政治家的关注。学校是知识分子和年轻人集中的地方，尤其是大学师生，他们知识丰富，思想活跃，眼光敏锐，富有激情，敢于批判，具有超越现实的强烈冲动，理性与情感兼备。此外，他们一般都忧国忧民，有敢为天下先的勇气和冒险精神，具有强烈的公民意识、公共精神、爱国热情和政治责任感，而且，他们往往也具有一定程度的理想主义倾向。因此，学校必然是研究、探讨和传播各种政治思想，形成各种政治思潮的场所，常常是新思想、新思潮的策源地和集散地，也是社会政治的敏感地带。

（三）促进政治民主化

在当代社会，民主是政治的核心价值，是社会进步和文明的显著标志，政治民主化是现代社会发展的趋势。一个国家政治民主的程度取决于国家政体，也与公民的文化素养和受教育水平密切相关，甚至国家政体选择也与国民文化素质有一定关系。教育是推动政治民主化的重要力量，民主意识的启蒙、民主观念的确立和民主能力的提高，都需借助教育。民主意识和民主观念与科学意识和科学理性紧密相连，没有科学知识的普及，很难萌发真正的民主意识和民主观念。因此，在一个文盲充斥、国民愚昧的国度里，集权政治、个人崇拜和官僚主义盛行。所以，提高教育普及程度和国民文化素质，是不断提高和推进政治民主化的重要前提和保障。

必须认识到，教育不仅可以通过提高人们的一般科学文化素质为政治民主化提供前提和保障，还可以通过教育自身的民主化来培养年轻一代的民主意识和民主观念。例如，教育制度的民主化、受教育权利的民主化、教育决策与管理的民主化、教育资源分配的民主化、师生关系的民主化等，都可以在教育中营造平等、自由、合作的民主氛围，对学生的民主意识产生潜移默化的影响。

第四章　现代教育中的教师：
走专业化发展之路

教育活动对整个人类的发展和个体成长具有重要作用，而教育活动的开展离不开教师。随着人类对教育的自觉程度不断提高，教育活动复杂度也逐渐增加。自 20 世纪以来，在制度化的学校教育系统中，教师对提高教育质量的重要性愈发受到关注。特别是在近几十年，促进教师在职前和职后的专业发展已经成为教育最重要的追求之一。

第一节　现代教师的职业认知

教师职业是人类社会历史上最古老的职业之一，对人类社会的生存、延续和发展至关重要。只要人类社会存在，教师职业就会永远存在。教师职业的产生、存在和发展与整个社会的发展紧密相连。

一、教师职业的概念

教师职业是人类社会不可或缺且不可替代的专门职业，具有悠久历史，并受到现代社会政治、经济和文化等因素的严重影响。教师作为一种特殊的专门职业，具有不同于其他社会职业的心理特征。教师职业是教师以自身的专业知识和技能履行教育教学职责，维护学生利益，为学生的成长发展服务的专门职业。教师的社会地位既与社会文明进步有关，也与自身的专业知识和技能及教育教学能力等素质水平密切相关。

二、教师职业的专业标准

自 21 世纪以来，随着科技进步和普及，越来越多的职业展现出高新技术性和不可替代性，从事这些职业需经过专门培训，掌握专门技术和技能，职业专业化程度不断提高。这一趋势也体现在对教师职业的要求上，推动教师职业专业化发展。21 世纪是知识经济的世纪，知识、智力和创新成为社会发展的核心，这一切都与教育密切相关。教师是教育活动的主导者，对教育的重视必然提高教师职业的地位。教师肩负着促进社会经济发展的基础性作用，社会地位提高和经济待遇改善使教师职业成为竞争性职业。这一切都将推动教师职业专业化程度的提高。为评价和判断专业人员，世界许多社会学家制定了判断专业人员的标准。结合我国教师职业现实，我国学者认为，教师作为专业的社会职业者必须符合以下几个标准。

（一）教师必须不断更新自己的知识和观念

作为人类科学文化知识的传播者和创造者，为了培养适应社会需求的人才，教师在职期间需不断更新知识和观念，这是知识经济时代对教师职业发展的必然要求。在知识经济时代背景下，教师要胜任工作，实现职业专业化，必须通过在职进修，更新知识结构和教育观念，适应现代教育需求。因此，《中华人民共和国教师法》规定："参加进修或其他方式的培训"是教师的权利，"不断提高思想政治觉悟和教育教学业务水平"是教师的义务。

（二）教师应经过长期的专门教育训练

现代教育要求教师不仅要有深厚的学科知识，还要系统掌握心理学和教育学知识，熟练运用现代化教学手段和各类教学媒体。因此，教师需接受长期专门教育和训练。目前，各国都在加强教师教育，对教师提出更严格的专业要求，向高规格、规范化发展。在发达国家，中小学教师普遍由拥有教师资格证书的大学毕业生担任，甚至有研究生学历的教师。自 1986 年起，我国在教师培养、使用、管理方面逐步向标准化、专门化方向发展。可以预见，经过长期专门教育的教师将具备深厚的学科知识、专业理论和技能，成为像律师、医生一样不可替代的专业人员。

（三）教师必须具有师德

教师职业需要明确的职业道德，即师德。教育工作要求教师具备高度的社会责任感、献身精神和自觉工作态度，为培养新人作出贡献。这也是教师被誉为"人类灵魂的工程师"和教师职业被视为"太阳底下最光辉的职业"的主要原因。在师德建设方面，我国表现突出，教师在服务与报酬、奉献与索取方面已超出职业道德范畴。然而，提供服务并不意味着不要报酬。历史表明，过低的社会报酬将导致职业地位降低，进而影响从业者的道德水平和价值取向。各国意识到这一点，通常通过提高教师工资、改善生活待遇和加强职业规范来确保教师职业道德的实现。

（四）教师应享有一定的独立自主权

教师的独立性和创新性在工作过程中至关重要，这体现了他们在专业活动中的自主性。无论是教学规划还是任务执行，教师大多独立操作，这要求他们在职业活动中独立思考、作出决策。另外，由于学生个体和教学环境的多样性，教师需要创造性地选择和运用教学策略和方法，以确保教学的有效性。因此，为了提升教学效果和促进教师成长，教师应拥有必要的自主权。

三、教师职业劳动的特点

教师的职业劳动是其实践的基础，与其他职业相比，具有明显的独特性。只有充分理解教师职业劳动的特殊性，才能深入理解教师职业的特质，以及学习和实践教师职业发展的重要性。具体而言，教师的职业劳动主要有以下几个特点。

（一）创造性

教师的职业劳动创新性表现在根据学生实际情况，制定教育方案，并根据学生反馈，调整教学方法和进程，以促进学生发展。这一特点主要由两方面因素决定。

教师的劳动对象是不断成长的青少年，他们的特点和差异主要受社会环境影响，随着社会发展而变化。教师需要针对不同时期、年龄阶段和教学内容，制定符合学生受教育水平和社会发展需求的教学方案，这需要教师充分发挥创新性。

教科书和教学手段会随时代和科技发展而变化，这要求教师不能每年都套用固定的教学模式，而应因地制宜地创新教学。

因此，虽然教师的劳动看似每年都在重复传授既定知识、技能和道德规范，但实际上，教师需要在理解教育目的、教材和学生的基础上，发挥主观能动性，选择最有效的方法实现教育目的。这个过程本身就包含了很大的创新性。

（二）个体性与集体性

尽管各级学校有统一的教学计划、大纲和教科书，但教师在执行具体教学任务时，有很大的自主选择权。因此，教师的工作主要以个体形式展现，而非像机械化生产线的工人一样，被组织在连续的机械设备中。教师劳动的形式多样，具有各自的特色和风格。这种自主性是任何人都无法强加限制的。教师劳动过程中起主导作用的是教师的自我调节和自我创造能力。备课质量、教学进程和效果等都取决于教师的自我要求和监督。

教师的劳动虽然以个体形式存在，但其成果却是集体性的。我国教育的根本任务是培养全面发展的社会主义劳动者，这需要各方面的力量通力合作。在学校内部，不仅需要班主任和各科教师的密切配合，还需要全体教职员工的协作。因此，教师劳动的成果——学生的全面发展水平，主要是教师集体劳动的成果，而非某个教师个人的劳动结果。在现代社会，教育成果的集体性更加突出。现代学校是多学科、多年级、多专业的统一体，仅靠少数教师的努力是不够的。一个教师的知识再渊博，也只能教授一门或几门课程。因此，教师的集体作用非常重要。学生在整个受教育过程中，会受到许多教师的教育和影响。每个教师的劳动只是整个教师集体劳动的一部分。因此，学生在知识掌握、能力发展、品德形成方面的表现，不是某个教师单独劳动的结果，而是以教师为主的集体劳动的成果。

（三）复杂性

教师劳动的复杂性体现在需要运用多方面的知识、能力，投入大量时间和精力来进行教书育人的工作。教师劳动的复杂性主要由以下几个方面原因导致。

教师的根本职责是教书育人，促进学生全面发展。这要求教师在传授知识的同时，发展学生的智力、能力、体力与品德，使学生能适应社会生产力发展要求和社会关系。

教师劳动是智力运用和脑力体力劳动相统一的过程。教师需要先消化知识，然后采用易于为学生接受的方式，将这些知识转化为学生的财富。这一转化过程对教师来说并不容易，需要付出体力和脑力的代价。

教师的劳动对象是具有个体差异的学生和学生集体。教师需要按照统一标准培养学生，同时注意学生的个体差异，因材施教。影响学生成长的因素多方面，教师需要足够的聪明才智和艰苦细致的工作，才能搞好教育教学工作。

教师劳动的工具是教科书、教具等。教师在使用教科书之前，需要掌握、理解它，将教科书中的智能、情感、世界观等转化为自身的智能、情感和世界观。这要求教师不仅掌握所教学科的专业知识，还具备分析教材、把握学生心理动向、组织管理、语言表达等多种能力。这些复杂的劳动能力使得教师职业具有鲜明的复杂性特点。

（四）时空无限性

教师的劳动不受时间和空间限制。学校虽然是专门的教育场所，但无法限制所有影响学生发展的因素，因此，教育时间和空间不可能完全集中在学校内部。这导致教师劳动在空间上具有广延性，时间上具有连续性。教师通过各种形式的工作，如上课、备课、批改作业、课外辅导、组织活动、家访等，来争取教育的时间和空间。

教师的劳动不能因时间和地点限制而随意中断，因此，没有明显的上下班界限和限定的区域范围。无论是班内还是班外、校内还是校外，只要是学生活动的地方，教师都需履行职责。课堂授课只是教师劳动的一部分。为了完成教育使命，教师需要利用所有时间和空间，深入到学生所在的各种场所和活动中，发挥教育影响。

（五）示范性

教师劳动的示范性特点是指教师的学识、思想、情感、性格、意志、言行等对学生产生影响，并受到学生严格监督的特性。这一特点由两个因素决定。

知识信息的转换与传递是教师劳动的重要手段，具有显著的示范性特征。在教育教学活动中，教师分析教材、演示教材的过程，以及各种实践活动都具有示范性。教师需设计教学方案，并对分析方法和证明验算方法进行具体示范，帮助学生掌握抽象事物。同时，教学实验过程中，教师的示范与讲解也是必不可少的。

教育心理学研究显示，从幼儿园到大学的学生都具有向师性和模仿教师言行的特点。这种特点在不同年龄阶段表现为对教师的情感依赖、满足求知欲和人格完善的需要，或对教师产生热爱、尊敬之情。在教师的积极关注下，许多有缺点的学生也能不断进步，告别过去。

（六）紧张性

教师的劳动虽是生理能量消耗较小的非繁重劳动，但却需要较大的心理能量消耗，是一种紧张的脑力劳动。与以体力劳动为主的劳动者相比，教师的劳动主要消耗智能。从生理指标如呼吸、脉搏次数、单位热量消耗等方面看，教师劳动的支出低于相同时间内的体力劳动者。然而，从中枢神经、神经、肌肉、内分泌和心率等系统机能指标，以及脑力负荷、情绪负荷、观察、注意、操作等心理指标来看，教师在从事教育教学活动时处于紧张状态。因此，教师劳动具有紧张性特点，是一种繁重而紧张的脑力劳动。

四、教师的职业角色

教师的职业角色是区分教师与其他职业人的标志，它应全面体现教师职业活动的行为规范和教师在其中的作用。教师的作用对象包括学生、社会、文化和自身。教师的角色表现在对待社会、文化、学生和自身中的作用。这些作用是时代对教师的合理期望，有助于引导教师发挥其作用。具体而言，教师的职业角色包括以下几个方面。

（一）文化的传播者

人类从野蛮走向文明，个体从生物体成为社会人的过程中，文化发挥了关键的中介作用。教育是文化传播的有效途径，教师则是人类文化的传播者。教师通过文化的传播，促进学生的认知与发展，进而推动文化和社会的传承与进步。在人类文化的继承和发展过程中，教师发挥了桥梁和纽带的作用。

教师的文化传播角色体现在两个方面：一是将人类文化知识直接传播给学习者，扩大文化的影响；二是作为知识的传授者，使学生在短时间内达到人类认识的平均水平，并在此基础上创造新的文化。这两方面分别表现为文化传播的外在表现和教师最传统、基本的角色。

（二）教育活动的主持人

现代教育强调主体性，学生成为教育过程的主体和课堂的主人。在这种以学生为中心的教育活动中，教师应协助学生实现主体地位，同时担任教育活动中的"主持人"。这一职业角色主要体现在以下三个方面。

教师是教育活动的组织者。教师在教育活动中需公正分配教育资源、合理划分活动时间、调控教育活动进程，激发学生学习积极性，协调集体关系，确保教学在宽松、愉快的氛围中进行。

教师是教育活动的设计者。教育是有目的的活动，实现特定目标的教育教学活动需要设计。教师在进行教学设计时，应全面考虑教学任务、教材特点、学生状况和自身教学风格等。主张教学设计，但反对在不了解学生的情况下，以教师意志取代学生想法的"教学预设"。教学设计应给予学生主体性发挥的空间，同时在教师计划中形成教育过程。

教师是教育活动的管理者。教师对教育活动的管理包括确定目标、建立班集体、制定并执行规章制度、维护班级纪律、组织班级活动，以及对教学活动过程的监控、学生成绩的评价等。

（三）学生成长的引导者

无论是作为"社会代言人"进行"传道"，还是作为"文化传播者"进行"授业"，教师的职业都是"育人"，这决定了教师的职责应从强制转变为引导学生成长。因此，教师是学生成长的引导者。这一职业角色主要体现在以下两个方面。

教师不仅是知识的传授者，还需培育学生心灵，成为学生人格健康成长的促进者和治疗者。教师对学生人格成长的引导主要包括：解决学生的人生方向和世界观问题，实现个体的政治化，使学生成为社会接班人和合格公民；作为心理咨询和治疗者，引导学生心理健康成长，满足学生正常的心理需求，减轻心理紧张和压力，对心理出现问题的学生积极治疗；对学生品德发展的影响，引导学生明辨是非、学会判断和选择。

现代学生处于开放环境，日益独立的自主意识使学生从传统被动接受式学习转变为自主选择、自我建构知识体系的主动式学习。因此，教师文化灌输者的角色逐渐淡化，主要作用表现为"指导"和"激励"，激励学生学习热情，教会他们学会学习、学会选择的策略，帮助他们自主建构、自我发展。

（四）社会的代言人

教育是与社会密切相关的，脱离社会要求的教育不存在。作为教育承担者的教师，受到一定社会的委托，代表社会意志和要求，为社会培养人才。教师通过教育手段，将社会规范和要求内化为学生的思想、道德素质，实现个体社会化。因此，教师的社会责任规定了其"社会代言人"的角色。

作为社会代言人，教师是所处时代和国家社会文化规范的解释者和执行者。一方面，教师应向学生传授符合社会要求的道德和知识，确保教育内容具有思想性。尽管教师可能有个人思想、情感和态度，但在面对学生时，必须代表社会利益，满足社会需求，不得传授违背社会要求的思想。另一方面，教师自身需成为社会文化的认同者和实践者，以确保对学生进行有效规范和引导。教师应加强社会责任感，规范自身言行，维护社会利益，成为社会要求的执行者和代表。

（五）专业发展的自我促进者

教师的专业发展主要在在职期间完成，职后的学习和研究是教师从新手到专家，提升专业化水平的关键。推动教师职后专业发展有两个途径：学习与实践，以及反思与研究。

教师应成为终身学习者。如今，教师不能满足于"一桶水"与"一杯水"的关系，要给予学生"一杯水"，自己必须成为不断涌动的溪流。教师需终身学习，更新学科知识和教育理论知识，通过教学相长，向学生学习。在知识快速更新的时代，教师只有终身学习、实践，才能跟上时代的步伐。

教师应成为实践的反思者和研究者。教学对象是充满活力、各具特色的学生，教学内容不断更新，教学场景不断变化，这要求教学不能是机械的技术，而应是创新的过程。教师需要不断研究教学、研究学生，以变化发展的态度对待教学。不研究教学、不反思教学实践的教师，难以实现教学成功。教师只有通过不断学习、实践、反思和研究，才能快速成长。

五、教师职业的社会地位

通常，一个职业的社会地位由多种因素共同作用决定，其中主要包括专业地位、经济地位、政治地位和职业地位。这四个方面共同构成了教师社会地位的主要评判标准。

（一）教师的专业地位

1966 年，国际劳工组织和联合国教科文组织发布的《关于教师地位之建议书》促使全球逐渐认同教师的专业地位，各国为提升教师专业化水平作出了努力。近几十年，各国对教师所需的专业知识和技能要求，以及教师资格条件愈发严格，实行教师资格证书制度，保障教师专业自主权，从而逐步确立教师的专业地位。

然而，由于我国教师教育发展水平不高，专业训练不足，训练过程存在问题，以及长期以来对教师职业的错误观念，人们对教师职业的价值认识不足，甚至贬低教师的劳动价值和社会作用，导致教师职业地位较低。因此，教师的专业训练质量、专业意识强弱和专业水平高低对于提升教师社会地位具有重要意义。

（二）教师的职业声望

教师的职业声望反映了公众对教师职业的社会评价，即他人和社会对教师职业的积极评价和认可，如尊敬、荣誉和敬意等。研究表明，现代社会中教师的职业声望通常有两个特点：一是教师的职业声望通常高于其经济地位；二是教师的职业声望呈逐渐提高趋势。在我国，由于尊师传统和新中国教师的奉献精神，教师享有较高职业声望。

然而，教师的职业声望与其实际社会地位存在相关性，但并非直接对应。教师职业声望高，往往仅反映人们对传统价值观的向往，而非实际社会行为。特别是当教师的经济待遇和其他权益得不到保障时，教师职业的高声望与实际低选择之间的反差值得关注，以防止此类问题出现。

（三）教师的政治地位

教师的政治地位体现在教师在政治上享有的权利、待遇和荣誉等方面，包括社会对教师的评价、教师职业的社会价值与作用、教师的社会关系体系在社会中的影响及由此产生的教师在政治、经济方面的待遇。

教师政治地位与时代和社会制度密切相关。在阶级对立社会，教师只是统治阶级的工具，政治地位较低。而在社会主义社会，教师的政治地位发生根本性变化，成为国家的主人，享有广泛民主权利和崇高荣誉。随着国家对教育重视程度的提高，教师的社会影响和政治地位得到提升。国家通过设立教师节、颁布《教师法》等方式提高教师地位，给予教师特殊津贴和选拔机会，激励教师发挥更大作用。这些措施有力地提高了教师的社会影响和政治地位，极大地鼓舞了教师的工作热情和积极性。

（四）教师的经济地位

教师的经济地位主要通过比较教师的工资收入和福利待遇与其他职业来确定。教师的经济地位是其社会地位的基础和直接体现，对于教师职业吸引力、高素质人才加入、教师队伍稳定，以及教育质量保障具有关键性作用。

全球范围内，多数发达国家和一些发展中国家都重视提高教师的经济地位，通过给予教师优厚工资待遇和福利，如带薪假期、退休金、医疗保险、住房补贴等，确保教师生活水平达到中等以上，以形成稳定、高质量的教师队伍，满足教育事业发展需求。

我国由于历史和现实原因，教师经济收入曾处于较低水平，甚至出现教师与体力劳动者收入倒挂现象。改革开放后，国家开始关注教师生活状态和工资收入问题，为提高教师生活水平、改善教师生活境遇做了很多工作，如提高教师工资待遇、增加津贴补助、实行结构工资等。但与其他行业相比，教师工资仍然偏低，尤其在西部省和经济欠发达农村地区，教师生活仍然艰难。长期得不到有效改善的经济待遇不仅影响教师队伍稳定和师资质量提高，也无法吸引优秀人才加入教师队伍。然而，在随后这些年里，国家通过努力改善教师经济待遇，加上社会尊师重教风尚的形成，教师职业吸引力逐渐增强，教师经济地位和社会地位也逐步提升。

第二节　教师的专业素养

专业素养，也称为专业素质，是教师职业对从业人员的全面要求。在教师职业专业化过程中，人们对此给予了更多关注。许多研究者从这一角度展开研究，如克鲁克香克采用综合研究方法，在分析多个关于教师效能的研究后，将教师应具备的素质归纳为课堂组织管理、课堂教学等；香港的郑燕祥先生列出了优秀教师的素质清单。从这些学者的研究中可以发现，专业知识、专业技能和专业态度是构成教师专业素质的核心部分，这三个方面的发展水平决定了教师专业发展水平的高低。

一、专业知识

教师是科学知识的传播者和创造者，其科学文化素养的优劣直接关系到学校的教学质量和教育目标的实现。现代社会要求教师具备通识型能力和"T"型人才特质，即专业知识深厚、教育科学知识广博、教育实践技能熟练。因此，教师的专业素养之一是专业知识。

关于教师专业知识的分类体系，不同学者有不同的观点。舒尔曼提出教师专业知识的分析框架，强调教师要注重理解、推理、转化和反省。他认为教师必须将所掌握的知识转化为学生能理解的形式，才能实现教学的成功。在此基础上，舒尔曼认为教师应具备学科内容知识、一般教学法知识、课程知识、学科教学法知识、学生知识、教育脉络知识，以及教育目的和价值知识等。

与舒尔曼的观点不同，斯腾伯格和霍瓦斯认为，专家型教师和新手教师在知识量上的差异之外，还在于知识在记忆中的组织方式。专家型教师不仅具备良好组织的教学法知识，还需要了解社会和政治背景知识，以及有助于实现有价值目的的缄默知识。

尽管教师知识的分类体系多样化，但作为一名专业教师，应具备普通文化知识、所教学科的专门知识和教育学科知识三个主要方面，且这三个方面的知识应相互结合和交融。

（一）普通文化知识

一方面，教学工作的对象是需进一步塑造的人，因此强调教师对普通文化知识的掌握，以培养人文精神和素质。教师应具备哲学、社会科学、自然科学等知识，成为具有崇高精神境界和健全人格特质的"人类灵魂的工程师"。

另一方面，教师职责包括传授知识，教师需精通所教学科并具备广博知识储备，以满足学生多方面兴趣和发展需求，帮助学生了解客观世界，以及提高自己在学生和家长中的威信。教师知识越丰富，其威信和信誉越高。

（二）所教学科知识

教师的劳动是复杂且具有创造性的，要成功完成教学任务，教师需深入理解并贯通所教学科的知识。雷诺兹认为所教学科内容知识主要包括：事实、概念、原理、理论等；学科的主要诠释架构和概念架构；新知识引入方式及研究者探究标准或思考方式；学科信念；学科最新进展和研究成果等。因此，教师应是一位学者和所教学科的专家，精通所教学科的知识。

（三）教育学科知识

教学工作是培养人的专业工作，通晓一门学科并不意味着成为一名好教师。教师在所教学科知识的基础上，更重要的是具备教育科学知识，因为教师的专业领域是教学而非所教学科。尽管教育学科知识体系尚未完全具备公开、经得起公众批判的方法，但现有的知识体系和教学概念在很大程度上可以确保教师有效地履行专业工作。

二、教师的专业技能

专业化教师需具备教育教学工作的基本技能和能力。关于教师技能和能力的研究中，有许多概念表述，如教师基本功、教学技能、教学技巧、教学能力等。这些概念在意义上有接近之处，层次上则有所差异。教学技能指教师在教学过程中运用专业知识和经验顺利完成教学任务的活动方式。心理学中，技能分为狭义和广义的技能。狭义技能是技能初级阶段，即在一定知识基础上，通过反复练习或模仿达到"会做"某事或"能够"完成某种工作的水平；广义技能则是技能的高级阶段，即在掌握初级技能基础上，经过反复练习，使活动方式的基本成分达到自动化的程度。教师基本功属于狭义教学技能范畴，包括书写、普通话表达、制作教具、编写教案等。广义教学技能即教学技巧，是教学技能的高级阶段，反映了教师运用知识或经验完成教学任务的熟练程度和水平。教师的教学能力和教学活动密切相关，并在教学活动中得以展现，因此，教师专业技能主要分为教学技巧和教学能力两方面。

（一）教师的教学技巧

教学技巧的作用在于引导学生学习活动，控制课堂气氛和学生的注意力，确保教学顺利进行。教学中，教师需要掌握以下教学技巧。

导入技巧：唤起学生注意力，激发学习兴趣。

强化技巧：适时奖励学生正确学习行为。

刺激变化技巧：变换感觉途径、交流模式和语言声调。

提问技巧：训练学生反应，增强参与度。

分组活动技巧：组织学生小组，指导咨询，鼓励协作。

教学媒体运用技巧：设计板书，使用教具，掌握现代化教学手段。

沟通表达技巧：运用书面语言、口头表达和肢体语言。

结束技巧：总结学习表现，提出问题要点，复述学习重点。

补救教学技巧：进行个别辅导，指导学生作业等。

（二）教师的教学能力

教师的教学能力一直备受关注，优秀的教师应具备出色的教学能力。本书认为，卓越的教学能力涵盖以下几个方向。

1. 教学设计的能力

教学设计能力是指教师在具备专业知识和教学技能的基础上，能综合运用这些知识和技能，根据教学大纲要求制定适当的教学计划和教案的能力。具体包括掌握和运用教学大纲和教材的能力，以及制定教学计划和编写教案的能力等。

2. 教学实施的能力

教学实施能力是指教师在一般教学情境中有效地执行教学计划，并能根据实际情况调控教学环境的能力。它也是多种具体能力的综合体现，包括选择和运用教学方法、因材施教、组织课堂教学、运用教学技巧，以及教学机制等能力。

3. 学业检查评价的能力

教学检查评价能力是指教师在教学过程中，通过收集资料，使用各种评价方法来了解学生的学习状况，以判断教学目标是否达成，并根据反馈信息进行教学补救或改进的能力。具体包括设定评价目标和标准、收集评价资料、选择和运用评价方法和工具、分析解释评价结果，以及反馈纠正等能力。

三、教师的专业态度

"专业知识"和"专业技能"关注的是能力和技能的掌握，而"专业态度"则关注的是愿意和热爱的程度。专业态度不仅包含心理学意义上的愿意、喜欢和向往，还包含对所从事专业的价值和意义有深刻理解的基础上、持续奋斗和追求的精神境界。

（一）专业情操

教师的专业情操是教师对教育工作带有理智性价值评价的情感体验，它是教师价值观的基础，优秀个性的关键因素，也是专业情操成熟发展的象征。包括理智情操，即对教育功能和作用的深刻理解所产生的光荣感和自豪感，以及道德情操，即对教师职业道德规范的认同所产生的责任感和义务感。

（二）专业理想

教师的专业理想是教师对于成为成熟的教育教学专业工作者的渴望和追求，它为教师设定了目标，是推动教师专业进步的强大动力。怀有专业理想的教师会对教学工作产生深厚的认同感和投入感，愿意一生致力于教育事业。他们对待教学工作充满责任感，努力提升教育质量以满足社会对教育专业的期望，积极提高专业能力和服务水平，并努力维护专业的荣誉、团结和形象。

（三）专业自我

相对于传统上对教师知识和能力的要求，教师专业素质的态度领域越来越关注教师的自我意识或自我价值。例如，库姆斯在《教师的专业教育》一书中强调，优秀的教师首先是一个拥有独立人格的人，一个懂得运用自我作为有效教学工具的人。具有高度自我意识的教师，倾向于积极看待自己，准确地理解自我和世界，对他人有深刻的认同感，以及具有自我满足感、自我信赖感和自我价值感。美国学者凯尔克特曼进一步提出"专业自我"概念来解释教师专业素质。他认为，自我是一个复杂、多维、动态的表现体系，是人与环境长期相互作用的结果，它不仅影响人们感受具体情境的方式，也影响人们日常行为的方式。专业自我包括自我意象、自我尊重、工作动机、工作满意感、任务知觉和未来前景等方面。

在凯尔克特曼的专业自我中，教师对教学工作的知识、观念和价值是专业自我的重要组成部分。教师的专业自我体现了教师对教学工作的感受、接纳和肯定的心理倾向，这种倾向将显著影响教师的教学行为和效果。因此，教师专业发展过程也是教师专业自我形成的过程。

第三节　教师专业发展内涵及过程

教师是专业发展的核心，其成长和发展主要取决于自我导向和自我驱动。教师专业化的实现取决于教师将自身经验作为专业资源，在日常实践中探索和实习，形成自己的实践智慧。可以说，没有教师的积极参与和自主发展，教师专业发展便无法实现。因此，要推动教师专业化发展，最紧迫的任务是让教师理解专业发展的必要性、影响因素、取向和过程，以提升教师专业发展的主动性和能动性。

一、教师专业发展的内涵

（一）教师专业发展的概念

关于教师专业发展概念的界定，国内外学者提出了不同的观点。

在我国，一些学者认为教师专业发展是教师专业成长或内在专业结构不断更新、演进和丰富的过程。另一些学者的表述更具体，如教师在整个职前培养、任教和在职进修过程中，都需要持续地学习与研究，不断发展专业内涵，逐步达到专业成熟的境界。

国外学者对教师专业发展的理解也各不相同。例如，霍益尔认为教师专业发展是指在教学职业生涯的每个阶段，教师掌握良好专业实践所需的知识与技能的过程。而哈格里夫斯认为，教师专业发展应包括知识、技能等技术性维度，还应充分考虑道德、政治和情感维度。

综合这些观点，认为教师专业发展是教师不断提升专业意识，不断吸收新知识、提高专业能力的过程。在这个过程中，教师通过反思、探究，构建新知识，提升专业技能，培养专业情意，拥有专业自主，具备专业发展意识，从而实现专业成熟。教师专业发展基于学校具体情境，发生在人际网络及情境之中，关注教师健全人格和实践智慧的成长，是教师经验与环境持续互动的过程，并贯穿于教师职业生涯始终。

（二）教师专业发展的必要性

教师作为一种职业，在人类历史上已经存在了数千年。历史上的教师同样面临"专业发展"的问题，教育思想的发展史上也有对"人"的关注。然而，自20世纪后半叶以来，随着教育的发展，特别是教育的普及、学校教育系统的变革和教育界专业知识的不断丰富，教育工作者面临前所未有的高要求。同时，教育变革的频繁发生，一方面，使得教育的"建构性功能"受到重视，社会对教育的期望不断上升，这些期望会直接或间接地影响到教师；另一方面，对"好教学"和"好教师"的内涵与标准的重新诠释，要求教师不断调整专业活动方式以适应新标准。此外，近年来入学人口的减少使学校和教师面临更大的竞争压力，这种压力作为一种客观存在的推动力，也迫使教师不断寻求自身发展。具体而言，追求教师专业发展具有以下几个方面的必要性。

1. 教育本身的变化对从业人员的要求提高

根据不同标准，教育历史可分为不同阶段。教育普及程度、师生关系的变化，以及教育界关于教育的"专业知识"的增加对教师影响尤为显著。

自 20 世纪 70 年代以来，教育心理学、教学论、课程论的研究不仅以前所未有的速度迅速丰富，而且这套日益丰富的知识也开始直接影响教育决策和实践。这股强大的力量推动着教师将日常专业活动与关于专业活动的知识和理解相结合。在现今及未来，仅熟悉所教授的狭小学科已无法成为优秀教师，教师必须熟悉和掌握更广泛的专业知识，这为教师专业发展提出了比以往更高的要求。

2. 社会期望转嫁于教师

近期，社会各界对教师的要求在各种媒体中均有体现。以下是一些网站关于"新时代教师应具备哪些素质"的讨论文章标题的摘录，以了解人们对现今和未来教师的期望。

文化判断力：未来教师的重要素质

做一个有幽默感的教师

教师应善于"授人以渔"

创新：21 世纪教师必备的素质

健康的心理：21 世纪教师之必需

教师有责任向学生灌输平等意识

教师应是"自来水"

能力本位：21 世纪教师的基本理念

"有人格作背景"：新世纪教师的重要素质

教师应当具备批判精神

更新教育观念：21 世纪教师的重任

增强科学精神：新世纪教师修养的重点

崇尚民主：新世纪教师必备的素质

把爱洒向学生

这些标题从各个角度明确提出了对"新时代教师"的素质要求。在这个社会转型时期，教师需要具备文化判断力、创新能力、身心健康等素质，以适应社会现实对今日及未来教师角色的要求。虽然对教师的要求可能相对较高，但这反映了社会对教师的期望，具有一定的合理性。

3. 学校和教师之间的竞争加剧

教育的发展、社会期望的转移、教育改革对教育标准的重新诠释，以及教师角色和职业价值的再认识，这些因素来自教育内部和外部，涉及思想认识和客观条件。然而，对于教师来说，这些因素都指向同一个方向，即今天的教师比历史上任何时期的教师都更有必要和条件寻求自身专业上的持续发展。

对中国教师而言，寻求持续发展的另一个重要现实背景是职岗竞争的压力。计划生育政策的长期实施导致中小学入学人口不断减少，学校合并和教师分流现象在过去的十几年里在一些发达城市地区不断出现，使得九年义务教育阶段的教师大量富余。这一趋势随着社会发展和教育改革的推进将继续存在。

职岗竞争的压力虽然是促使教师寻求专业发展的外部因素，但确实是客观存在的推动力。教育事业不断发展，对从业人员（教师）的要求越来越高，这是当今教师有必要寻求自身专业发展的根本原因。社会各界对教师素质的期望、教育变革对专业行为评判标准的重新诠释，以及我国九年义务教育阶段越来越明显的教师职岗竞争压力，需要教师通过自我更新和提升专业素质来回应。而教育界对教师的推崇、对教师职业价值的再认识，以及新的职阶系统的逐步形成，为当今教师的专业发展提供了更广阔的视野、更深刻的理由和更广阔的空间。

4. "好教师"标准的变迁

教育改革对"好的教学"和"好的教师"的评判标准的重新诠释，客观上要求教师根据新标准更新专业行为和观念。然而，教育改革并不总是尊重过去的经验与教训，某些具体的改革可能导致标准上的反复。这种反复可能给教师适应变革的要求带来困惑，甚至使教师对改革失去兴趣和信心。尽管如此，总体上，教育改革仍在不断（尽管可能是缓慢和曲折的）推动教育实践的进步。因此，教师为适应教育变革而进行专业更新是必然的趋势。

5. 教师职业价值的再认识

随着"以人为本"的理念在教育领域的深入，教育界对教师职业价值的认识发生了变化。在这种理念下，"人"既包括学生，也包括教师。教师的职业不仅要有益于学生，也要有益于自己；不仅要推动学生的发展，也要关注教师自身的发展；不仅要服务于学生的身心健康、精神世界的丰富和美好社会生活，还应为教师的幸福服务，成为幸福的生活方式。

教师的专业活动不仅是消耗型的，更应是发展性的。在教育过程中，教师作为与成长中的人打交道的特殊职业，谋求自身发展比其他职业更有必要和条件。

（三）影响教师专业发展的因素

教师专业发展受多种因素影响，国内外学者从不同角度分析了这些因素。影响教师专业发展的因素可从两个维度分析：一是教师个人内在因素（如认知发展水平、教育观念、专业发展态度等）和外在环境（如生活环境、课程学习、学校或班级氛围、校长管理风格、教师文化等）；二是专业发展的时段（如师范教育前阶段、师范教育阶段、入职阶段、在职阶段等）。为反映内在因素和外在环境在不同教师发展阶段对教师发展影响的差异性，可同时从两个维度对影响教师专业发展的因素进行分类和研究，以明确不同教师发展阶段的关键因素，为制定合理的教师培养和培训方案提供依据。

在师范教育阶段，师范生的个人教育观念和课程学习对专业发展至关重要。要充分发挥师范教育阶段对专业发展的作用，教师教育机构和师范生需应对"学艺旁观""躬身践行"和"错综复杂"等挑战。研究表明，对师范生的教育观念进行干预，以小组形式进行长时间（一年以上）的干预计划，有助于改变师范生的原有教育观念。

在职阶段，特别是在接近专家教师的阶段，教师需要立足于本专业实践，挖掘个人实践知识、累积实践智慧，以发挥各影响因素的积极作用。教师的实践性知识是其专业发展的主要知识基础，分为可言传的、可意识到但无法言传的和无意识的、内隐的三类。教师的实践智慧主要指在教育教学实践中对工作规律性的把握、创造性驾驭、深刻洞悉、深度思考、敏锐感悟与反应，以及灵活机智应对的综合能力。教师的实践智慧和实践知识均源于教师本人的专业实践活动。

因此，教师培训要获得促进教师专业成长的效果，应立足于教师专业实践，充分利用教师已有的教学经验。教师自身也应自觉反思、体验和感悟专业实践过程，以找到自己知识的生长点和自我专业发展的空间。

二、教师专业发展的过程

（一）预备阶段

预备阶段是教师任教前的准备期，包括在师范院校或大学的初始培养及之前的阶段。这一阶段是教师专业发展的基础和前提，对教师职业生涯产生重要影响。

在预备阶段，师范生（主要是师范院校的学生）仍然扮演着学生角色。他们对教师角色充满憧憬和理想，幻想自己能够成为理想中最优秀的教师。在此阶段，许多人已经有了成为教师的理想和抱负，而优秀教师上大学之前的教育基础、背景和个人经历对后来的专业发展产生重要影响。师范生的个人经历与背景是影响他们走向教师道路的一个重要因素。

需要注意的是，师范院校的预备教师虽然缺乏教学经验，但在进入大学时他们的头脑中并非一片空白。他们已具有个人的信念、思想和对各种现象的理解和判断，并以此来解释生活世界。他们原先的生活经验、个人经历和教育背景帮助他们形成理想教学的观点和信念。

在师范教育阶段，大学应当为师范生提供充足的时间和机会去扮演教师角色，使师范生按照教师角色所要求的方式和态度去实践和体验，从而更好地理解和认识教学，以增进其教学胜任力，继而学会更有效地履行自己的教师角色。教育实习是师范生扮演教师角色的重要途径。实习期间所形成的学科内容处理能力、教学组织和课堂管理能力、教学技能和技巧等，为师范生的未来从教奠定基础。

实习生在课堂教学中最容易出现的问题包括：不能合理分配注意力、不能机智处理课堂偶发事件、不能合理分配教学时间等。当然，实习生的教学效果取决于知识储备、实习态度、准备程度和指导教师的素质水平。

教育实习不仅使师范生掌握基本的教学技能和技巧，而且在一定程度上转变了师范生的某些价值观和态度，影响他们的教学信念和对教学工作的认识，同时对自己的教学品质和能力也会重新评价。这有利于师范生的社会化，并为他们将来承担教师角色奠定基础。可以把教学实习看作是师范生从事教职之前教师角色的预演。这种预演对一些师范生来说有着欢愉的体验，而对某些师范生来说也可能是苦涩记忆。不管怎样，实习让师范生更多地认识和理解教学，并初步检验了自己是否适合教师职业。实习教师的经历会一直影响到他们从事教职之后。

（二）适应阶段

适应阶段是指教师任教后的最初几年，这个阶段是师范生成为正式社会成员，初步承担教师角色的时期。在这个阶段，初任教师需要实现从师范生向正式教师角色的转换，这是理论学习与现实实践的"磨合期"。教师需要在教学实践中反思理论、实践及其关系，调整知识、信念、态度和行为，以减少甚至消除对教学生活的不适应。在这一阶段，教师的专业发展主要表现出以下三方面的特点。

1. 由单纯的学生身份转向多重的教师角色

对于初任教师而言，教师身份的确立意味着角色的转变。过去，他们主要是学生，受到家庭和学校的"照料"和"引导"。现在，作为教师，他们需要承担管理者、激励者、交流者、组织者、咨询者等角色，并受到学校组织的"管理"和"改进"。这要求他们在不同情境中扮演不同角色，采取不同行为。在角色转换过程中，教师第一年主要面临的困难是从学生转变为专业管理学习环境的人。然而，他们在预备教育阶段几乎没有接受过角色转换的培训，也缺乏课堂调控能力的训练。因此，初任教师在开始教学工作时，面对课堂突发事件和学生各种问题行为时，常常感到困惑，缺乏灵活而有效的处理方法，甚至无法进行正常的教学活动。这使他们对自己的胜任能力产生怀疑。初任教师成为学生学习动机的激励者是一项具有挑战性的任务，这要求教师要激发自己的积极性，要具备激发学生学习的技巧和策略。然而，目前我国中小学初任教师（大多在 25 岁以内）与其他年龄段教师相比，工作满意度和经济收入最低，这种情况既严重影响了教师的教学积极性，也不利于初任教师成为有效而成熟的激励者。

由于在本阶段，初任教师主要是在教学中求生存，努力寻求应对策略，并不断调整个人专业目标，逐步适应教师角色。因此，任教数月后，初任教师的教育观念、态度和价值取向与任教学校的同事具有很大的相似性。从社会策略的角度来看，初任教师的社会化大致经历三个阶段。

（1）策略性依从

新教师起初会遵循组织或权威人物的要求，或者受到物质约束和限制的影响，而教师个人则试图以不同方式维护和保持自己的职业价值观。在这个过程中，同事和校长对新教师的社会化起着至关重要的作用。

（2）内在化调整

新教师可能会接受与其观念一致的价值观，或对其进行适当调整，使其成为自己的价值观。在这个过程中，新手教师会将组织的价值观和规范融入自己的内心，并学会如何执行分配给他们的职责，以使自己的行为与学校组织内的期望保持一致。

（3）重新解释策略

新教师通过重新审视周围组织期望的行为，以及资深教师的态度和价值观，形成策略上的再认识。这些新思想、新价值观和新技能在教学活动中得以体现，推动学校改革，从而对策略进行重新解释。如果所有教师都进行策略的重新解释，将为学校带来新的活力或变革。实际上，教师社会化是教师个人与他人相互影响、互动的双向过程。在这一过程中，教师个人逐渐从他人的象征性行为中感知到对自己的角色期望，然后通过个人的判断和调整来扮演自己的专业角色。这体现了社会对教师社会化的外在要求与教师自身社会化的内在要求的协调统一。

2. 由浪漫的职业理想到复杂多变的教学现实

在适应阶段，初任教师已步入教师教育的现实环境。面对复杂多变的教育实践情境，他们的幻想、乐观主义、理想、新奇感、信念、知识和有限的技能常常显得无力。一些初任教师一开始可能充满雄心壮志，认为只要自己学识渊博，就能教好学生。然而，随着教学问题的不断出现，他们深刻体会到教师工作的艰辛，甚至在对连续失误或挫折的反思中，怀疑自己是否胜任教学工作，对从事教师职业的信心产生动摇。在现实冲击下，初任教师需要审视、梳理和反思自己的理想、信念、观念等，决定是否进行修正。修正的程度取决于这些理想、信念、观念的稳定程度，或取决于新教师从专家同行那里获取的新经验。

尽管在这个阶段，初任教师的教学理想可能受挫，但他们拥有自己的班级和学生，可以根据自己的想法设计教学，因此仍然表现出积极和热情的一面。一些初任教师甚至拥有新的教育理念，在课程和教学改革中尝试新的方法和策略。

3. 由实践知识和智慧的缺乏到教学应对策略的探求

随着对教学实践的探索，初任教师很快发现，仅凭预备阶段掌握的理论知识和教学技能难以解决教学中的许多问题。在课堂教学中，他们常常根据理论规则处理具体问题，缺乏针对性和灵活性，可能出现以下问题：

对教材不熟悉，难以把握重点和难点；

教学方法单一，难以激发学生学习兴趣和积极性；

教学管理能力不足，难以维持课堂纪律；

无法与学生进行有效沟通；

不了解学生的学习状况和需求；

难以解答学生提出的疑难问题；

无法妥善处理课堂突发事件；

教学材料短缺；

与同事关系处理困难；

教学设施简陋；

教学语言不流利，有时出现口误；

板书不规范等。

这些问题导致初任教师教学效果不佳，也影响他们对自身教学工作和对学生影响力的评价。在这种情况下，初任教师需要在资深教师的指导和协助下，通过自身教学实践和自我反思，获得从事教学工作所必需的实践知识和智慧。总体来说，教师获得专业知识和智慧主要有三种途径：正规的学校教育、初期的入职培训和教学中的"做中学"。

适应阶段是教师专业发展的关键期。教师最初几年的教学情况及其达到的水平，对其后的专业发展具有深远影响。本阶段，教师最需要的是支持、理解和信心。如果初任教师在同事的帮助和学校领导的关心下，经过自己的努力顺利度过这一时期，就会对自己的教学充满信心，从而实现专业的迅速成长；如果学校领导和同事不能给予初任教师及时、必要的帮助，而任其沉浮、做中学，那么初任教师很可能延长教学工作的适应期，并且引发职业焦虑，进而把这种不安和焦虑作为专业选择错误的标志，导致专业动机下降，甚至离开教师职业。

（三）迅速发展和稳定阶段

在适应阶段之后，决定继续从教的教师开始进入快速发展和稳定阶段。

在这一阶段，教师逐渐认识到教学职业的价值和乐趣，专业信念逐步确立。一般来说，此阶段的教师具有较强的社会责任感，关心学生，对学生有较高的期望。同时，教师的思想观念、价值取向、审美意识和社会行为逐渐稳定，角色特征和教学风格日益成熟。

然而，由于教师从教的动机不同，专业追求和价值取向也存在差异。追求个人发展进步的教师主要是为了获得更好的生活，而喜爱教学工作的高峰体验型教师则乐于把大部分业余时间用于学科知识领域拓展上。无论教师从教的动机是什么，确立正确、合理的教育信念对教师专业发展至关重要。因为信念决定教师行为的方向性、原则性和持久性。

在这一阶段，许多教师的教学生活逐步摆脱对他人的依赖，开始具有创新意识和自主精神，能够独立、自主地开展复杂的工作，承担更多的角色。作为管理者，教师逐步掌握系列管理方法，妥善处理各种偶发事件和学生问题行为。多数教师逐步成为一个比较熟练的学生学习动机的激发者，能够营造支持性的学习环境，实施适合学生特点的动机激发策略。作为交流者，教师在课堂上逐步掌握多种交流方式，意识到师生平等对话的重要性。教师与同事、管理者的交流增多，也掌握了交流技巧。

此外，随着教育经验的积累，教师能够依据教学目标、课程要求和学生特点，适时、灵活地运用多种教学方法和技能，调动学生参与课堂活动的积极性。对我国中小学教师的调查结果发现，随着教师年龄和教龄的增长，教师在教学方法的使用方面日趋多样化。这意味着，教师从应对教学开始走向寻求更多的解决问题的新方法，以满足学生的学习需求。

总之，经过适应阶段后，教师可以逐步发展成为有效的组织者和学生发展的引导者。他们能够整体把握班级状况和学生的个体差异，有效地把讲授、讨论、提问、示范、小组学习、探究教学、合作学习、角色扮演、个别辅导等有机地结合起来，激发学生的求知欲，达成教学目标。同时，教师不仅要关注学生的知识、智力的发展和学习的进步，还要关心学生的情感发展和价值观的形成。

（四）停滞和退缩阶段

经历了迅速发展与稳定时期后，教师的发展和成长路线开始呈现差异性和多样性。教师素质一般在从教五六年后基本定型，许多教师的教学能力达到一定水平后出现"高原期"现象。我国中小学教师教学效能感的调查结果显示，36～45 岁年龄和 9～24 年教龄段的教师课堂教学技能自我评价最高，之后则随年龄和教龄的增长而有所减弱。

处于这一阶段的教师，职业理想可能会产生动摇，成长的动机会随之降低。我国中小学教师教学工作量的调查结果表明，小学中承担最多教学任务的是 26～35 岁教师，但 36～55 岁的教师所感受到的工作负担却相对更重，其中尤其以 36～45 岁的教师感受到的工作压力最大。这意味着，随着教学工作量的增加，教师对于工作的满意度会降低，其中高中教师的工作整体满意度最低。这种较低的工作满意度必然影响教师的专业发展动机。

教师职业理想的动摇、教学工作的厌倦还来自巨大的职业压力。当前许多教师的职业压力主要源自激烈的升学率竞争、考试成绩的排序、评比和"曝光"。教师面对社会越来越高的期望、家长过多的要求和学生越来越大的个别差异，工作压力日趋加大，以至于难以承受，久而久之会耗尽教师的工作士气和热情，导致职业倦怠。此外，由于公众缺乏对教师职业的好感与善意，也会显著地增加教师的压力，影响教师工作积极性。

同时，由于专业知识和智慧的停滞，教师承担多种角色的能力也日趋衰退，长此以往，教师对自己的义务和责任缺乏清晰、一致的认识而难以承担，教师角色趋于模糊。如果这种角色模糊持续下去，教师就会渐渐卸去稳定时期所承担的部分角色，导致角色丧失。

此外，经过多年专业发展，教师教育经验日趋丰富，教学技能日益娴熟，在达到一定高度后就难以再提升，从而逐步进入停滞或退缩阶段。我国中小学教师教学效能感的调查结果表明，教师从教后，教学效能逐渐增强，在 36～45 岁达到顶峰，46 岁之后随年龄增长而减弱。处于停滞和退缩阶段的教师，虽然拥有比较丰富的教学经验和教学技能，但由于跟不上社会和时代的发展，难以适应基础教育课程和教学改革的要求，教学上感到越来越力不从心。因此，他们在教学技能的运用和教学方法的选择上，趋向于保守和传统。

（五）持续发展阶段

在迅速发展和稳定阶段之后，教师专业发展速度减缓，但一些教师在强烈的职业发展动机和良好的发展环境支持下，通过合理有效的教师教育模式和策略，保持着持续发展状态。部分教师虽经历过"高原期"或停滞和退缩阶段，但通过个人努力和各方关心协助，也能突破高原现象，实现持续发展。

在这一阶段，教师除了扮演稳定阶段的角色外，还要承担改革者、研究者、反思性实践者等角色。这些角色对教师持续发展具有特别重要的价值和意义，是教师持续发展的根本。

同时，时代的发展、社会的变革给教师提出新的挑战。社会对教师的要求更高，学生的身心发展也随着社会进步有了新的特点。关于好教师的标准不同的时代有着不同的回答。因此，无论教师处于哪个阶段，都需要对自己的信念系统进行反思，检核、评价并转变不正确的信念，甚至整合与重建信念系统。这需要教师的智慧、勇气、能力和毅力，尤其需要教师对教育事业和学生执着的爱。

此外，在迅速发展和稳定阶段的基础上，教师实践知识和智慧丰富，教学技能、技巧日益娴熟，教学行为表现出流畅、灵活。教师所拥有的知识和智慧不仅包括学科内容和教育理论知识，还应是整体洞悉教育知识结构和睿智的价值判断力，以及圆融教育专业人格的构成。教学不仅是技术化的流程，还是表达教师的学识、智慧、情感、意志、气质和人格，塑造完美人性的过程。真正的教学艺术家在实践中深切体味教学之神韵，把握教学之意义，具备专业的独到眼光，从而达到教学艺术之巅，实现完美教学。

第四节　教师专业发展的有效途径

　　教师职业长期发展中形成了普遍性的规范、信念和价值观，同时也表现出不同阶段的心理和行为特征。为提高教师专业发展水平，需要采取适时有效的途径，激发教师自主发展意识，鼓励教师探索新知，增进教师间的交流与合作，分享教育经验和智慧，营造良好的教学研究氛围，促进教师持续发展。具体而言，教师专业发展可通过以下三个途径实现。

一、开展课例研究

　　课例研究起源于 20 世纪 60 年代的日本"授业研究"，强调观察真实课堂教学，通过合作分析与信息收集。20 世纪 90 年代初逐渐引入美国、英国和我国部分地区。课例研究已演变为计划、观摩、反思和修订课的过程，被视为教师长期合作研究课堂教与学行为的综合过程，以改善教学经验和学生学习经验。

　　课例研究以"课例"为载体，展示课程实施经验、教学疑难问题和困惑，借助教师集体智慧探寻教学策略，分享经验，实现优质教学。我国课例研究基于传统"观摩教学""公开课""备课—听课—评课"等制度发展而来，近年已成为促进教师专业发展的有效途径。

　　课例研究是连接教育理论与教学实践的"支架"，引导教师掌握、建构和内化知识技能，进行更高水平的认知和教学实践活动。课例提供教育情境、背景、教育知识、先进理念、明确目标、探索性教学行为、多样化策略、实践知识和智慧，体现教学的情境性和个性化。通过课例研讨、交流和观摩，教师认识教学复杂性和多样性，反思教学实践，汲取他人知识和智慧，建构自己的教学知识、促进认知、改进行为。

　　应用课例研究促进教师专业发展时，需根据不同类型及其特点、教师发展目标开展。尽管课例研究应用与实施各有不同，但总体步骤主要包括以下四个方面。

（一）确定目标，集体研讨

　　课例研究活动围绕教学问题展开，问题即为研究目标。问题通常源于学生学习的薄弱环节或教师面临的教学困难，如英语教学中提高学生口头表达能力。这类问题具有代表性和普遍性。教师围绕主题目标组成课例研究小组或共同体，共同探讨教育思想、教学内容、教学方法、教学策略，形成教案初稿。这是集体商议、讨论、精心备课的过程，教案是众多教师共同设计、揣摩、集体智慧的成果。

（二）实施授课，观摩记录

　　在设定课例目标和完成课堂设计后，教师进行课堂教学并接受检验。执教教师从集体中选出，此时作为课程设计的执行者，课堂观察、探讨和反思的对象。观摩者是课例研究小组成员或其他教师，关注教师教学行为（如信息、技能、思维、智慧）和学生表现（如学习进程、积极性、参与状况），以及课堂气氛。教师需记录观察和思考，有时难以全面了解课堂活动，可通过录像为研究提供完整、生动、准确的课堂教学资料。

（三）集体反思，行为跟进

　　教师团队共同观察一堂课后，对课堂教学进行评价和集体反思。评课是教师各自表达对课堂教学的认识、感受和看法，寻找教学行为与课程目标之间的差距，而不是针对教师授课好与坏的评价。正如佐藤学教授所言："研讨教学问题的目的绝不是对授课情况的好坏进行评价，因为对上课好坏的议论只会彼此伤害。研讨的焦点应针对授课中的'困难'和'乐趣'所在，大家共同来分享，以达到教研的目的。因此，互相谈论这节课哪里有意思、哪里比较困难、学生有哪些表现，并通过相互交谈让学生学习时的具体样子重新浮现出来，这样的教学研讨才是每位教师所期待的。"评课的过程也是反思的过程。反思的焦点是课本身，而不是授课的教师个人。因为课例被视为集体的产物，小组的每个成员都对这节课负有责任，因此，集体反思、批评实际上是每一个成员的自我批评，教师在坦诚、积极的对话和研讨中激发灵感、碰撞思想，获得教育本身意蕴和清醒的自我认识。

在反思的基础上，重新修订教案。针对学生学习进展状况反思教学观念、教学环节、教学过程和教学效果，教师集体对原先设计的教案进行修改，把大家讨论过程中的合理建议和对策融入新教案之中，然后再用新教案进行新的授课，施行教学行为的跟进。再次教学时一般变换教师授课，或者教师变换班级授课。这是一个反复修改、反复授课、反复研讨的过程，而每位教师都用一种审视、评鉴的视角看待自己熟悉的教学实践，思考如何更好地教学，激励自己不断追求教学卓越。

（四）总结经验，分享成果

在课前的设计、授课的记录、课后的研讨、教案的修订中，教师们可以针对各自的感悟、建议进行理性分析，撰写研究工作报告，并与其他教师分享。通常这些报告会以书面形式出版，供教师资料室收藏。在日本，一线教师出版的研究报告比专门研究者还要多。报告更多的是"课例研究"计划和相关资料，每一篇报告基本涉及动机、目标、成就、课例研究过程中的挑战。这些报告供给教师和其他教育管理人员阅读。此外，课例研究的分享形式还包括邀请其他学校教师前来听修改后的研究课，这被看作教师专业发展的重要方式，也是其他学校教师分享教学创新的一种途径。

需要注意的是，在应用课题研究促进教师专业发展的过程中，为了保证其效果的有效性，必须注意以下两个问题。

第一，课例研究着眼于宏观而长远的目标，而不是短期效果。日本的课例研究着眼于学生宽广长远的学习目标，为学生创造具有价值的友谊，发展学生自己的看法，培养学生的思维方式，以及形成学生自己的学科兴趣。而美国的课例研究往往集中于短期的可视的结果，注重获得学科考试的分数。

对教师来说，课例研究是一种长期的持续不断的教学改进过程，而不是一种激进的教学变革。由于教师经过多年教学经验的积累，教学行为具有系统性和惯常化，很难通过某一教学行为或单一元素的改变来快速提高教学效果，因此需要长期规划、系统研究课例，针对教师自身专业发展存在的问题，不断地批判性反思，吸取他人的教育知识和智慧，寻求解决问题的策略，改进教学实践。

第二，课例研究是要防止行政化和功利化。课例研究是以教师自愿参与为旨向的，以协同合作的方式构成研究团队，共同探讨课程与教学中的系列问题，其目的是促进学生的学习和发展，提升教学的有效性，而不是为了行政指令或某些功利性目的。课例研究是一个过程，而不是课例设计的模式；课例研究是在教师之间口口相传，靠的是他们的兴趣，而不是命令；课例研究没有唯一正确的方式；学识丰富的合作者，可以提供富有价值的内容。课例研究过程中，教师对课堂活动、教材和学生特点展开讨论，提出各种策略或建议，分享学科知识和教学智慧，以实现教学水平的共同提高，而行政指令的强制性必然会压抑教师的主动性和积极性，不利于教师合作文化的形成。

二、开展师徒制教学

师徒制教学最早被运用于技艺学习的过程中，是最早的教育形式之一。这种教育方式，在许多行业都不同程度地存在着，并为职业新手逐步适应、承担起某一行业的工作发挥积极作用。就师资培训而言，近代以来，随着工业化的推进，教育开始面向大众，并逐步普及，教师的需求也急剧增长。但由于经费短缺，师资紧张，一些国家不得不实行一种"导生制"的教学，即由教师先对学生中年龄大、成绩好的"导生"施教，然后由他们转教其他学生，代替教师的职责。教学内容主要是阅读、教义问答、书写和计算等初步知识。这种师徒制首先在英国实施，后传播到法、美、德、意等国。从事教学的新手教师虽缺乏严格的培训，但在经验教师的指导下，在不断模仿、实践中，也能逐步掌握基本的教学技能和方法。

促进初任教师发展成长的一个最直接的办法就是将优秀教师所具有的知识，尤其是如何备课和设计课堂教学、有意义地呈现教学内容、有效地指导课堂作业、布置家庭作业等教学常规和教学策略的知识，教给新教师。但是，优秀教师在教育教学实践中表现出的实践知识和智慧，在很大程度上是缄默知识或隐性经验。这些缄默知识或隐性经验是难以以"客观知识"的形式用语言来陈述和传授的，只能在个人实践活动中得以表达。例如，优秀教师具有的敏锐感受、准确判断可能出现新情况或新问题的能力，把握教育时机、转化教育矛盾和冲突的机智，引导学生积极投入学习、追求创新、愿意与他人进行心灵对话的魅力等。教师的这些教学实践知识和智慧是难以用语言进行表述和传递的。正如罗素所说，语言最多也只是创造一种传达个人知识的心境，但要传达个人的经验就无能为力了。因为"知识"是一个远远不及通常所想的那样精确的概念，它在不同文字表达的动物行为中扎根之深超过了大多数哲学家愿意承认的程度。在这种情况下，初任教师要学习和获得优秀教师的教学知识或隐性经验和智慧，难以通过优秀教师"正规的""直接的"方式进行传递，但是可通过实践和直接经验的方式，通过"师傅带徒弟"的方式加以传递和获得。

师徒制不仅有利于年轻教师的成长，而且能够促进资深教师的持续发展。许多资深教师也许知道如何达到教学目标，但难以清晰解释和说明支配他们教育行动的隐性知识或个人理论。师徒制有助于资深教师的理性实践，把缄默知识转变为显性知识。理性重建的目的，就是明确地使很多构成"实践上掌握了的、前理论的知道怎样"之基础的一些结构和规则，以及代表主体在特定领域内的能力的缄默知识，变得明确起来，使那些缄默的、前理论的知识变成普遍知道的知识。这不仅能够促进教师不断追求教学卓越，而且对优秀教师形成自己系统的教学理论具有重要意义。

从其实施情况来看，师徒制教学是初任教师在资深教师的指导下，通过对资深教师教学实践的观察、模仿和自身教学实践的反省、再实践，而逐渐地体悟教师职业的隐性经验或缄默知识，不断地掌握专业技能和智慧的培育方式。目前，我国许多学校实施资深教师带教新手教师的教育活动，且运作和实施程序、方法存在较大差异，有的学校虽实施资深教师带教新手教师的活动，但由于缺乏具体的制度和规范，只是把刚刚从教的新手教师分派给资深教师而已，资深教师如何带教和新手教师是否真正从师都缺乏有效的激励和监督机制，随意性很大，因而难以发挥其应有的作用。在这种情况下，本书认为，开展师徒制教学应从以下三个方面入手。

（1）观察资深教师的教学实践

观察资深教师的教学实践既是一个感知的过程，又是一个思维过程。观察资深教师的教学行为受到初任教师自身理论储备、知识背景、实践经验和个人兴趣、情感等方面影响。虽然从逻辑上讲，实践先于理论，但是理论为理智的实践提供必需的保证。对那些成功和合理的实践来说，背景认识和实践原则是至关重要的；对个体来说，在行动之前就已经掌握了其中一些知识和原则，有关的知识经验越丰富，对教学活动的观察就越全面、细致和深入。在观察中，初任教师会发现资深教师具有运用多种复杂认知技巧的能力，面对复杂的课堂情境，能迅速全面地进入状态，凭直觉有效地处理情况，根本不需要有意识地思考。

（2）学习与模仿资深教师的有效教学行为

在观察的基础上，初任教师在自己的教学实践中开始逐步学习、模仿资深教师有效的教学行为，尽管有时并不能洞悉和解释其行为的实际效果。新手教师在最初学习阶段可能更多的是对指导教师教学的积极追随和模仿。

（3）资深教师对初任教师进行指导

资深教师在充分了解新手教师教学状况的基础上，应针对初任教师教学存在的问题进行具体指导，新手教师按照资深教师的指导进行再实践。新手教师就是在不断的学习、实践探索、反思中逐步改进自己的教学行为，从而使教学行为发生变化的。这种变化有时是难以觉察的，在很多种情况下新手教师是在不知不觉中掌握教学技能和技巧的，甚至包括那些连导师也不是非常清楚的技巧。当然，新手教师向资深教师的学习并不是一种完全意义上的机械、低水平模仿，而是蕴含着高水平认知的过程。新手教师在模仿、追随的过程中，既需要资深教师的指导和帮助，更需要自己的实践反思和较长时间的反复实践。需要注意的问题是：资深教师应当毫无保留地把自己的教学专长奉献出来，而且能够通过"师徒"相互观摩、共同切磋，使资深教师个人的教学知识和实践智慧让新手教师共同分享，并得以传承、发展和创造。

需要特别指出的是，初任教师拜优秀教师为师，不仅仅要学习优秀教师的教学技能、技巧，更重要的是要考察他们的教学实践中所蕴含的理念、原则，深思他们在描述那种实践的特征和决定应该干什么时所运用的知识和信念。只有这样，初任教师才能真正理解、领会蕴含在优秀教师的教学行为中的实践知识和智慧，才能够把优秀教师的教学精髓学到手，并在学习的基础上形成自己的教学风格。

在这里需要注意的是，师徒制教学在教师专业发展实施过程中也存在一些不容忽视的问题，这些问题主要包括以下几方面。

许多新手教师不乐意、不情愿或不好意思向资深教师学习和请教，资深教师一般也不好为人师，致使"拜师活动"或师徒制教学方式形同虚设。教师团队共同观察一堂课后，对课堂教学进行评价和集体反思。评课是表达对课堂教学的认识、感受和看法，探讨教学行为与课程目标的差距，而非针对教师授课好坏的评价。正如佐藤学教授所说，研讨教学问题的目的是分享授课的困难和乐趣，达到教研目的。评课过程也是反思过程，焦点是课本身，而非授课教师。课例是集体产物，每个成员都负有责任，因此，集体反思、批评实际上是自我批评，教师在积极对话和研讨中激发灵感、碰撞思想，获得教育本身意蕴和自我认识。

在反思基础上，重新修订教案。针对学生学习进展状况反思教学观念、环节、过程和效果，教师集体修改原先设计的教案，融入合理建议和对策，然后用新教案进行授课，实行教学行为的跟进。再次教学时一般变换教师或班级。这是一个反复修改、授课、研讨的过程，教师以审视、评鉴的视角看待熟悉的教学实践，思考如何更好地教学，激励自己追求教学卓越。

尽管师徒制教学方式能顺利实施，但师徒制本身并非完美。一方面，新手教师的职业社会化受导师的教学思想、观念、态度和行为等影响，导师的教学水平直接影响新手教师的专业发展水平。另一方面，资深教师尽管多才多艺，但只能传授新手教师有限的技巧或技艺。

资深教师带教新手教师的积极性不高，对自己教学专长有所保留，导致许多优秀教师的缄默知识、隐性经验和教学专长无法与新手教师分享。因此，要使师徒制教学取得良好成效，需要教师合作文化和激励学校制度的支持。

因此，新手教师需根据自身特点和优势，学习、思考、实践、创造自己的教学风格，形成教学智慧，而非盲目追随导师。新手教师的价值观、经历、知识结构和个人品质与导师有很大差异，一味效仿可能导致职业行为局限于狭隘经验，影响未来教学专长发展。总之，新手教师需向资深教师（尤其优秀教师）请教，优秀教师要毫无保留地传授经验。同时，新手教师需在正确教育信念和教学理论指导下，吸取众家之长，创新教学风格，这是成长为优秀教师或专家型教师的基本路径。

三、开展教育叙事

教育作为文化延续和发展的手段，为个体赋予知识、价值观、思维能力、实践能力和基本规范。布鲁纳认为，教育系统应使文化中的成长者找到认同，学校需培育叙事模式。因此，叙事是意义生成的载体和文化的表达方式。教育叙事呈现教学行为和教育经验，表达和解释教育感受，寻求教育意义。教师通过叙述教育教学故事，对教育活动进行深入思考，反思和改进自己的行为，提高教育教学质量。康纳利等人认为，叙事是揭示个体经验意义的最佳方式，人类经验以叙事方式建构，故事方式存在。

在教学活动中，教师教学水平在很大程度上取决于个人实践知识，这种知识是默会的、无法通过纯理论表达。教师通过讲述教育故事，呈现教育经历，为他人提供理解教师个人实践知识的鲜活材料。这些实践知识与教育情境密切相关，通过教育叙事能使教师缄默的实践知识外显，促进自我反思、研究意识形成和教学行为改善。康纳利认为，经验既是个体的，也是社会的。叙事探究要揭示经验的这些方面，达到理解和解释。

教育叙事研究自20世纪90年代引入我国，对教育研究和教师专业发展产生广泛影响。叙事研究激发中小学教师参与教育研究热情，促进专业发展。教育叙事提升教师自我反思意识和能力，鼓励多样性、多维度地反思，改进教育行为。教育叙事使教师由消极被研究对象转变为积极研究参与者，回归教师日常教育生活，实现自我表达和重构。教师叙事为发展提供广阔开放的合作平台，促进教师间、教师与专业研究者间的交流，共同探讨问题解决策略，获得共同发展。

在运用教育叙事促进教师专业发展时，需关注叙事探究的三个核心事件：现场、现场文本和研究文本。此三者及其关系构成叙事研究。因此，这一方法的实施应遵循以下三个步骤。

收集故事素材，构建现场文本。人的发展离不开社会环境，社会和特定环境决定教育应实现的理想。教育任务是个体社会化，通过个体教育实现社会化。教育多样性和个体性为教育叙事提供丰富素材。

教育叙事关注个体教育和发展，记录个人经历的故事，描述个体在教育情境中的个人或社会经历。常见教育叙事形式包括自传、传记、生活随笔、个人记事、个人叙事、叙事访谈等。作者可通过回忆、查阅日记、日志、信件、档案等方式收集材料。教育研究者也可进行现场观察、记录、访谈，收集个体教育故事，构建现场文本。教育叙事形式多元生动。

深入叙事，解读意义。叙事探究是教师深入经验，在教育生活中发现并选择值得关注的事物，寻求、体验并揭示教育生活的意义。在获得充足的经验事实后，需系统分析文本数据，对经验事实进行选择和取舍，构建传记的"个性"或故事的"情节"，再现现场教育生活情境。

教育叙事的基本结构要素包括：背景（时间、地点、环境）；人物（个体的原型、个性、行为、风格、做事模式）；事件（故事中个体的动作、说明人物的思维和行动）；问题（要回答的问题、要描述或解释的现象）；解答（对问题的回答、对引起人物发生变化的原因的解释）。教育叙事探究需要考虑时间、地点、人物、事件，并将人和事件置于特定情境中，从人际互动和文化关系中去组织经验。教育叙事探究应具有"问题意识"，故事本身需包含关注和探究的问题，带着问题参与经验，在经验中理解，在理解过程中形成理论思考。

由于教育叙事中的故事和事件蕴含了更广泛的文化、人际互动关系及历史等信息，因此，深度诠释叙事事件和故事，才能逐步理解和把握个体经历和实践经验的内在意义。诠释叙事事件和故事能揭示教育个人经历和实践经验的内在意义，以及教育行为背后的生活信念、思维习惯与文化特色。

撰写研究文本，验证研究效度。撰写叙事研究报告是叙事探究的关键环节，报告包括研究背景和意义、研究对象选择、研究实施过程、研究结果与分析四个部分。叙事研究是中小学教师基于自身教育经验的研究，也是专业研究人员的重要研究方法，大学与中小学教师的合作研究已成为教育趋势。

在叙事研究中，若研究者的声音远离故事中的教师，以优越感、强势话语对其他听众产生权威和控制，会降低"当事者"话语的价值。尤其在叙事部分，专业研究者可能将故事情节与特定理论情境相联系，试图改变教师观点，常带有已有观念和理解，或将教育理论与教学故事并列或交错。在理论权威下，教学故事可能变得黯淡或贬值。因此，评估教育叙事的真实性和准确性是叙事探究的必要环节。叙事者所讲述的事情具有真实性，能真实表达心理状态、感受和动机，使叙事和标准具有社会适切性，建构的叙事具有可领会性或语言结构合规范性。研究者如果没有真实在场体验就去构思研究文本的揭示图示，这种研究被认为是缺乏效度的。

需要注意的是，尽管教育叙事在促进教师专业发展方面具有较大优势，但经过几年的传播和发展，我国的教育叙事在实现其价值的同时也暴露出一些问题。

教育叙事研究肤浅化。许多教师进行的教育叙事重在叙事，淡化反思，缺乏事件的解释力度和深度。教育叙事需要教师具备前期的教育理论积累和敏锐的洞察力，需要走出狭隘的经验，努力进行"文本转换"。教师为了更好地理解和运用教育叙事，需要拥有一定的理论知识和理性思维，需要对教育教学经验进行抽象和概括，需要通过对教育事件的诠释来建构理论。

教育叙事内容虚构化。教育叙事记述的是已经发生的事件，不是虚拟编造的，是真实的。如果教育叙事失去了真实性就失去了其价值和意义。从中小学教师运用教育叙事发表的作品看，往往把完美无瑕的教育事件呈现在读者的眼前，不但虚构事例，而且虚构教育效果，主观性较强，随意性较大，影响了教育叙事研究的信度和效度。

总之，在教育叙事中，教师必须认识到这种对于教育经验感性直白的表达方式不能从根本上替代教师的教育理论的探究，教师在积极参与教育叙事的同时也要加强教育理论和教育科学研究的学习和训练。只有这样，教育叙事才能真正发挥其在教师专业发展中的显著作用。

第五章　现代教育中的学生：独立自主

学生分为广义和狭义两种。广义上，所有学习的人都可以称为"学生"，包括自学者、生活经验中的学习者，以及学校系统中的学习者。狭义上，学生指在学校教育系统中，在教师指导下从事有目的、有计划的学习者，尤其是指在校的儿童和青少年。对学生的认识和看法通常称为学生观。学生是教育的对象，也是教育的主体。教师工作的前提是了解和研究学生，树立正确的学生观。在传统教育中，学生被动接受学习，而在现代教育中，学生更凸显独立自主性。理解学生的本质、权利和义务，了解不同理论视角下的学生观，有助于构建现代教育中新型的师生关系。

第一节　学生的本质、权利和义务

相较于具有正式社会地位的成年人，学生尚处发展阶段，因此他们的独立人格和地位常被忽视。在人类发展历史中，学生的概念曾长期被忽视。如古代人们认为儿童就是小大人，儿童与成人无区别，没有明确的儿童观念。中世纪时，儿童被视为生来有罪，训斥和体罚成为教育的基本形式。文艺复兴后，尽管人们开始承认儿童的自由和兴趣，但仍未意识到儿童具有独立存在的价值，儿童往往成为成人的依附、双亲的所属。这种现象至今仍存在，剥夺儿童权益、无视儿童需要和价值的现象屡见不鲜。随着人类进步和时代发展，人们越来越呼唤科学的学生观，要求承认学生的独特性、尊重学生的人格、赋予学生应有的权利。同时，学生也需承担一定的义务。

一、学生的本质属性

学生的本质属性涵盖他作为人的一般属性和作为学生的特殊属性。教育中的一些问题往往源于教育者没有充分理解学生的本质属性，尤其是学生首先是人这一基本事实，从而影响了学生的发展。

（一）学生是人

学生是人，这是众所周知的事实。然而，在教育活动和教育理论中，往往出现忽视学生作为人的现象。学生是人，这里的"人"包含以下几个方面。

1. 学生具有能动性，是一个能动体

教师的劳动对象与其他劳动对象不同，教师的教育对象是具有生命力的个体。这意味着学生具有发展自身的动力机能，不仅能够通过摄取活动保持和发展自身，还能以人的能动性创造和满足物质和精神需求，发展身心。学生作为实践对象，不是被动接受塑造和改造，而是能意识到自己被他人塑造和改造，从而可能自觉参与教育过程，或抵制或漠视教育过程。学生作为一个有意识的主体参与教育过程，对各种教育影响进行选择性地接受或拒绝。这决定了教育的复杂性，教育的输入与输出不一定等量，学生的能动活动是重要的中介。因此，教育应激发学生的积极性，引导他们自觉与教师共同完成教育任务，形成自我发展的动力和要求，不断优化教育环境，创造和满足物质和精神需求。

2. 学生是具有思想感情的个体

学生是具有情感和思想的个体，拥有独立的人格，拥有自身的需求、愿望和尊严，这些都应得到适当的满足和尊重。与其他实践对象不同，教师在心理上不仅将学生视为认知对象，还会与学生建立情感、需求等联系，这些联系是双向的。教师对学生有感情，学生也对教师有感情。因此，学生不应被视为可以任意摆布和屈从于人的对象。

3. 学生具有独特的创造价值

每个人都有与生俱来的创造潜能，这是人的独特价值。人的智慧、劳动和创造力使世间一切有价值的东西都由人所创造。学生在学习期间虽未参与创造价值的过程，但学习过程实际上是学习创造的过程，教育是释放人创造潜能的重要途径。学生的独特想法、解题思路和设计等，都展现了他们丰富的创造性。因此，教育应保护学生的探索精神、创造意识和思维，珍视学生作为人的价值，为他们开发创造潜能创造平等、宽松和谐的学习氛围，而非任意损害他们。

（二）学生是现实社会的成员

学生作为社会成员，应享有与其他社会成员相同的基本权利，不能因他们是学生就忽视其作为平等社会成员的基本权利。常见的"学生不懂……""学生不该……""学生不能……"等说法，反映出学生在文化传统中受到许多限制。不能因为学生是教育和管理的对象，就忽视他们作为主体的权利和地位。他们需要教师的指导和帮助，学校的管理和约束，但这并不意味着学校和教师可以超越学生。学生应有表达意见、展示个性和发挥主动精神的权利。认识到学生是现实社会成员，有助于教师更好地尊重和与学生交往。

（三）学生是成长中的人

学生作为现实社会成员，尚处于未完全成熟的状态，其身上展现的各种特征仍在不断变化和发展，因此具有很大的可塑性。教育应一方面挖掘学生的多种发展潜能，引导他们向最佳方向成长；另一方面提供全面发展的条件，突破过去仅关注智力提升的片面观念，确立培养整体人格的教育目标。具体来说，学生的成长和发展主要表现在以下几个方面。

1. 学生具有与成人不同的身心特点

青少年和儿童具有自身独特的身心发展特点，并非成人的雏形。在生理学和心理学等科学尚未充分发展的时期，人们长期将儿童视为"小大人"，没有认识到他们与成人的本质差异，以及他们特有的需求和特点。因此，在教育工作中，往往忽视了他们的特殊性，对他们提出与成人相同的要求和行为标准。另外，由于过去生产力水平较低，大多数少年儿童早期便参与生产劳动，生活准备期短暂，他们与成人承担相同的社会义务，成为成人社会的一部分，却没有自己的生活领域，得不到社会对他们的特殊照顾、教育和对待。

2. 学生具有发展的潜在可能

对于发展中的人来说，青少年和儿童的特征仍在变化之中，朝着成熟的过程发展，并未达到发展的顶峰。他们身上蕴藏着巨大的发展潜力，身心发展中的不足和思想行为上的缺点，相较于成人，通常有更大的改进空间。

3. 学生具有获得成人的教育关怀的需要

青少年和儿童各方面的发展尚未成熟，因此，成人的教育和关怀对他们来说是必不可少的。只有认识到这一点，才能以培养的态度对待学生，充分发挥教育的作用。认为儿童的任何要求都是合理的，无需成人帮助教育的观点是错误的。

另外，由于学生是不断发展的人，教育不应以完美无缺的标准来衡量学生，而应以宽容的态度对待他们在成长过程中出现的各种缺点和退步，允许他们犯错误。只有这样，才能避免挫伤学生自我发展的积极性，激励他们朝着更高的目标前进。

（四）学生是具有多样性的人

作为人，学生必然展现出人性的丰富多彩。每个学生都有其独特的个性特征和发展潜能。美国学者詹宁斯指出，自然赋予孩子们各种不同的性格，隐藏着无限的可能性。然而，作为父母或教师，有时却试图消除这种多样性，这实际上阻碍了个体特殊性和个性发展。教育应该关注每个学生，承认他们之间的差异，为他们提供个性化的服务，让所有学生都能在适合自己的环境中成长，实现真正的因材施教。

（五）学生是个性化的人

每个学生来自不同的家庭，具有不同的遗传素质和生活经历，他们的生活体验和情感经历都是独一无二的。存在主义先驱克尔凯郭尔认为，每个人的存在都具有特殊性和唯一性，只能由自己去体验，只对自己有意义，他人无法替代。因此，世界上没有两个完全相同的人，即使是同卵双生子，也因遗传素质的微小差异和个体经历的不同而有所区别。人的个性差异和独特性应得到尊重。否定一个人的独特个性，就等于剥夺了他的创造能力，否定了其存在的个人价值。教育应正视学生个体生命的差异性。

随着信息技术和多元化社会的到来，个性已成为现代人的本质特征，因为高科技发展需要人的创新精神和创造性能力。学生的独特个性是创新能力的基础和源泉。教育应当肯定、鼓励并发展学生的个性，用不同的标准去要求和衡量不同的学生，以调动学生学习的积极性、主动性和创造性。教师在教学中要尊重学生的个别差异性，培养学生的独立性，使每个学生都在个性的基础上得到生动活泼的发展。

（六）学生是具有完整性的人

任何人都具有一个完整的生命，他包含生理和精神两个基本层面。精神层面正是人区别于动物的，由认知、道德、审美所构成的一种潜在文化心理结构。学生作为人也必然体现这种完整性，即他们不仅具有保护和促进自然生命发展的需要，而且还具有追求智力、品德、审美等精神提升的需要。而在现实的教育中人们常常无视学生的完整生命，只重智育，忽视对学生的生命、道德、审美等教育，致使他们的片面发展。所以教育者必须充分认识到学生的完整性，并积极地满足他们的生理和精神需要，促进其人格的健全发展。

（七）学生是以学习为主要任务的人

学习是人类生活的普遍现象，在如今这个学习化的社会中，更加提倡终身教育。然而，学生的学习是一种特殊形式的学习，与一般人的学习、日常生活的学习，以及劳动、工作中的学习有所不同。学生阶段是人生的一个特殊阶段，其主要任务就是学习，这一特点是学生与其他社会成员的区别，同时也赋予了学生接受教育的权利和义务。以下几个方面可以帮助理解"学生是以学习为主要任务的人"的含义。

学生以学习为主要任务。学习是学生的一个特点，区别于日常生活和工作中的学习，也是学生与其他社会成员的特点。以学习为主，这是学生质的规定性。

学生在教师指导下学习。学生的学习是在教师指导下进行的，这保证了学习的有效性，能更好地促进学生的全面发展。因此，学生的学习更体现出规范化和制度化，学校教育对学生的成长起着主导作用。

学生所参加的是一种规范化的学习。学生的学习是有目的、有计划、有组织地进行的，由一定的教育制度，以及学校的各项规章制度所规定。因此，作为学生的一系列行为模式和规范不仅要受到社会传统观念、文化习俗等影响，而且还要与现存的政治经济制度相适应。师生之间存在着制度化的关系，各自都享有制度所规定的权利，承担制度所规定的义务。

二、学生的权利

斯宾塞曾主张"教育要为儿童未来完满的生活做准备"，这既反映了功利主义和工具主义教育思想，也表达了成人对学生地位的看法。他们认为学生只是未进入成人社会的"准社会人"，学生的一切都是为了适应未来成人世界的标准。因此，学生的主体性、独立性和相应权利被剥夺，他们在社会中处于从属和依附地位。在家庭中听从父母安排，在学校听从教师管理。为保障学生合法权益，需要通过法律法规加以保障。

1924 年，《日内瓦儿童宣言》是成人社会首次在世界范围内对儿童权利的正式确认。1959 年和 1989 年，联合国大会分别通过了《儿童权利宣言》和《儿童权利公约》，我国于 1990 年签署《儿童权利公约》，1992 年生效。儿童权利的核心是"儿童优先"，《儿童权利公约》旨在保护儿童合法权利不受侵害，提出了儿童利益最佳原则、尊重儿童尊严原则等。我国《未成年人保护法》也提出了保护未成年人的四个原则。自 20 世纪 80 年代以来，我国通过颁布相关法律，初步明确了教育领域中中小学生的身份和法律地位。

（一）学生的合法权利

1. 受教育权

我国法律明确规定了受教育权是学生的主要权利。任何组织和个人都不得剥夺学生受教育的权利，每个适龄儿童都应享有平等地接受正规教育的机会。这意味着每个人都能接受到符合其个人特点的教育。我国《中华人民共和国宪法》第 46 条、《中华人民共和国义务教育法》第 4 条和第 5 条，以及《未成年人保护法》第 9 条和第 14 条均明确规定了保障适龄儿童、少年接受义务教育的权利，尊重未成年人接受教育的权利，并要求学校不得随意开除未成年学生。

2. 身心健康权

包括未成年学生的生命健康、人身安全、心理健康等方面，如合理安排学习时间和作业量、体育锻炼、定期体检等，确保教育教学设施安全，组织有利于学生身心健康的社会活动。《未成年人保护法》第 16、25、27 条规定：学校不得让未成年学生在危险校舍和教育教学设施中活动，严禁向未成年人出售、出租或传播不良图书、报刊、音像制品，禁止在中小学、幼儿园、托儿所等室内吸烟。

（1）人格尊严权

这指的是学生享有受到他人尊重、保持良好形象及尊严的权利。因为学生首先是作为人而存在的，凡是人都有权得到他人的尊重，这是做人的基本权利。《世界人权宣言》第1条和第26条规定了人的自由、尊严和权利平等，以及教育的目的在于发展人的个性并加强对人权的尊重。我国《未成年人保护法》第15条也规定，学校、幼儿园的教职员应尊重未成年人的人格尊严，不得实施体罚、变相体罚或其他侮辱人格尊严的行为。

（2）隐私权

这指的是学生有权要求保密私人信息和生活领域，不愿或不方便让他人获知或干涉，且与公共利益无关。例如，教师不得随意宣扬学生的缺点或隐私，不得随意私拆、毁弃学生的信件、日记等。我国《未成年人保护法》第30、31、36条规定了任何组织和个人不得披露未成年人的个人隐私，不得隐匿、毁弃未成年人的信件，以及国家依法保护未成年人的智力成果和荣誉权不受侵犯。

（二）学生在教育中享有的具体权利

依据我国《教育法》第四十三条，学生主要享有以下五项基本权利。

第一，参加教育教学活动，使用教育教学设施、设备、图书资料的权利。这是学生学习权的基础，任何组织和个人不得非法剥夺。学生在行使这一权利时，应履行相应义务。

第二，按国家规定获得奖学金、贷学金、助学金的权利。我国各级各类学校均设有奖学金制度，奖励品学兼优的学生。国家对家庭困难的学生实行贷学金和助学金制度，资助贫困学生完成学业。符合条件的申请者不得被拒绝或歧视。

第三，在学业成绩和品行上获得公正评价，完成规定学业后获得相应证书的权利。公正评价包括德、智、体、美、劳等方面的评价，要求教师一视同仁、客观准确。学生完成规定学业、品行合格，均有权获得相应证书。

第四，对学校处分不服可向有关部门申诉，对学校、教师侵犯其合法权益可提出申诉或依法诉讼。这是公民申诉权和诉讼权在学生身上的体现。学生对学校处分不服可向教育行政部门申诉，对侵犯合法权益的行为可依法诉讼。

第五，学生有权享有《教育法》以外的其他法律、法规规定的权利。学生作为公民，国家法律、法规规定的公民权利，学生都有权享有。

三、学生的义务

学生的义务是指学生在教育教学活动中应承担的责任，表现为必须做出或不得做出一定的行为。根据学生的年龄阶段和学校类别，具体义务有所不同。我国《教育法》第四十四条对各级各类学校学生的基本义务进行了如下规定。

（1）学生需遵守法律、法规。法律和法规是国家和公民行为的基本规范，学生作为社会主义事业的建设者和接班人，更应严格遵守。

（2）遵守学生行为规范，尊敬师长，养成良好的思想品德和行为习惯。学生要严格遵守各类学生行为规范，养成良好的思想品德和行为习惯是必须履行的义务。

（3）学生有努力学习、完成规定学习任务的义务。学生入学即意味着承担接受教育的义务，完成规定的学习任务是学生的基本义务，也是获得学业证书的前提。

（4）学生有遵守所在学校或其他教育机构管理制度的义务。学校制定管理制度以确保教育教学工作顺利进行，学生对这些管理制度有义务遵守，遵守学校管理制度与遵守国家法律、法规在本质上是一致的。

第二节　不同理论视野下的学生观

学生观是教师对学生的基本看法，是教育者在教育和管理工作中所遵循的理念。不同的学生观会导致不同的教育管理措施和效果。传统学生观将学生视为被动客体和知识容器，而现代学生观认为学生是积极主体、学习的主人和正在成长的人，教育的目标是培育人才。

一、性善论视野下的学生观

性善论主张人内心深处具有向善的本能倾向，或称之为善的种子。孟子认为人性本善，需通过后天教育培养善性。《孟子》中提到"恻隐之心，仁也；羞恶之心，义也；恭敬之心，礼也；是非之心，智也。"这些"良知""良能"是善之端，善的种子。孟子还强调，善端需在后天的教育训练中逐步扩充，从而表现出善。

苏格拉底认为人内心世界在出生前丰富且通晓各种知识，出生时受到惊吓而遗忘，后天掌握知识过程实为回忆遗忘之物。卢梭认为造物主之手所创造之物皆好，但到了人手中便变坏。这些观点均体现性善论倾向。

性善论者，如孟子，认为学生内心深处具有向善的本能倾向，或称之为善的种子。这种观念认为善是内在的，而非后天习得或外部输入的。这种学生观念在教育实践中，会引导教师尊重、信任学生，给予学生更多的自由空间。教育方法上，更注重培养学生内心善性，如孟子所提到的"存心""养性""自求""自得"，而不是过度灌输和管教。

二、性恶论视野下的学生观

性恶论与性善论相对，认为人出生时具有恶的倾向和恶的种子。战国时期荀子是性恶论的代表性人物，《荀子》中提到"人之性恶，其善者，伪也。"荀子的性恶论包括性伪之分、性伪之合和化性起伪。

性伪之分指人性中先天素质和后天人为结果的区别。荀子认为人性中有"性"和"伪"，"性"是恶的先天本能，需后天约束引导。性伪之合强调性与伪的统一，只有结合先天素质和后天教育，才能实现对人的改造。化性起伪是荀子人性论的关键，强调后天环境、教育等因素对压制人性中恶的本能的重要性。

西方宗教中的原罪说也属于性恶论，认为人出生即有罪，须一生赎罪。

这对西方宗教教育产生了重要影响。

性恶论下的学生观假设学生具有恶的倾向和种子，需教育者改变和灌输善。因此，教育方法上会注重纪律、惩罚、强制和灌输。

三、外塑论视野下的学生观

外塑论，又称"外铄论"，强调教师的作用和权威，认为学生是消极被动接受教育的客体。英国教育家洛克的"白板说"和德国教育家赫尔巴特的教育思想代表了这一观点。洛克将儿童天性比作白板和蜡块，可任意塑造。赫尔巴特认为儿童生来具有"不驯服的烈性"和"盲目冲动的种子"，需通过教育约束以培养守秩序精神。他提出的管理儿童方法，如威胁、监督、命令、服从和惩罚，旨在压制儿童自主性。

外塑论在传授系统知识和维护社会秩序方面有良好效果，尤其在缺乏主体意识的专制社会中具有很大影响力，至今仍受到很多人认同。外塑论有利于教师系统传授知识，提高教学质量和效率。然而，它忽视学生个性差异、需求和兴趣，过分强调教育和教师在学生发展中的作用，导致教师权威过高和教学过程中的霸权主义。

四、内发论视野下的学生观

内发论的学生观是在西方个人主义和自然主义等哲学思想影响下形成的。以卢梭为代表的自然主义教育家和蒙台梭利等人都支持内发论，认为人的发展具有内在顺序性或规定性，教育应遵循人的内在发展规律。受到自然主义教育思想影响的杜威批判了以赫尔巴特为首的传统教育思想，强调教育应围绕学生展开，主张"生活中心、活动中心和学生中心"。他认为教师应成为学生发展的引导者和帮助者，从课堂中心转移到幕后，为学生发展提供帮助和指导。

内发论的学生观否定教师和教材在教育中的中心地位，强调儿童的重要地位，并在一定程度上否定现代知识的霸权。这有助于调动学生的主动性和能动性，引导自我发展。然而，过度强调学生的主体意识和权利观念可能导致个人主义至上，削弱学生对基础知识和技能的掌握，影响教育质量和社会道德水平。

五、存在主义视野下的学生观

存在主义是 20 世纪 20 年代起源于德国的现代西方哲学流派，关注人的存在问题。它试图通过强调个人存在来否认社会和外力对人的制约，追求自我，反对"异化"。存在主义的影响不仅限于哲学领域，还扩展到文学、艺术、道德、教育及宗教等意识形态领域。主要代表人物有德国的海德格尔、雅斯贝尔斯，法国的萨特、马塞尔、梅洛·庞蒂，美国的蒂利希、怀尔德、巴雷特等。

存在主义哲学最著名的观点是萨特的名言："存在先于本质"，意味着人首先存在，通过自由选择决定自己的本质。存在主义反对"认识"，强调自我的"内心体验"。人的主观精神是塑造自我和决定世界的基础，因此不存在理性认识的过程。存在主义对教育学产生了重要影响，形成了存在主义教育哲学流派，如《存在哲学与教育学》《存在主义与教育》《生存的对话：哲学和教育学全集》等著作。

存在主义认为教育的本质和目的在于人的"自我生成"或"自我创造"，即"教育是发展关于自由选择，以及对选择的意义和责任的认识的过程。"因此，存在主义者强调学生的主体性，倡导一种独特的学生观，包括以下几方面。

1. 学生是有主体性的人

存在主义强调学生的主体性，在教育过程中应充分尊重学生的个性和主体性。存在主义教育思想家主张师生双方是主体与主体的关系，而非传统教育中的主体与客体关系。学生不是教育的客体，教师也不是学生活动的客体。存在主义强调教师的作用，认为教师是推动学生进步、帮助学生实现自我成长的最直接影响者。在教育过程中，教师和学生均具有主体性，他们之间的关系是主体间关系，也称主体际性。

教师应尊重学生独特而完整的个性，不能将学生视为没有主体性的事物，也不能将自己的主观意志强加给学生。学生学习的目的在于个人成长，而非因受到知识和道德规则的影响而改变或丧失个性。

2. 学生是有自由选择权的人

存在主义强调学生的自由选择权，倡导学生运用主体性进行有意识的果断选择。存在主义者认为人的本质是自由，每个人都有独立选择的自由。教育活动应鼓励学生进行自由选择，大胆按照自身需求和欲望进行选择。那种限制学生自由选择、压制学生个性的教育应受到批判。教育的目标是培养学生的自由选择能力，而非赋予统一的选择能力。人应自主设计未来，反对来自外部的"决定论"。在存在主义者看来，教师的主要任务是利用丰富的知识客观地向学生介绍各种选择情况，不偏不倚地与学生交流各种选择的可能性前景，并鼓励学生根据自身需求做出选择。

3. 学生是要为自己的选择负责任的人

既然选择是自主自由的，那么选择的结果就应该被接受。自由选择并不意味着学生可以随心所欲、为所欲为，因为他们必须为自己的行为后果承担责任。因此，存在主义者认为，学生有自由选择的权利，也必须承担相应的责任。学生不仅要对行为的后果负责，还要对自己成为怎样的人承担责任，要"勇于成为他自己"。

在存在主义倡导的道德教育中，存在主义反对将道德标准强加给学生，而主张让学生自主选择道德行为和道德标准。有人担忧，如果学生不负责任地随意选择伤害社会其他人利益的行为作为自己的标准，社会将陷入混乱。为了避免这种担忧，存在主义强调自由选择的前提是要对自己的选择负责。自由选择并不代表学生可以随心所欲、为所欲为，因为他们必须为自己的行为后果承担责任。

六、建构主义视野下的学生观

建构主义是心理学和哲学的重要流派，对教育领域产生了深远影响。皮亚杰创立的发生认识论奠定了认知建构主义理论的基础，后经柯尔伯格、奥苏伯尔和维果斯基等人的发展，形成了重要的教育心理学流派。建构主义强调个人经验和情境在人的发展中的重要性，认为知识是主体主动建构的，而非外部灌输。他们主张重视人们已有的经验，在类似真实社会环境中进行学习，强调教育活动要结合学生实际、回归现实生活，调动学生的主动性，使学生主动建构关于世界的认识。

在建构主义引入教学之前，教师处于教学中心地位，发挥主导作用，课堂教学以教师讲解为主要途径，以知识传授为主要目的。学生是被动接受者，被比喻为被动接受知识灌输的容器。然而，在建构主义影响下，学生成为学习的主体，知识的获得依赖于学生的主动建构。因此，教学中开始强调学生对知识的主动探索、尝试，并建构关于客观世界的有意义理解。尽管建构主义遭遇了各种阻力，尤其在教学方式方法上，但很多教师的学生观已经发生了改变。总结来说，建构主义的学生观主要表现在以下几个方面。

（一）学生是学习的主体

建构主义将学生视为学习的主体，强调学生根据已有经验积极地将新内容融入认知结构，主动建构教学意义。教师的角色是组织者、指导者、促进者和帮助者。学生应全面参与，包括行为、情感、心理和思维。教师需创设情境，调整师生和生生关系，营造民主、平等、和谐、宽松的课堂氛围。在这样的环境中，学生的主体意识才能得到培养和发展。

建构主义的学生观认为，若学生不能主动建构，教师的努力将难以达到预期效果。建构主义开发了支架式教学、抛锚式教学、随机通达式教学等强调学生主动性的教学方法。这些方法突显学生在教学过程中的主体地位，教师则扮演组织者和指导者的角色。基于问题学习是建构主义倡导的教学方式，通过实际问题引导学生合作、探索和解决问题，培养学生的求知欲和问题意识。

建构主义强调"在问题解决中学习"，心理学研究也表明，问题是思维的起点和动力。因此，教师应激发学生思维的积极性，培养学生的问题意识，使其在认知活动中意识到难以解决的疑惑问题时产生探究的心理状态。教师需要创设问题情境，鼓励学生多角度、多层面地深入探索问题，以促进对知识的深入理解。教学过程是设疑、质疑、释疑的过程，也是培养学生学会学习、提高创新能力的过程。教师要引导学生从不同角度思考、判断和解决问题，从而在解决问题的过程中学会学习和创新。建构主义理念有助于引导学生进行探究性学习，激发学习兴趣，激活求知欲望，培养创造性思维能力。在发现问题、探索问题及解决问题的过程中，学生能够不断获取和巩固知识。

（二）学生是具有独特个性的个体

建构主义强调学生自己对客观世界的意义建构，认为学生个人的意义建构对学生最有价值。由于不同学生的意义建构可能不同，教师需要将学生视为具有独特个性的个体，而非进行统一标准化假设。

建构主义认为，学习是通过意义建构实现的，意义建构的过程就是理解事物的性质、规律及内在联系。这一过程通过"同化"和"顺应"两种方式实现，均以学生已有的经验为基础。由于学生的已有经验可能不同，同化和顺应所形成的认知结构也可能不同。在教学中，教师与学生之间的经验差异导致对同一问题的理解和解释不尽相同。持建构主义学生观的教师更能接纳学生对同一问题的不同见解，充分尊重学生的意义建构，因为他们将学生视为具有独特个性的个体。

（三）学生是有自己生活世界的人

建构主义要求教师充分认识到学生的生活世界与成人的生活世界不同，将学生视为拥有自己生活世界的人。这样，教师更能理解学生的行为，有针对性地进行引导和教育。

建构主义强调情境性教学，即教学应在与现实情境类似的环境中展开，解决学生生活中遇到的具体问题，将教学内容与学生的实际经验联系起来，帮助学生更好地理解教学内容。情境性教学为学生提供了丰富的经验基础，有利于学生进行同化和顺应的意义建构。但要注意，所创设的情境应是学生的情境，而非成人的情境。教师在进行情境设计时应充分理解学生的生活世界，然后设计与之相符的情境，不能简单地将成人的情境移植到学生的情境教学中。

建构主义提出学生的生活世界，是因为学生的生活世界与成人的生活世界不同，学生无法透彻理解成人的生活世界。教育教学如果脱离学生的生活，过于抽象，让学生感觉陌生，会导致学生觉得学习枯燥无味，产生厌学情绪。从教学的实际效果来看，学生也会觉得学到的知识无所用处，收效甚微。

七、多元智力视野下的学生观

美国哈佛大学心理学家加德纳提出的多元智力理论强调多元性、差异性、创造性和开发性。这一理论将指导教育改革，对教育教学工作产生深远影响，并改变教师的教学观念和对学生的认识。

加德纳认为，智力以组合方式存在，每个人都是具有多种能力组合的个体，而非仅拥有单一的、可以用纸笔测验解答问题能力的个体。他进一步指出，人们的智力是多元的，除了"言语－语言智力"和"逻辑－数理智力"两种基本智力外，还有其他七种智力，包括视觉－空间智力、音乐－节奏智力、身体－运动智力、人际交往智力、自我内省智力、自然观察者智力和存在智力。

除加德纳外，美国心理学家吉尔福德提出的智力结构说包含了 180 种可鉴别的不同智力模式。斯腾伯格提出的"三元智力论"和美国哈佛大学戈尔曼的"情绪智力"等理论也引起了广泛关注。这些理论都认为智力是一种多样化的复杂能力，而多元智力理论在研究广度和教育实践应用上优于其他智力理论。

运用多元智力理论看待学生，应树立多样化的学生观、个性化的学生观、"每个人都能做到自己的最好"的学生观，以及多元化的学生评价观等。

学校里不存在差生，因为每个学生都有自己的优势智力领域、学习类型和方法。全体学生都是具有自己智力特点、学习类型和发展方向的可造就的人才。教育应在全面开发每个人各种智能的基础上，为学生创造多样化的展现智能情境，激发每个人潜在的智能，充分发展每个人的个性，培养不同类型的人才。每个学生都有自己的智力强项，有自己的学习风格。如果教育以最大程度的个别化方式进行，考虑学生的个人强项，教育将产生最大的功效。每个人都能做到自己的最好。多元智力理论注重挖掘学生内在潜力，运用多元智力的教学手段，所有学生都可以实现自己的最好。美国近年来的教育改革体现了这一主导思想：每一个儿童都能学习并且达到学业上应该达到的高标准。多元智力评价方式关注学生在自身基础上的进步与成就，关注学习过程、方式、习惯的培养。多元智力评价为每位学生量身定制未来的教学方案与学习计划，更注重学生学习的过程、方式及学习、研究习惯的培养。多元智力评价在特定的文化环境中考查学生解决问题和创造产品的能力，测试题的设计力求真实，结果也是多元和因人而异的。

八、后现代主义视野下的学生观

后现代主义哲学，包括反中心主义、解构主义和批判理论，为教育改革提供了理论支持。自20世纪70年代末至80年代初，后现代主义成为一股社会思潮，对教育领域的影响兼具正负。尽管对后现代主义的评价不一，但学界普遍认同其特征：推崇去中心化、摒弃单一思维、反对宏大叙事和确定性，强调非理性、差异性和批判性思维，以及提倡多元方法论。学者王治河视后现代主义为一种思维方式，摒弃现代的单一思维，主张开放性和多元性；同时，他认为后现代主义代表了一种生活方式和生活智慧，鼓励人们以新的思维方式来体验生活。

后现代主义对现代主义的反思与批判，对教育研究课题和方法产生了直接影响，促使教育者们深入探讨后现代教育理论问题。不同的后现代教育理论在政治和意识形态方面有各自的立场和观点。马克思主义后现代教育论者，如阿罗诺维茨、吉鲁、多尔、金奇洛、厄舍、爱德华兹、格林、麦克拉伦和韦克斯勒等，他们的研究涵盖了教育理论和研究的多个方面，成为教育理论发展的重要推动力。

后现代主义主要观点有：批判现代主义的二元对立。后现代主义反对现代主义在科学研究中将理性方法和逻辑视为唯一方法论，强调理性与非理性、逻辑与非逻辑的绝对对立。这种二元对立的思维方式实际上是一种非此即彼的话语霸权，后现代主义对这种思维模式进行解构，挑战现代性价值和话语霸权。解构理性主义和主体性。后现代主义质疑理性至上和理性权威，主张理性和非理性都是人性的一部分，应尊重人的非理性存在。同时，提倡多元价值观和研究方法。反对科学主义的普遍性和同一性。后现代主义批判科学主义过分强调研究的科学性和普遍性，认为这种研究范式忽视了教育本身的价值性和差异性，不适合于教育研究。

后现代主义认为，所有知识都是社会建构的，其意义随着时间、地点和人群的变化而变化，因此，后现代主义强调相对主义、特殊主义和情境主义。在教育研究上，后现代主义支持人文主义的研究范式，主张将研究焦点转向主体间的活动和关系，强调文化的地域性和偶发性。后现代主义提倡用"情境性"代替"普遍性"，以语言范式取代意识范式。同时，后现代主义鼓励采用各种研究方法，推崇质性研究，要求教育研究者通过批判性反思，理解教育经验背后的真假意识，并强调对同一教育现象可能有不同的解释方式。

后现代主义视野下的学生观，其观点主要包括以下几方面。

（1）尊重多元，走向对话。后现代主义反对"齐一化"的霸权，强调尊重多元和自由。在后现代思想家看来，真理源于对话，而非一成不变。他们鼓励开放心态的对话，不将自己的观点强加于人。对话也意味着交友，这有助于打破封闭心态，拓宽视野。结交新朋友，意味着人们渴望新奇和未知。

（2）宽容他人，向他者开放。在现代社会，人们几乎总是在与他人互动。

然而，现代个人主义和自大心态导致人们之间建立了无形的隔阂。后现代主义则持有开放的立场，主张倾听各种声音，尊重他人，培养开放的心态。后现代人生鼓励人们以开放的心情去感知、观察和倾听。

（3）关爱他人，追求"踏实的存在"。在后现代人生观中，现代个人主义难以立足。后现代思想家认为，个人从未真正孤立存在，而是始终处于各种关系中，如与他人的关系、与环境的关系和与过去的关系。后现代主张"主体间性"，强调理解他人的"自我"。后现代人追求"踏实的存在"，即与他人保持有机、互补、内在的联系。因此，后现代人生观强调关爱他人。

（4）推崇创新，走创造性人生之路。怀特海强烈反对因循守旧的封闭心态。他早期就批评了盲目追忆希腊文明、不愿进取的观念。后现代思想家认为，"活着就是去创造"，他们最崇尚的是创造性活动、创造性人生和从事创造的英雄。

值得注意的是，现代主义也强调"创造"，但将其视为少数人的特权，特别是天才和艺术家。后现代思想家则试图将创造性归还给民众，认为创造是人的"天性"，激发普通人的创造热情。同时，现代人的创造建立在自我迷恋基础之上，而后现代人不仅具有创造力，还具有责任感。

后现代思想家不满现代人对现实性的迷恋，提倡"可能性"。他们认为"不可能"应该被肯定，因为正是"不可能"开辟了可能性并使之成为可能。

（5）热爱生命，做人性丰赡的人。现代社会培养了众多"理性人"，他们冷漠、缺乏想象力和同情心。虽然受过理性教育，但在面对重大事务时，他们却显得无所适从。后现代主义主张走自己的路，过有意的生活，倡导成为"人性丰赡的人"。这样的人既理性又充满诗意，热爱创新，敢于梦想，同时也脚踏实地。他们富有同情心，充满好奇心，既是挑战外部强权的英雄，也是抵抗自身法西斯的勇士。他们既与他人、社群、自然保持紧密联系，又努力寻求独特的生活风格，勇敢地展现生命之美。

第三节　现代师生关系及其构建

师生关系是教育过程中最基础、关键且复杂的人际关系，是教育大厦的支柱。师生关系的性质和水平对教育活动的效果有重要作用，对学生身心健康产生深远影响。苏霍姆林斯基指出，学校内许多冲突和失败的原因在于教师不善于与学生交往。在当前时代背景下，需要对传统师生关系进行调整，以适应新时代需求。

一、师生关系的内涵和表现形式

对师生关系的内涵理解，既要了解其本质含义，又要了解它的表现形式，其意旨在转变教师的教育观念，形成良好的师生关系。

（一）师生关系的内涵

师生关系是教师与学生通过交往与对话在教育过程中形成的一种特殊社会关系，包括教育关系、心理关系和人际关系等。本质上，教育是教师与学生的合作行为，具有社会属性，因此师生关系是一定社会关系在教育中的体现。不同社会人际关系在教育领域表现为不同的师生关系。师生关系受到社会政治、经济、道德等因素的制约，并围绕实现教育目标产生，受教育规律制约。良好的师生关系是有效进行教育教学活动、完成教育任务的必要条件和重要保障。

（二）师生关系的表现形式

在教育教学过程中，师生之间存在着教育关系、心理关系、人际关系、道德关系、组织关系，以及正式关系和非正式关系等。这里，重点论述教育关系、心理关系、道德关系。

1. 教育关系

教育关系是师生关系的核心，表现为师生为完成教育任务而产生的关系。这种关系基于教育过程，根据教师和学生在教育活动中的不同任务和地位进行解释。通常，教师是促进者、组织者和研究者，学生是参与者、学习者，同时也是学习的主人和自我教育的主体。这种关系由客观条件决定，并在教师和学生的积极活动中体现。教育关系的建立取决于教师的教育水平，受制于专业知识、教育技能和人格力量等。教育关系中，教师和学生的活动都与教育目标相关，体现学校教育工作的任务与特点。这种关系应遵循教育科学规律，体现教育创造艺术，为师生提供发挥主体力量的空间，使双方力量形成有效合力，促使学生和谐发展。

2. 心理关系

师生心理关系是基于认识和情感因素的，贯穿于师生交往全过程的心理交流和互动，包括认知关系和情感关系。

（1）认知关系

师生认知关系的建立遵循认知过程的一般规律。

需要从感性到理性，从现象到本质的转变。交往有助于避免以现象代替本质的认知错位。因此，教师应掌握交往技巧，善于倾听学生意见，关注学生的学习和进步，及时肯定和称赞学生的成绩，为认知关系的建立奠定基础。

情感因素在师生认知过程中有较大参与。师生彼此的好恶态度影响彼此的认识。教师应避免以情代理的现象。

师生认知受到人生观、价值观的影响。教师应加强自身修养，防止对学生的偏见和成见。

师生认知具有相互反馈的特点。教师对学生的正确认知和评价能赢得学生的肯定和理解，形成良性循环的师生关系；反之，则可能导致恶性循环。积极的师生认知关系有助于形成良好的教育氛围和教育合力，提高教育效率。

（2）情感关系

师生情感关系具有其固有特征，表现在教师对学生的情感和学生对教师的情感上。

教师对学生的情感具有社会性、普遍性和稳定性特征，基于对学生的全面了解和认识。教师对学生的爱有三种特性：稳定的爱，对每一个学生的普遍爱，以及具有迁移性。

学生对教师的情感在不同年龄阶段有不同的内容和表现形式，需要在实际交往中形成和发展，以教师表达的积极情感为前提。学生对教师的情感的高度发展表现为对教师的信赖。

良好的师生情感关系可产生积极的教育作用。教师对学生的积极情感可以调控双方行为，教师的热爱既能提升学生的自尊、自爱、自信，也能激发学习积极性，提高学习效率。教师的积极情感使教导具有特殊魅力，使学生乐于受教，产生与教师交往的愿望和行动，并在交往中获得教益。因此，建立良好的情感关系有利于师生正常心理关系的形成，有利于教育目标的顺利完成。

（3）道德关系

师生道德关系是教育过程中，师生双方需履行的道德义务关系。师生关系中包含广泛的道德内容，交往中存在广阔的道德生活领域。在履行道德义务的过程中，师生建立了稳固的道德关系。这种关系有助于学生从交往中理解和掌握道德关系和内容，转化为思想品德的学习动力，推动教育工作的顺利进行。在师生道德关系中，教师起主导作用，道德观、信念、情感、意志、行为对教育具有决定性影响。因此，教师需要具备良好的教育素养，用自身的道德品质、知识才能和高尚的人格特征感染和教育学生，使尊师成为学生的自觉行为。

二、师生关系的历史嬗变

师生关系的形成通常受到社会政治、经济、文化等因素的影响，以及由这些因素所塑造的教师观和学生观。在人类教育发展历史中，师生关系的性质经历了不断的变化，反映出人们努力超越二元对立的思维方式，持续探索教育主体的过程。

（一）以教师为中心的师生关系

这是传统社会典型的师生关系。以教师为中心的师生关系在传统社会中形成，因为知识教学被视为教育的主要活动。在封闭、知识量有限、传播渠道受限的古代社会，教师是知识和社会道德的拥有者，被视为知识的唯一来源，从而确立了在教育中不可动摇的权威地位，而学生则处于绝对服从的地位。近代以来，随着科学知识的不断产生和对世界的不断控制，人们逐渐认为教育的使命是将大量知识迅速传递给学生，教师作为知识的拥有者和传递者，自然成为权威，教学成为教育活动的核心。教师掌控教育过程的一切，学生完全成为被改造的对象、被灌输的容器。学生的独立性、自主性被认为是有害的，导致教学变得僵化、枯燥、乏味。显然，在以教师为中心的传统师生关系中，教师与学生之间是支配与从属、控制与服从、统治与被统治的关系。学生的主体性被忽视，同时教师的主体性也丧失了。

（二）以学生为中心的师生关系

19 世纪末至 20 世纪初，随着社会平等、民主观念的形成和对受教育者在教育中主体地位的认知，传统以教师为中心的师生关系开始受到批判。在世界各国的教育改革中，出现了以儿童、学生为中心的师生关系，即学生成为教育教学活动的核心，他们的兴趣和需求受到尊重，主体性得到发挥。这种师生关系被比作园丁和树苗的关系，教师应如园丁般创造条件，让学生的潜能按照内在固有模式发挥。然而，园丁式的师生关系在现实中走向了另一个极端，教师往往处于从属地位，过分顺应学生自然发展，对学生放任自流，放弃了教师在教育中的积极作用，导致师生关系从一种不平等走向了另一种不平等。

（三）以教师为主导、以学生为主体的师生关系

教师中心和学生中心的师生关系都反映了二元对立的思维方式。针对这种极端倾向，20世纪80年代，我国教育理论界提出了建立教师主导、学生主体的师生关系。认为教师作为社会代表和先行者，在教学中应发挥主导作用。而具有主观能动性的学生是学习活动的主体，在教育活动中双方都不可或缺。后来，有人提出师生互为主客体的关系，即教师既是教学活动的主体，又是学生认识的客体；学生既是教师改造的客体，同时又是自身学习活动的主体，师生双方是主客体的统一。这些学说的价值在于试图打破"教师中心"与"学生中心"的二元对立，在两者之间找到恰当的平衡。然而，这些学说仍未跳出"主客体"的思维模式，仍在认识论的范畴中将师生这两个完整生命之间丰富复杂的交往关系简化为单一的认识性关系。

三、走向交往对话的新型师生关系

随着对传统师生关系的反思与批判，以及现象学、解释学等现代哲学的启示，人们对师生关系的认识逐渐超越了近代的认识论，从主客对立走向了交互主体，试图建立一种新型的师生关系，即教师为教的主体，学生为学的主体，双方以完整的人格参与教学活动，进行观点交流、思想碰撞和情感沟通，实现相互理解和对话，从而共享和共创教育意义。新型师生关系不再是知识教学的附属品和工具，而是教师和学生这两个主体之间全面交流和对话的关系。它实现了教师与学生由过去的"我与他"的关系向"我与你"的关系的转变，促进了教师和学生的共同发展。

学者金生鈜在《超越主客体：对师生关系的阐释》一文中，专门论述了"我与他"和"我与你"的师生关系。在"我与他"的师生关系中，双方只是被观察、被分析的对象，特别是教师对学生进行观察、分析、归类和控制管理，以导出期望的结果，而不是把学生当作面前的"你"进行对话理解；学生把教师看作知识的体现者，只是为了获得确定的知识。师生共同关心的是

学习主体的认识力和知识条件，并不关心学生的精神在成长期的变化。教师的作用就是传授知识，而学生仅仅是被动地接受知识的容器。教师和学生双方都不是作为完整的精神整体而存在。师生间没有真实的精神交流，双方并不是作为活生生的独特的完整的人在教育中发生沟通，并没有形成丰富的人际交流的情感体验。

与"我与他"的师生关系不同，"我与你"的师生关系强调双方真正的平等沟通和理解，双方并不把对方看作是对象，而看作是正在与"我"交谈的人，是一个整体意义上的人，他的情感与理性、直觉与感觉、思想与行动都参与到"我"与"你"的对话中，谁也不是一个主或客体，而是作为个人全身心投入到活动之中。学生通过与教师的"你"相遇而成长，教师通过与学生的对话而教育。教师和通过教师而传达的内容诸如知识、思想、意义、价值等都生动地摆在学生面前，让学生直观地领悟和把握，并进入学生的精神世界。教师把学生作为一个精神整体来肯定、接纳、帮助，使他实现精神和谐完整的发展。

新型师生关系的特点如下。

（1）师生人格平等：新型师生关系承认教师与学生都是教学过程中的主体，具有独立人格价值和尊严，都是有着丰富的内心世界和独特情感表达方式的人，因此，在人格上是完全平等的。

（2）寻求对话的"边缘地带"：教师和学生都力图突破封闭的自我，寻求对话的"边缘地带"，在与他人的对话中，生成新的东西，使彼此变得更丰富和充实。

（3）共同分享、共同建构精神意义：新型师生关系不仅仅是知识教学的关系，更是共同分享、共同建构精神意义的关系。教师以真实、完整的身份对待学生，指导学生理解世界，作出正确的价值判断和选择，建构积极的人生意义。同时，学生也积极地与教师进行对话和交往，实现自身和谐完整的发展。

（4）教学相长：教学相长意味着教师和学生在教学实践中互相促进、共同发展，这是教学的目的、过程和结果。在这种师生关系中，教师在与学生的交往中提高自己的才能，感悟人生乐趣；学生在与教师的真诚对话中，提升自己的学识和境界，享受对话带来的无穷愉悦。

四、师生冲突关系的处理

尽管人们积极追求交往对话的新型师生关系，但由于各种原因，现实中师生之间仍会出现冲突。师生冲突是由于价值观、地位等方面的差异或教育方法、管理制度的不合理，导致双方试图阻止对方以满足自己需求，干扰教育教学互动过程的现象。冲突可以表现为直接公开的言语和行为交锋，也可以是情绪和态度上的紧张或消极状态。教师可能表现出漠不关心、不尽职尽责，而学生可能用消极态度抵制教师要求。这种隐性冲突往往是主要表现形式。由于师生冲突对教育目标的实现产生负面影响，因此在现实中越来越受到关注。面对冲突，师生表现出焦虑、紧张、害怕、气愤或无奈等负面情绪，这些情绪不仅严重影响教师的职业认同感、工作热情，以及学生的学习兴趣和主动性，还直接威胁到师生的心理健康。为使师生关系朝理想方向发展，首先应建立积极的冲突观，然后采取有效策略解决师生冲突。

（一）建立积极的冲突观

教师和学生这两个异质群体间的冲突在所难免。随着教育环境的民主和宽松，教师和学生的主体性与独立性增强，不同甚至对立的观点和意见都有了发表的机会，冲突也更易发生。因此，现实中不存在绝对和谐的师生关系，师生关系总是和谐与冲突并存。和谐师生关系是在不断解决冲突的过程中建立起来的。此外，应全面评价冲突产生的影响。师生冲突不仅有消极的负面影响，适度的冲突对协调人际关系、增强凝聚力、促进组织发展也可起到积极作用。社会冲突理论认为，冲突具有释放敌对情绪的"安全阀"作用，可以促使双方面对问题，寻求解决方法，润滑人际关系，还可以唤醒人们对规则的自觉意识，从而有效地遵从或调整规则。因此，师生冲突有助于缓解紧张情绪，调节心理状态，增进沟通与对话，理解和合作，以及及时发现和解决教育教学中的问题，更新观念，变革管理。面对师生冲突的态度应从过去的回避、害怕转向正视和接纳，并自觉利用冲突，发挥其正向功能，使其成为积极的、建设性的教育资源。

（二）采取一些有效的策略解决师生冲突

适度的师生冲突具有积极作用，但过度冲突会干扰或中断教育教学。因此，应运用一些冲突管理策略来降低师生冲突的频率和程度。美国行为科学家K.托马斯在20世纪70年代设计了"冲突管理二维模式"，提出了五种处理人际冲突的策略：回避、强制、克制、合作和妥协。这些策略具有不同的特点和应用条件，可以根据冲突的性质和情况，采用某种策略或结合使用几种策略，以实现有效控制和解决冲突的目标。

五、良好的现代师生关系的构建策略

优质的师生关系对教学活动有直接影响，也是学生个性发展的关键条件。要建立和发展良好的师生关系，教师是主导因素，其学识水平、道德修养，以及教学态度和方法对师生关系的形成有决定性作用。因此，教师在建立和发展良好的师生关系时，应关注以下几个方面。

（一）确立生命教育理念

学者叶澜曾强调："教育除了社会性，还具有生命性。人的生命是教育的基石，是教育思考的起点。教育是直面人的生命、通过人的生命、为了提高人的生命质量而进行的社会活动，是在以人为本的社会中最能体现生命关怀的事业。"教育的目标在于引导人认识生命的意义，发现生命的价值。因此，学者们呼吁教育要关注人，将学生视为完整的生命个体。

生命教育是一种教育价值取向和理念，即以生命世界观观照教育，努力实现教育向"人"的回归，向生活世界的根本回归，使人的发展成为教育的目的而非手段，试图揭示"人为何生""人何以为生"。它强调教育要丰富学生的精神世界，解放学生的内部力量，发掘学生的生命潜能，提升学生的生命意义与价值，从而使教师和学生充满生命的活力。

生命教育使教师与学生摆脱工具式角色，成为教育中的主体，这为建立"我—你"师生关系提供了根本条件。师生之间不仅是授与受、训与练的机械运作关系，而是在教育过程中相互交往的独立自主的人，各自带着自己的主观意志。正是他们各具特色的个性和发展的多种可能性，使教育过程充满生命活力。

（二）树立正确的学生观

教师应具备正确的学生观、人才观和平等的师生观，将学生视为完整的人，认识到他们的主体性、发展性和独立性。教师不应专制地对待学生，而应调动学生的积极性，创造学习条件，将学习主动权交给学生。根据新型人才观的要求，教师不仅要传授知识，还要培养学生的创新精神、创新能力，以及独立思考和解决问题的能力。每个学生都是独立个体，他们需要自己吸收精神养料，教师无法替代学生阅读、感知和思考。教师必须重视学生的"独立性"，从而考虑到每个学生在自身发展中的独特性和差异性，使师生关系处理更加公平、公正，形成平等友好、关心帮助的师生观。

（三）教育方式多样化

在教育现实中，教师教育方式的问题受到最多的质疑，不适当的教育方式给学生带来的伤害也最大。因此，要构建理想的师生关系，必须改变教育方式，尤其是实现教育方式的多样化。由于学生在各方面存在差异，对一名学生有效的教育方式未必对所有学生都有效。另外，随着学生年龄的增长和知识经验的积累，他们对事物的认识方式也会发生变化。因此，教师需要根据学生的不同特点和年龄阶段，尊重他们的身心特点和发展需求，选择适当的教育方式，以促进学生的全面发展。

近年来，国内外出现了许多新的教育形式，如研究性学习、体验教学、对话教学、理解教学、游戏教学等。这些教育形式的共同特点是让学生成为教育的主体，教师成为学生学习的组织者和合作者，而不仅仅是知识的传授者。对话教学是我国当前新课程改革积极倡导的一种教育形式。对话教学是教育领域对时代精神"对话"的积极回应。教学中的对话主要包括教师与学生的对话、学生之间的对话、学生与文本的对话、学生与自我的对话，以及教师与学生对话延伸的"人一机"对话。实际上，教学的本质就是充满活力和趣味的对话过程，有对话的教学才是真正的教育。对话教学的实施过程真正体现了并深化了"我一你"的师生关系。

（四）尊重与理解学生

在树立正确学生观念的基础上，教师应充分信任学生，尊重和理解学生，主动亲近学生，民主公正地对待学生，并通过自身形象影响学生。师生之间的联系和交往一般经历四个阶段：接触、亲近、共鸣和信赖。初次接触时，师生双方难免感到生疏，学生可能会产生敬畏心理。教师应善于打破这种心理障碍，创造自然和谐的接触氛围。在多次良好接触后，学生觉得教师平易近人，师生之间产生亲近感，进而感情上产生共鸣。有了共鸣，师生之间才会有情感交流，更容易引导学生走向学习和进步的成功之路，使学生信赖教师。最终，师生心灵相通，情感相近，建立起良好的师生关系。

（五）善于与学生沟通

美国心理学家罗杰斯的研究表明，如果教师以真诚的态度对待学生，学生也会向教师敞开心扉，表达自己的感受和观点，从而实现师生之间更深刻的沟通。沟通是教育的基础，也是管理的一种技巧。随着时代的变化，教师应以积极乐观的态度看待学生。教师的角色已不仅是传统的"传道授业解惑"，师生关系正从传统的"垂直型"转变为"垂直与平行相间型"。教师应多花时间深入了解学生，与他们交流，了解他们的需求，表明自己对问题的看法和态度，以赢得学生的认同和理解。教师应鼓励学生大胆发表意见，提出建议，及时采纳正确意见，切实改正自己的失误。在与学生的沟通过程中，教师应学会倾听，从"说话的强者"变为"积极的倾听者"，关注学生的欲望、需求、情感和思想。给予学生充分的思考时间，让课堂成为他们思想之树茁壮成长的地方。

（六）提高教师的素质和修养

教师的职业具有示范性，他们的思想品德、知识才能和情感表现都会对学生产生潜移默化的影响。因此，教师需要不断提升自身修养，以身作则，用高尚的道德情操感染学生，以深厚的专业知识良好的形象赢得学生的尊重和喜爱。

教师需要不断提升自身的道德素质。优秀的道德品行是教师的人格魅力所在。教师与学生相伴的时间很长，他们的言行举止都会对学生产生影响。教师需要时刻注意自身的言行，努力提升道德修养，成为学生的指导者和引路人。

教师需要不断学习，培养多方面的兴趣，扩大知识面，提高处理问题的能力。多才多艺的教师会给学生留下深刻的印象。教师需要提升各种能力和技巧，尽可能地成为多才多艺的人。在科学技术快速发展和知识更新迅速的今天，教师需要加强自身的知识储备和更新，最大限度地丰富自己，更好地与学生沟通，解决学生遇到的问题，从而巩固良好的师生关系。

第六章　现代教育中的教学：
走向创新

　　教学活动是学校教育工作的核心，学校的各项工作都应围绕教学活动展开。随着教育改革的深化和现代教学理念的更新，为了适应时代发展的需求，教学工作必须实现创新。本章内容主要针对现代教育中的教学活动进行深入研究。

第一节　教学与教学理论

一、教学概述

（一）教学的内涵

1. 教学的概念

　　在原始语义上，教学是一个复合词，分别表示教师的"施"和学生的"效"这两种不同的教育活动及其行为。教、学这两个词在我国《尚书·说命》和《礼记·学记》中已有连用，强调教学的重要性。现代意义上的"教学"最早出现在宋代，指的是教师的教授和学生的学习有机结合。

　　国内学者对教学的理解多样，大致可归纳为以下几种。最广义的理解认为一切学习、自学、教育、科研、劳动，甚至生活本身都是教学。这种理解与教育一词的通常含义相近，强调有目的、有领导、经常而全面地影响。狭义的教学是指教育的一部分和基本途径，主要以传授和学习知识技能为主要内容，并对学生的身心产生多方面的影响。这是教学的主要特征。具体的教学是指与一定的时间、地点、条件相关联的教学，这种教学因受社会历史条件的局限和教学活动本身各种要素的特点及其构成方式不同的制约而呈现出不同的表现。

2. 教学与教育、智育、教学的关系

（1）教学与教育

教学与教育存在部分与整体的关系，二者既相互关联，又有所区别。教育涵盖教学，教学是学校进行全面教育的基本途径之一。除了教学，学校还通过课外活动、生产劳动、社会实践等方式对学生进行教育。教学工作是学校教育工作的一部分，是学校教育的核心。学校教育工作除了教学，还包括德育工作、体育工作、后勤工作等。

（2）教学与智育

智育是教育的一个组成部分，其目标是向学生传授系统的科学文化知识和技能，专门培养他们的智力。教学是智育的主要实现方式，但并非唯一途径，智育还需要通过课外活动等方式来实现。教学要完成智育的任务，但智育并非教学的唯一任务，教学还需要完成德育、体育、美育、劳动技术教育等任务。将教学和智育等同起来，容易导致对智育途径和教学功能的狭隘甚至唯一化的片面理解，这在实际工作中已经产生了明显的负面影响。

（3）课程与教学

从教育活动的历史发展来看，教学和课程几乎是同步出现的。课程既是教学活动的内容，也是衡量教学质量和效果的标准。教学是课程的实施过程，是课程展开和实施的途径和活动方式。古今中外，教学和课程都是相互依存的。这里所说的课程与教学的现实状况，主要从课程与教学的实然角度来审视二者的关系。

教育，尤其是学校教育，是由专门机构和专职人员进行的、有目的、有计划、有组织地对受教育者（学生）施加系统影响（即教育内容，也就是课程）的社会实践活动，以促进受教育者身心得到主动的、生动活泼的、全面和谐发展。课程与教学是学校教育活动最核心、最重要的组成部分，包括教育内容、教育者（教师）的教和受教育者（学生）的学。

学校系统及其教育活动的运行表明了课程与教学的关系。从教育主体角度看，在课程与教学的运行过程中，师生既是课程的主体又是教学的主体，因此成为课程论与教学论共同研究的对象和领域。从教育管理角度看，课程、教学、师生都是学校管理的对象和学校管理学研究的主要内容。

可以说，教学是课程实施的主要方式。在学校教育系统中，课程和教学同等重要，各自具有不可替代的价值。随着对课程与教学的深入研究，以及我国基础教育课程改革的推进，人们已经意识到课程改革离不开教学改革，开展课程改革必须同时进行教学改革。因此，课程与教学的整合已经成为一种趋势。

（二）教学的基本任务

教育工作者应首先要明确教学的任务，主要包括以下几个方面。

确保学生系统掌握适应终身学习的基础知识和基本技能。这是教学的首要任务，也是实现其他教学任务的基础。基础知识和基本技能是密切相关的，相互促进的。

发展学生的智力和体力，培养学生的能力，教会学生学习。这是教学的重要任务，也是当代教学论关注的问题。智力、体力和能力的发展是学生顺利进行学习的必要条件。

培养并形成学生良好的思想品德和正确的世界观、人生观、价值观。这体现了社会主义学校教育的性质和方向，对学生一生具有积极而深刻的影响。

培养学生健康的审美情趣和优良的个性心理品质。这可以使学生在全面发展的基础上，成为知、情、意、行完善发展的人。

总之，教学任务涵盖了知识、技能、智力、体力、能力、情感、态度和价值观等多个方面，旨在促进学生全面发展。

（三）教学的作用

教学是一种复杂的社会现象和实践活动，具有多方面的作用，具体表现在以下几个方面。

1. 教学对社会的作用

通常情况下，教学对社会发展具有积极的促进作用。从教学活动的本质来看，教学活动是一种社会现象，它隶属于整个社会活动，并需满足社会发展的需求。教学作为教育活动的重要形式，能够提高社会生产力发展水平，丰富人们的精神文化生活。从教学内容来看，教学是解决个体经验与人类社会历史经验之间矛盾的有效手段。为了社会的延续和发展，新一代需要继承和创造人类知识。然而，由于知识、能力和时间的限制，个体无法亲自获取所有知识，因此，主要通过接受间接经验来获取知识，而教学是传递间接经验最有效、最经济的方式。因此，教学肩负着社会历史发展的重任，对社会发展起着重要作用。

2. 教学对个体发展的作用

通常情况下，教学对个体全面发展具有积极的促进作用。教学使学校教育能够突破时间和空间的限制，扩大学生的认识范围，加速他们的认识进程。教学不仅是传授知识、培养能力、发展智力的活动，还是推动和协调学生德、智、体、美、劳全面发展的活动。因此，教学对个体发展具有重大促进作用，它为个体的全面发展提供了科学的基础、机会和形式，使他们的全面发展在统一的活动过程中得以实现。

3. 教学是把社会与个人联系起来的重要纽带

为了人类社会的延续和发展，必须将人类社会历史经验转化为个体经验。

然而，个体往往难以掌握人类社会历史经验，无法满足社会需求，或者社会可能脱离个体发展，从而阻碍社会的长足发展。教学主要解决个体经验与人类社会历史经验之间的矛盾。因此，教育家的评价是，教师工作的伟大之处在于，它是过去和未来的纽带，是历史美好与新时代的中介，是曾为真理和幸福奋斗的人们的神圣遗言的守护者，以及在与愚昧和恶行斗争的伟大机构中，充满活力的活跃分子。

4. 教学在教育体系中的核心作用

教学在教育体系中占据核心地位，既是教育的主体，又是基本形式。从我国教育发展历程来看，只有将教学作为学校工作的中心，教育才能正常发展，青年一代的身心才能健康发展。否则，学生发展会受到影响，教育事业可能遭受挫折。然而，以教学为主并不代表教学是学校教育的唯一形式，教育还需借助其他形式，如课外活动、生产劳动、社会实践等，以体现和实现教学的作用。

（四）教学的原则

通常而言，教学应遵循以下几点原则。

1. 科学性与思想性统一的原则

科学性与思想性统一的原则要求教学既需传授科学知识，确保教学的科学性，又需结合科学知识教学，培养学生的思想品德、正确人生观和科学世界观。

确保教学的科学性。科学性是教学的基础前提，也是整个教学过程的基本要求。无论是知识教育还是思想教育，都需建立在教学的科学性基础之上。

挖掘教材内在的科学性和思想性。教学中的科学性、思想性主要通过教材的讲授和学习来体现。各学科的性质和内容各异，应根据各自特点进行知识教学和思想教育。深入挖掘教材内在的思想性，结合实际、有针对性地进行思想教育，可感染学生，达到潜移默化的教育效果。

注意科学性与思想性的自然结合。在知识教学中，思想品德教育应尽量自然、随意，避免让学生感觉教师有意将其作为教育对象。同时，教师应避免生硬地说教，否则将适得其反。

教师需不断提高专业水平和思想修养。教学中，思想品德教育依赖真理力量和人格力量。若教师科学文化水平低下、思想修养不足，将缺乏进行思想品德教育的基本素质和权威性。此外，教师还需注意以身作则、言传身教。

2. 直观性原则

直观性原则指在教学中通过实物、直观教具和现代化教学技术手段，充分调动学生的多种感官活动，丰富感性认识，为正确理解书本知识和发展认识能力创造条件。

根据教学目标、内容和学生的年龄特征，正确选用直观教学手段。直观本身并非目的，需根据需求选用。

注意直观教具的典型性、代表性，符合教学要求，有助于学生形成清晰的表象。在制作或改进直观教具时，需放大所需感知的部分，突出观察部分和内容，在动态中展示事物的运动、变化。

将直观手段与语言讲解相结合。教学中的直观不应让学生自发观看，而需通过教师的讲述、讲解，以及提出观察目的和对象的主要部分，引导学生观察和思考，促进全面深刻地理解理论知识，发展智力和能力。

重视运用语言直观。教师运用生动形象、富有感染力的语言，并借助手势、音调、表情等进行形象描述，唤起学生对事物表象的重视并按描述进行组合，形成新的表象的直观手段。语言直观不受时间、地点和教学设备等条件限制，可随时帮助学生实现感性认识向理性认识的转化。随着学生年龄增长、年级升高，教师更应重视应用语言直观进行教学。

3. 启发性原则

启发性原则要求教师在教学过程中善于启发诱导，调动学生的自觉性和积极性，引导学生独立思考，积极探索，全面掌握知识，提高问题分析和解决能力。

激发学生学习的主动性。教师应提出具有启发性的问题，指出知识的价值，激发学生对知识的兴趣，培养对真知的探索和追求，加强学习目的教育，培养社会责任感和积极学习态度。

启发积极思考，指导学习方法。关键是使学生的思维活跃并向纵深发展。教师需提出精练、富有启发性的问题，给予学生思考时间，因势利导，深入学生的认识；指导学生理解学习过程，教授思维方法，培养思考能力；引导学生亲自观察、动手操作，在多种教学实践中培养积极思考和独立解决问题的能力。

发扬教学民主。建立民主平等的师生关系，创造和谐的教学氛围，鼓励发表不同见解，允许学生向教师提问。良好的师生关系能产生良好的心理效应，使学生充分发挥聪明才智。

4. 巩固性原则

巩固性原则要求教学引导学生在理解基础上牢固掌握所学知识和技能，持久记忆，并根据需要准确及时地再现和运用。实施巩固性原则需注意以下几点。

讲授清晰明了，确保学生听懂学会，内容条理清晰、逻辑严谨、重点突出、生动形象。同时，调动学生积极性，集中注意力，深入思考，掌握教材基本结构，将新知识纳入已有知识体系。

组织好复习和练习。通过复习和练习，使知识进一步条理化、系统化，强化所学知识，在运用和练习中加深记忆，这是巩固知识技能和克服遗忘的重要方法。

指导学生掌握科学记忆方法，增强记忆信心。遵循心理学研究揭示的记忆规律，教授科学记忆方法，为学生创造记忆客观条件，结合教学环节，加强情绪在记忆中的作用，避免因失去记忆信心而导致遗憾。

5. 理论联系实际原则

理论联系实际原则要求教学以学习基础知识为主导，密切联系实际，丰富学生的感性认识，促进对知识的理解，运用知识分析问题和解决问题，实现学以致用。实际包括学生已有知识、科学最新成就、社会生产与变革需求、学生思想实际、生活实际等，而"理论"主要指书本知识。实施该原则需注意以下几点。

书本知识教学要联系实际。教学需指导学生认真学习书本上系统的科学知识，并联系实际进行讲授，包括学生实际、科学知识在实践中的应用、当代最新科学成就等，使教学生动活泼，帮助学生理解和吸收知识。

重视培养学生运用知识能力。结合理论知识学习，让学生接触实际和参加必要实践，有利于加强理论学习，通过实践锻炼学生实践本领，培养具体问题分析和解决能力，以及勇于实践的精神和综合运用知识能力。

补充必要的乡土教材。加强学校与地方社会联系，为地方经济和社会发展服务。学校教材应适当反映地方实际情况，使学生掌握为地方经济和社会发展服务的实际知识和本领。

6. 循序渐进原则

循序渐进原则，又称系统性原则，要求教学按照学科逻辑系统和学生认识发展顺序进行，使学生掌握系统的基础知识和基本技能，形成严密的逻辑思维能力。实施循序渐进原则需注意以下几点。

严格按教学大纲和教科书的系统性组织教学内容。这有利于学生掌握学科基本结构，从而掌握学科基本内容，促进记忆和学习迁移。教师不能随意增删教学内容，注意新旧知识衔接，使教学活动系统连贯。

教学内容呈现和讲解要符合学生认识特点，抓住主要矛盾，解决重点和难点教学。循序渐进不是要求面面俱到、平均使用力量，而是要区分主次，分清难易，有详有略，有快有慢地进行。教学中要把较多精力和时间放在重点上，围绕重点进行启发诱导，开展对话、讨论，进行作业和评议，保证学生正确掌握知识和技能。对于非重点和非难点内容，可以快讲、少讲或指导学生自学，但不应完全不讲，否则会影响教学内容的系统性，对以后学习产生不利影响。

7. 因材施教原则

因材施教原则要求教师从学生实际情况和个别差异出发，有针对性地进行差异化教学，使每个学生都能发挥优势、避免劣势，获得最佳发展。实施因材施教原则需注意以下几点。

针对学生特点进行差异化教学。了解学生个别特点是因材施教的基础。教师应了解学生在德智体各方面的发展特点，学科学习状况与成绩，兴趣、爱好，以及不足之处，然后有目的地因材施教。如对反应迟钝的学生，要激励他们积极思考，勇于回答问题和争辩；对能力较强但态度马虎的学生，要给予难度较大的作业，并严格要求精益求精；对语言表述缺乏条理的学生，要多让他们在课堂上作复述和发言，以克服不足；对注意力不集中、学习不专心的学生，要多暗示、提醒、提问，培养自控能力；对视觉、听觉不好的学生，要加强个别辅导，给能力强者增加课业，对困难者给予特殊帮助或补课。

采取有效措施充分发展有才能的学生。现行班级授课难以照顾到学生特点，使许多学生才能发展受限。现代科技发展和国际竞争要求学校注重培养有特殊才能的人。因此，现代教学要重视采用特殊措施或制度，如对有特殊才能的学生请相关学科教师或校外专家进行特殊指导和培养，参加课外小组、校外活动和竞赛；在有条件的学校试行按能力分班教学，开设选修课照顾学生兴趣与爱好；允许成绩优异的学生跳级，使才能获得充分发展。

二、教学理论

（一）教学理论的发展

教学理论是研究教学情境中教师引导学生学习行为的一门科学，旨在构建普遍性解释框架，提供一般性规定或处方，指导课堂实践。教学理论关注"如何教"的问题，与学习理论相互补充。教学由教师的教和学生的学构成，两者既相互关联又相互独立。学习理论和教学理论都是教育科学的重要组成部分，缺一不可。教学理论需建立在学习理论之上，并涉及教学程序和技术。

西方文献中，德国教育家拉特克和捷克教育家夸美纽斯最早使用"教学论"一词，将其理解为"教学的艺术"。然而，在现代社会对教学的释义中，夸美纽斯时代的"教学"与"教育"概念是通用的。因此，《大教学论》是最早的一部教育学著作。

赫尔巴特的教育学体系以实践哲学和心理学为理论基础，提出教育学作为一种科学，以实践哲学和心理学为基础。他构建了教学理论体系，提出了教学四阶段论：明了、联系、系统、方法。赫尔巴特学派的教学理论在世界各地的传播和继续发展，主要沿着哲学取向和心理学取向两条线。

赫尔巴特学说在 20 世纪初传入我国，对我国教学理论影响最深的是赫尔巴特学派教学理论的"苏联版"。然而，自 20 世纪 50 年代中期开始，我国开始探索教育学的"中国化问题"，引进国外教学理论，总结我国传统教学经验，试图创建反映中国特色的教学理论体系。自 20 世纪 90 年代以来，我国教学理论研究取得了长足进步，为当前全面开展的课程改革奠定了基础。

（二）主要的教学理论

教学理论发展主要遵循哲学和心理学两种取向，各种现代教学理论流派可视为这两大取向的产物。具体来说，目前主要的教学理论流派包括以下几种。

1. 哲学取向的教学理论

哲学取向的教学理论关注教学目的与手段，即教育对人的价值及实现价值所需方式和教学内容。它采用哲学思辨和理论体系构建的研究方法。苏联和我国的教学理论主要属于这一流派。

哲学取向的教学理论建立在知识—道德本位的目的观基础之上，源于苏格拉底的"知识即美德"认识传统。赫尔巴特主张教育目的在于培养学生的五种道德观念：内心自由、完善、仁慈、正义和公平，强调通过传授知识实现这些道德观念。我国教育目标规定也基本反映了知识道德本位的目的观。

此外，这种教学理论强调严格的教学阶段，以书本知识为主，学科课程在课程建设中居主导地位，依据学科自身逻辑体系安排课程结构和教材体系，特别强调教材的系统性。哲学取向的教学理论主要采用讲授法，以讲授间接经验为主，并提供讲述、讲解和讲演等讲授法的不同实现方式。

2. 行为主义的教学理论

行为主义教学理论以行为心理学为基础，认为学习是"刺激—反应"之间联系的加强，教学艺术在于安排强化。教学目标应使用描述外在行为的术语，如"陈述""证明"，而非描述内在心理状态的术语，如"领悟""体会"。教学目标需细致分类，澄清每类知识、技能的习得条件，并按难度层级排列，依次教给学生。行为主义教学理论以斯金纳的程序教学理论为代表。

斯金纳主张教学目的在于提供特定刺激，引起学生特定反应，强调教学目标具体、精确。他强调教学过程是相互的，学生的行为受行为结果影响，必须形成强化性的相互关系。因此，斯金纳设计了程序教学法，包括直线式和分支式两种形式。

行为主义教学理论有助于分析教学情境，设计教学进度，采用强化措施调动学生学习积极性，提高知识获得速度。然而，行为主义将人视为消极被动、完全受环境制约的有机体，忽视学生心理过程，过分强调外部控制作用，简化、机械化人的学习，可能导致学生被动、机械地接受学习。

3. 认知教学理论

认知教学理论立足于认知心理学，认为学习的基础是学习者内部心理结构的形成和改组，教学就是促进这种心理结构的形成或改组。心理结构是指学习者知觉或概括自然和人类社会的方式。布鲁纳的结构主义教学理论是这种观点的典型代表。

布鲁纳强调教材结构设计的重要性，认为要促进儿童的智慧和知识成长，就要关注"教什么"的问题。他主张教材编写要重视内容范围和结构体系。为了帮助学生更好地掌握教材结构，布鲁纳提倡使用发现法，即学生通过教师提供的按发现过程编制的教材或材料进行"再发现"，以掌握知识和发展创造性思维与发现能力。发现法的特点包括：强调学习过程，注重探索解决问题的策略，学生是积极的探究者；强调直觉思维，教师帮助学生形成丰富的想象，防止过早语言化；强调信息提取，学生主动寻觅解决问题的途径，抽取有用信息，组织信息，直到问题解决；强调内在动机，将学生的外在动机转化为内在动机，激发学生对学习内容的好奇心。

为促进学生的发现学习，布鲁纳建议教师按以下步骤进行教学：呈现有趣的问题；让学生体验问题的不确定性，激发探究；提供解决问题的各种假设；协助学生收集和组织相关资料；组织学生审查资料，得出结论；引导学生用分析思维验证结论，解决问题。

4. 人本主义教学理论

人本主义教学理论以人本主义心理学为基础，主张教学过程是促进学生成为完善人的过程。美国心理学家罗杰斯的非指导性教学理论是这一流派的典型代表。他认为，非指导性教学是一种以学生为中心、以情感为基调、教师作为促进者、学生自我发起的教学模式。这种教学理论有四个特征。

（1）依赖个体成长、健康与适应的内驱力。

（2）强调情感因素和情境的情感方面，关注学生情感并直接进入学生的情感世界。

（3）重视学生此时此刻的情形，而非过去的经验。

（4）教学是促进学生经验生长的人际接触和人际关系过程。

罗杰斯将教师称为"促进者"，其在教学过程中的作用表现为四个方面。

（1）帮助学生明确学习目标。

（2）协助学生安排适当的学习活动和材料。

（3）帮助学生发现所学内容的个人意义。

（4）营造有利于学习过程的心理氛围。

罗杰斯关于将教师定位为学习"促进者"的思想，对我国教师处理师生关系具有指导价值。

5. 建构主义教学理论

建构主义教学理论基于建构主义思想，主张将学习置于真实、复杂的情境中，以适应不同问题情境，在实际生活中实现广泛迁移。教学应遵循以下原则，支持学生解决重要任务或问题、主动解决问题、引导学生提出问题、设计真实的学习任务、反映环境复杂性的任务和学习环境、鼓励多元思考、提供反思学习内容和过程的机会。建构主义教学过程包括创设情境、确定问题、自主学习和合作学习、效果评价等环节。

根据建构主义教学理论，教师、学生和教材的角色发生了重大变化。教师成为教学过程的组织者、指导者、意义建构的帮助者和促进者；学生成为具有一定学习能力的、知识意义的主动建构者；教材只是学生建构意义的对象之一。

建构主义者试图将知识的建构性和生成性、学习的情境性和社会性、学生的自主性、教师的主导性等特征统一起来，反映了学习理论和教学理论相互补充、融合的趋势。然而，建构主义过于强调知识的主观性和生成性，对讲授式教学和接受学习的拒斥态度有待商榷。

第二节　教学理念的更新

　　培养具有创新意识的新一代，需要教师持续更新教学理念。创新基础上的教学改革离不开现代教学理念的支撑和教师对教学内容的深刻反思与全新理解。因此，更新教师的教学理念是实施教学改革的前提。只有摆脱传统思维束缚，树立适应教学改革的教学理念，才能实现教育质量和效益的要求。当前，我国教学理论更新表现为：关注学生生活实际，重视学生主体性发展，强调学生成功体验。

一、注重联系学生生活实际

　　学校教育中，课堂教学与生活密切相关。一方面，生活是课堂教学的起点和归宿，学生带着自己的生活经历、认识、看法和态度进入课堂。课堂教学应扎根于学生的现实生活世界。另一方面，课堂教学是一种特殊的生活形态，它基于历史和现实，指向个体未来。课堂教学应超越现实生活，起到净化、指导和提升的作用，为学生构建更完满的可能生活服务。

　　"课堂教学与生活的关系"在学校教育中主要表现为：课堂教学是师生生活过程的一部分，是个体生命历程的不可分割部分；生活中蕴含丰富的教育因素，学生的校内外生活是课程资源开发的重要领域；课堂教学必须密切联系学生的生活。"课堂教学与生活"这一命题也表明课堂教学应超越学生的生活。

　　因此，课堂教学是一种基于学生现实生活的特殊生活实践过程，旨在提升个体生活质量和生命价值。课堂教学应关注学生的学习兴趣和经验，精选终身学习必备的基础知识和技能。为促进学生生动活泼、主动发展，课堂教学应努力加强与学生现实生活世界的联系，建构丰富、完满的精神生活和精神世界。课堂教学只有真正关注现实生活世界中的学生，才会具有生命的活力，以及生活的价值与意义。

（一）关注学生的直接经验

学生的认识方式有两种：一是以课堂和书本为中心的间接认识；二是以经验和活动为中心的直接认识。关于课堂教学应以直接经验还是间接经验为主的问题，历史上出现过形式教育与实质教育、传统教育与现代教育的争论。实质教育和传统教育主张以书本、课堂和教师为中心，注重知识的积累和系统化；形式教育和现代教育则认为课堂教学应以直接经验、实践活动和学生为中心，重视实践、探究和发现对儿童发展的重要作用。

在我国传统课堂教学中，大多强调学生以间接经验为主，导致学生的现实生活世界被忽视。虽然传统课堂教学也强调学习间接经验需要以学生的直接经验为基础，但直接经验被视为学习间接经验的手段和工具，处于次要地位。实际上，学生的直接经验和现实生活世界对于丰富、加深个体认识，以及促进身心健康发展具有重要价值和作用。课堂教学中，书本世界与生活世界、直接经验与间接经验同等重要，应充分认识学生的现实生活世界和直接经验对身心发展的重要作用和价值，加强书本世界与生活世界的联系，发挥现实生活世界和直接经验对身心发展的积极、独特作用。

（二）联系学生的现实生活

学生的现实生活是课堂教学的根基。课堂教学作为一种特殊的实践过程，旨在提升学生的生活质量和生命价值，必须关注学生的现实生活，改善他们的当前生存状态和生活质量。

在传统"认知主义"教育思想影响下，课堂教学目标多被定位为"为将来生活做准备"。然而，这种观念使学生难以体验到真正的童年生活和乐趣。行动主义代表杜威批评了这种观念，强调教育应与学生的现实生活相联系，重视现实生活的内在价值和意义。这一观点对于我国课堂教学具有指导意义。

课堂教学联系学生的现实生活，可以缩短学生与学习内容之间的距离，激发学习兴趣和情感，增强学习的独立自主性。因此，课堂教学应加强与学生的现实生活和已有经验的联系，让学生深刻理解所学内容的生活意义和社会意义。关注学生的现实生活，实质上是关注每个学生每天的健康成长，帮助他们过好每一天。课堂教学必须关注学生的现实生活世界，改善他们的当前生存状态和生活质量，让他们感受到现实生活的美好和快乐，认识到课堂教学是他们特殊的生存和生活方式，是现实生活的重要组成部分。从而激发他们在课堂教学中的主动创造精神和开拓意识，培养对生活的热爱，引导他们积极地创造并享受当下的生活。

（三）建构完满的可能生活

教学活动不仅为未来生活做准备，也具有对学生现实生活的导向性价值和作用。课堂教学源于现实生活，但又超越现实生活。作为一种为未来培养人的社会实践活动，课堂教学必然超越学生的现实生活，为他们构建更充实、美好的可能生活，引导他们走向更有意义、价值、完满和符合人性的生活。可能生活是比现实生活更完满、具有生命价值和人生意义的生活方式。因此，关注学生的现实生活世界，应包括联系学生的现实生活和构建学生完满的可能生活这两个不可分割的方面。

在课堂教学中，处理学生的现实生活与可能生活之间的关系，首先应从学生的现实生活出发，增强课堂教学的趣味性，让学生在课堂中体验快乐和幸福。同时，引导学生在现实生活中去感悟和追求更完满的可能生活，将可能生活的要求转化为学生的需要和兴趣，使儿童的现实生活具有明确的未来定向，实现现实生活与可能生活的有机结合与统一。因此，在课堂教学中，学生的现实生活是出发点，可能生活是追求的理想和目标。课堂教学是一个不断引导学生构建可能生活的生成过程。

二、关注学生主体性发展

人的主体性是最根本的本质属性，发展人就要发展这一属性。教育的本质功能是发展人、完善人，因此，教育的根本目的是培养学生的主体性。自

20 世纪 80 年代起，教育界开始重视主体和主体性这些富有内涵的概念，并更加关注学生的主体性发展。

（一）学生主体性的内涵

作为一种有目的、有计划、有组织的社会实践活动，教学活动的基本功能是将人类积累的科学文化知识和精神财富转化为学生的智慧、才能和品德，促使他们在德智体美等方面全面发展，成为具有创新精神和实践能力的高素质人才。在这个过程中，教师发挥主导作用，因为他们代表一定社会的要求，受过专门训练，具有专门的文化科学知识和思想道德素养，拥有较高的教学技能和技巧。然而，教师的主导作用是有条件的。教师的主导作用需要学生独立思考、选择与运用才能转化为他们的智慧和才能；教师的主导作用必须适应学生的身心发展水平和规律。只有这样，教学活动中学生的主体性才能得到充分调动。学生的主体性是指在课堂教学中，学生在教师引导下处理与外部客观世界的关系时所表现出的功能特征，具体包括选择性、自主性、能动性和创造性。

1. 选择性

学生在课堂教学中的选择性主要表现在对学习对象（客体）的选择上。学生的学习过程实际上是一连串的选择活动，从学习目标、学习方式到学习手段，无一不是选择的结果。在学习过程中，学生会选择自认为最有意义的内容作为学习对象，选择最有价值的学习对象的某一方面作为主攻方向。同时，学生对外界信息的接收、加工、整合和改造也都是有选择的。学生的选择正确与否，对学生的身心发展具有重要影响。明智的选择能帮助学生洞察学习内容的真、善、美，而愚蠢的选择则可能使学生误入歧途。因此，课堂教学中的选择应满足学生的认识和实践能力，满足学生个人的主体需要和兴趣。如果课堂教学的内容、方法超出学生的认识和实践能力，或不能满足学生个人的主体需要和兴趣，那么学生可能会在课堂教学中削弱甚至丧失自己的主体地位和主体性，导致课堂教学失败。

2. 自主性

自主性是指在一定条件下，个人对自己的活动具有支配和控制的权利和能力。人虽然在自然界和外部感性世界中具有一定的依赖性，但并非消极地依赖这些恩赐来保证生存和发展，而是在意识到依赖性的前提下，主动改变世界，使自己在与自然界、外部感性世界的必然联系中处于主体地位。这种自主性是对依赖性的扬弃，只有成为自主的人，才会有主体性。

学生在教学活动中的自主性主要表现在以下两点：一是具有独立的主体意识，明确学习目标，积极学习，独立感知和理解教材，并运用于实践；二是将自己视为教学对象，对学习活动进行自我支配、自我调节和控制，发挥自身潜力，主动认识、学习和接受教育影响，积极向老师质疑、请教，以实现预期的学习目标。

学生的自主性要求教师深入了解和研究学生，采用适当的教学方式和手段，最大限度地挖掘他们的认识和发展潜能，为学生自主性的发挥创造条件和机会，促进学生主动学习和主动发展。在教学中，必须处理好"知识分类"与"学生分层"的问题，根据学生的差异给予点拨、引导，不断提高学生的自主性。

3. 能动性

能动性是指主体自觉、积极、主动地认识客体和改造客体的认识和实践活动。人作为主体要自主地驾驭自己与自然界、外部感性世界的关系，并非易事，因为自然界、外部感性世界不会自动满足人。为了达到自主掌握自然界、外部感性世界的目的，人必须发挥能动性，克服达成目的的障碍。这种能动性是主体对受动性的扬弃。学生在教学活动中的能动性是在与外界（包括课堂教学）的相互作用中形成和发展的。

学生在教学活动中的能动性表现为：一是根据学校教育要求积极参与教学活动，将其作为未来学习的努力方向；二是以已有知识经验、认知结构主动同化外界教育影响，实现新旧知识的新组合，从而建构和改造主体结构。学生的经验、知识、需要、动机、兴趣、情感、意志等因素都会影响能动性的强弱。教师在教学活动中应为学生提供更多学习机会，创设多样化教学情境，激发学生的需要、动机、兴趣等，从而培养学生的能动性。

4. 创造性

个体的创造性有两层含义：一是超越外在事物，通过变革和改造旧事物，创造新颖、独特的新事物，与改革、发明、发现相联系；二是超越自身，在改造客观世界的同时，也改造自身，实现"旧我"向"新我"的转变。

创造性是衡量个体主体性品质的尺度，也是社会文明程度的标志。在现代社会中，创新和超越已成为人的生命活动的最高需求。社会生活的复杂、活跃和多变要求人们保持创新精神，以巩固和发展主体地位。

在教学活动中，学生的创造性主要表现在以下几个方面：一是具有创新意识，如好奇心、幻想和联想，喜欢发表新见解，希望变化；二是具有创造性思维和能力，如思考问题的方法新颖奇妙，善于从多方面、多角度解决问题，灵活运用学过的知识，善于总结学习方法，遇到困难问题善于分析、综合和概括，善于直觉思维，借助于具体形象解决问题；三是具有动手实践能力，如善于解决日常生活和课堂教学中遇到的实际问题，有自己的小制作、小设计和小发明，积极参加并组织创新性竞赛活动和游戏，表现出很强的动手能力。

学生的主体性就是学生在课堂教学中表现出来的选择性、自主性、能动性和创造性，这些特征是学生主体的最本质、最主要的特征。此外，学生作为课堂教学的对象和成长中的个体，还具有受动性、依附性和模仿性等特征。

（二）学生主体性的培养

培养学生主体性需要开展主体性教学。主体性教学是教育者根据社会发展需要和教学现代化要求，引导学生内在心理需求，创设和谐、宽松、民主的课堂教学环境，有目的、有计划地组织、规范各种教学活动，培养学生自主、能动、创造性地进行认识活动和实践活动的能力。具体应从以下几个方面入手。

树立主体意识，优化课堂教学环境。教师需鼓励学生主动参与、合作学习，还学生学习的主动权，拓展学生的发展空间，引导学生挖掘自己的创造潜能，建立相互接纳、相互理解的友好人际关系。

树立创造意识，形成个性化教学。教师在新教学理念的指导下，需具备创新精神，探索以培养人的创新精神和实践能力为价值取向的教育模式。这包括创造性使用教材，采用多种教学组织形式，引导学生主动学习，以及教师角色由知识传递者转变为学生学习的促进者。

提升学生的主体能力。个体能力的提高与发展对于他们参与认识、改造自然和社会至关重要。学生的主体能力是指他们能够主动地驾驭外部世界对其自身发展的影响，从而不断发展主体性品质的能力。学生主体能力的发展水平取决于他们对外部世界、自身，以及二者关系的认识和把握程度，这需要他们积极地汲取前人积累的文化知识经验，主动地在对象性活动中发展和提高。学生的主体能力发展水平越高，他们就越能充分利用外部条件发展自身，从而发展自己的主体性品质。

培养学生的主体性人格。人的主体性品质的发展实质上是指人的各种能力和力量的综合发展，包括理性因素和非理性因素。在课堂教学中，我们不仅要培养学生的理性能力，还要重视培养他们的情感、意志、灵感、信念、直觉等非理性因素，即培养学生的主体性人格。为此，需要创设一种轻松、民主、自由的课堂教学环境，运用情理交融的教学方法，使学生在接受知识和发展智力的过程中，逐步培养出独立、完满的主体性人格。

三、注重学生对成功的体验

在传统课堂教学中，教师通常只以学习成绩作为评价学生的唯一标准，往往关注学生的缺点和不足，忽视他们通过努力取得的发展和进步。这导致对学生批评和否定较多，表扬和鼓励较少，使大多数学生成为学习的"失败者"。这种情况使得一部分学生自我效能感差、自卑心理严重、自信心不足，甚至自暴自弃等。现代教育更注重让学生体验成功，这对于教育改革具有重要意义。

（一）体验成功有利于学生身心发展

心理学研究发现，成功的体验是塑造青少年自尊心的关键因素，对个体心理发展产生重要影响。强化理论认为，当学生在学习中因成功而得到强化，如获得好成绩、受到老师和家长的表扬等，他们往往具有较强的学习动机。

社会学研究表明，成功对实现个体社会化具有积极意义。社会互动理论的"成功命题"认为，一个人的某种行动若经常得到报酬，这个人就更愿意从事该活动。

因此，成功的体验对个体的身心发展具有重要作用。从哲学角度看，追求成功是人的本性，成功意味着人的本质力量的确证；从心理学角度看，成功有助于个体形成积极的自我意识和效能感、较强的学习动机和自信心；从社会学角度看，成功可以促进个体形成良好的社会互动，推动个体的社会化过程。

（二）体验成功使当代国外课堂教学改革得到推进

在课堂教学中，利用成功的积极体验来推动学生的学习，并使学生获得精神满足和享受，这在很大程度上推动了当代国外课堂教学改革。

苏联教育家苏霍姆林斯基和巴班斯基都认为，让学生体验到克服困难后的满足感，以及创设一些特殊的成功情境，可以培养学生的求知欲和积极性。合作教育学也强调，即使在能力最差的学生也应该让他们感受到成功的欢乐，避免他们产生否定性的自我认识。

在美国，教育学者格拉塞提出了"没有失败的教育"的理念，即在课堂教学中，不要让学生成为"失败者"，而应该鼓励他们认识到"你虽未成功，但亦未失败"。

在英国，教育观念也发生了变化，从关注学业失败和差生转向关注学业成功和优等生。1993 年，英国全国教育委员会的报告《学会成功——今日教育之根本观点和未来战略》提出，21 世纪英国教育的中心任务是让所有儿童从小就掌握取得成功的能力并永远成功，为此要培养他们的学习技巧、学习愿望和自信心。

（三）体验成功有利于当代课堂教学改革任务的实现

在课堂教学中，适度的挫折和失败对学生发展具有积极作用。然而，频繁、过度的学业失败会导致学生产生"失败者"心态，对课堂教学失去兴趣，对自己的学习缺乏信心，甚至出现厌学、逃学现象。因此，当代课堂教学应积极创设条件，帮助学生体验学习上的成功和进步，改善他们的自我观念和自我效能感，激发他们浓厚的学习兴趣和强烈的求知欲望，以成功的学习体验促进学生健康发展。

在课堂教学中，教师可采取以下措施帮助学生体验成功并促进其发展。

（1）树立"人人经过努力都能取得成功"的现代教学思想

在传统课堂教学中，人们常认为"失败是成功之母"。然而，如果学生遭遇太多挫折和失败，他们的学习积极性和主动性将受到严重打击，可能导致未来更多的挫折和失败。心理学中的"罗森塔尔效应"（"皮格马利翁效应"）表明，教师的期望和评价会直接影响学生的身心发展。因此，课堂教学应树立"所有学生通过努力都能学好"的现代教学观念，积极创造一个让学生在学习上不断取得成功的环境，使所有学生都能在学习、生活，以及未来的事业中成为成功者。

（2）尊重学生的个别差异，为学生创设体验成功的机会和条件

在课堂教学中，由于学生在学习基础、能力和水平上存在较大差异，因此，应关注学生之间的个别差异，积极创造有利于全体学生自我表现和体验成功的机会。具体做法如下。

实施分层教学，满足不同学生的需求。教师应根据学生的个别差异，创设适当的环境和条件，让各个层次的学生都有机会获得自我表现和学习上的成功。

降低起点，循序渐进，及时反馈。对于学习成绩暂时落后的学生，教师应将起点设置在学生通过努力可以达到的水平上，以激发他们对学习的兴趣和信心。然后，从易到难，逐步前进，尽量降低挫折和失败的频率，帮助学生保持自信。对于学生取得的任何进步，都要及时肯定和鼓励，用欣赏的眼光看待学生，引导他们稳步、持续地取得成功。

（3）改革课堂教学评价方式，实施鼓励性评价

《基础教育课程改革纲要（试行）》强调，应改变评价过分强调甄别与选拔的功能，发挥评价在促进学生发展、教师提高和改进教学实践方面的作用。因此，课堂教学评价需要从选拔性评价转向发展性评价，激发学生的内在学习动力，促进学生的全面发展。

建立多元化的课堂教学评价标准。为了使更多学生体验到课堂教学的成功，应设立多元化的评价标准，从知识技能、过程方法、情感态度与价值观等多方面全面、科学地评价每个学生，使他们既认识到自己的不足，也认识到自己的优势和未来努力方向。

实施鼓励性评价，发掘学生的发展潜能。鼓励性评价是一种以学生现有水平为起点，以鼓励学生发展和进步为特征的发展性评价方式。为了改善学生对自己的消极看法和失败体验，课堂教学评价应从否定性评价转向鼓励性评价，引导学生认识到自己身上蕴藏的发展潜能，树立"天生我材必有用"的信念，相信通过努力，一定能成为好学生。

重视过程评价，为学生创设体验成功的机会。传统课堂教学评价关注学生学习结果，是面向过去的终结性评价。当代课堂教学认为，评价应重视学生的过去、现在和未来，充分发挥形成性过程评价在学生发展中的作用。为了充分发挥课堂教学评价的发展性功能，有的学校提出"事后百分制"，规定学生做完作业或考试后，如认为成绩不理想，教师可以暂时不给分数，而是

将作业和试卷还给学生。在弄清错误原因后，让学生重新完成作业或试卷，直至取得满意成绩。这样，学生既可避免因成绩不理想而体验挫折和失败，又能在改正错误的过程中实现自身不断发展和进步。

第三节　教学过程的本质及其规律

一、教学过程的本质

教学过程就是学生在教师有目的、有计划地指导下，积极主动地学习系统科学文化基础知识、基本技能，发展能力，增强体质，并形成一定思想品德的过程。

（一）关于教学过程本质的探讨

要理解教学过程的本质，需了解本质的定义。《辞海》将本质定义为事物的内部联系，由事物的内在矛盾构成，是事物深刻、一贯且稳定的方面。人们常引用列宁的话：对事物、现象、过程的认识是从现象到本质，从不深刻的本质到更深刻的本质的深化的无限过程。因事物的本质常被复杂现象遮蔽，深藏于内部，对本质的认识需经历一个"深化的无限过程"。目前，对教学过程本质的认识尚无定论，主要观点如下。

1. 特殊认识说

特殊认识说基于苏联凯洛夫《教育学》中的观点，以马克思主义认识论为指导，长期以来一直被人们所接受。这种观点认为，教学过程是一种特殊的认识过程。

教学过程是一种认识过程。教学过程和认识过程都是人脑对客观世界的反映，认识过程是主体直接作用于客体，而教学过程是主体学生通过教师间接地作用于客体。认识活动的目的、基础和检验标准是社会实践，教学活动也必须在一定的社会实践基础上进行。认识过程是一个由感性认识发展到理性认识，再由理性认识发展到实践的复杂曲折的过程，教学过程同样如此。人类通过认识过程不仅改造客观世界，同时也改造自己的主观世界，教学过程中师生在传授、接受知识的过程中去认识客观世界，并同时发展自身的各种能力和素质。因此，教学过程本质上是一种认识过程。

教学过程是一种特殊的认识过程。教学过程本质上是一种认识过程，但这种认识又不同于一般的认识，而是具有一定的特殊性。这种特殊性主要表现为以下四个方面：一是间接性，教学过程主要是学生掌握人类长期积累的科学文化知识，以此为中介间接地认识客观世界。二是引导性，教学过程中学生的认识是在教师的引导下完成的。三是简径性，教学过程中学生的认识走的是一条捷径，许多知识是人类经过数百年甚至上千年才总结出来的，但学生在很短的时间内就能掌握。四是教育性，教学过程中学生进行认识的过程同时也是接受德智体美等全面发展教育的过程。

近年来，"特殊认识过程说"受到质疑。人们在肯定其试图以马克思主义的科学认识论为基础分析教学过程本质的积极意义的同时，也指出了其缺陷，主要包括以下几点：学生的认识过程并非教学过程的全部，教学过程除了认识客观世界的任务，还包括发展学生的智力和能力、培养情感因素和思想品德，以及增强学生的体质等多重任务。将教学过程仅限于认识过程会导致对其他方面的忽视。过分重视教学过程中的认识活动，而忽略了学生多种心理参与对教学的积极意义，这是片面的。用认识论描述教学过程，实际上只描述了学生"学"中的掌握教材、认识事物的部分活动，还应包括"教"的过程，以及"学"中的自我管理、自我教育等活动。有人认为传授和学习间接知识的过程不能被视为认识过程。因为辩证唯物主义认识论是一种"直接知识认识论"，而教学过程主要是传授和学习间接知识，这一过程与直接知识的获得过程有本质区别，当然也不能被视为特殊的认识过程。这些批评意见的共同之处在于指出了"特殊认识过程说"的片面性和形式主义。

2. 认识—发展说

"认识—发展说"认为教学过程既是一个认识过程，也是一个发展过程，实际上是学生认识与发展相统一的过程。认识与发展相辅相成，缺一不可。这一观点认为，教学过程是在教师有目的、有计划地引导下，学生主动积极地掌握知识技能、发展智能、形成世界观和道德品质、全面发展个性的统一过程。这无疑是对"特殊认识过程说"的扩展，不仅关注到教学过程中学生的认识活动，还意识到通过认识活动促进学生各方面的发展。

然而，这一观点的科学性和完善性也受到一些人的质疑，具体表现为以下几点：以"发展"补充"认识"违反了逻辑学上的"属种关系"，认识过程是发展过程的上位概念，不能相提并论。"认识—发展说"是教学过程可能具有的功能和属性的机械罗列，随着认识的深入，这种罗列不可能穷尽。而且教学过程是一个多层次的过程，有大大小小各种不同目的、形式和内容的教学过程，罗列的种种功能和属性"不是在任何情况下，对于任何一个细小的教学过程和对于任何目的、内容和形式的教学过程都能够同时达到的"，因而，"没有揭示出这种种功能和属性所产生和发展的内在原因"，即教学过程的本质。由于长期以来实施的是"应试教育"，教师片面注重书本知识的传授，采用"满堂灌""填鸭式"的教学，学生学习负担过重，身心发展严重失衡，个性受到压抑，这种教学不但不能很好地促进学生的发展，反而成了阻碍学生身心全面发展的因素。这就使"认识—发展"说虽然在理论界得到了认同，但在实践过程中却没有得到真正的贯彻，处于一种"应然"状态。

3. 认识—实践说

"认识—实践说"认为，教学过程是认识和实践相统一的过程。持这种观点的人认为，人类活动分为认识活动和实践活动，马克思主义认识论中的认识包括"认识和实践"两个方面。教学过程的本质特征也表明，教学过程同样包含认识和实践两个方面，教学过程不仅是学生在教师指导下掌握人类已有知识经验，发展认识世界的技能、能力的认识过程，而且还是一种师生共同参与改造主观世界、促进个性形成、推进个体社会化的实践过程。因此，教学过程实质上是一种"认识—实践"相统一的过程。

教学过程是教师精心指导学生掌握知识经验的认识活动和建构完美主体结构的实践活动的统一的过程。这一本质论的最大特点在于强调学生在教学过程中的主体地位和教师的主导地位的结合，并以人的全部心理活动为基础。"主体结构"是认知系统和情感系统组成的动态系统，教学任务的完成必须有两个系统的同时参与。这种提法将"实践观"引入教学过程本质的探讨，是对"特殊认识说"的发展。

4. 双边活动说

双边活动说认为，教学过程实质上是教师的教与学生的学相结合的双边活动过程。这种观点认为其他论断不能表达教学过程的"双边性"这一真实本质，而是把教学过程问题"复杂化"了。

无疑，将教学过程视为教师的教和学生的学的双边活动过程，为进一步探讨教学过程的本质奠定了认识论基础。然而，这种观点并未揭示教学过程中教师的教和学生的学之间的主次关系。因为教学的主要任务是解决学生现有认识水平与教育者提出的要求之间的矛盾，学生的学是教学过程的出发点和归宿，是教和学这对矛盾的主要方面。双边活动说恰恰忽视了这一点。

5. 多本质说

多本质说认为，按照马列主义唯物辩证法认识论来看，教学过程的本质不应只是一个方面的关系，而应是多方面的关系；不是一个类型，而应是多种类型。教学过程本质的多层次、多类型具体表现为以下几点：从认识论角度看，教学过程是特殊的认识过程；从心理学角度看，教学过程是发展过程；从生理学角度看，教学过程是发育成熟过程；从伦理学角度看，教学过程是培养道德品质、思想意识和行为习惯的过程，等等。因此，不能从单一角度去寻找教学过程的本质。

多本质论强调从多学科、多角度研究和分析教学过程，有利于拓展人们的思维，消除教学论研究中的形而上学弊端。然而，认为在教学过程的每一层次上都有一个或几个本质，那么对教学过程本质的认识必然陷入迷茫，因为人的有限认识无法穷尽无限的本质。

（二）教学过程的本质特征

认识教学过程的本质特征关键在于弄清教学过程的内在规定性，以更好地指导教学活动。具体而言，教学过程的本质主要具有以下几点特征。

1. 交往性

教学过程是教师的教和学生的学所组成的交往活动过程，包括教师教的一面和学生学的一面，两者相辅相成，构成教学过程结构的主体并贯穿于教学过程的始终。教与学的交往活动是一种特殊的社会交往活动，在目的、主体、媒介、方式等方面都区别于一般交往。在这个交往活动中，教和学都是能动的因素，他们之间互相影响又互相促进，彼此进行着多方面的交流传递和交往反馈。

然而，长期以来，教学理论一直将教学过程理解为简单的单向性联系，只关注教师的输出信息与学生的接受信息，忽略了双向交流和相互交往的一面，因此仅关注教师的主导地位，而较少关注引导学生主动性的方面。

2. 认识性

教学过程是学生的认识过程。列宁指出，从生动的直观到抽象的思维，再从抽象的思维到实践，这是认识真理、认识客观实在的辩证途径。教学过程正是通过各门学科知识的学习，引导学生沿着这条途径逐步达到认识客观世界的。

在教学过程中，学生的认识经历了从无到有、从少到多、从不全面到全面、从不确切到确切的过程。在这种知与未知的矛盾产生、激发、解决，又产生、又激发、又解决的循环往复中，知与用的交替递进使认识水平由浅到深，由低到高，由简单到复杂地不断发展。同时，在引导学生解决知与不知的矛盾过程中，教师也在不断丰富自己的知识体系，积累教学经验，摸索教学规律，使自己的教学技能更加成熟。

3. 发展性

教学过程是学生的认识过程，但它不仅限于认识过程，还是促进学生多方面发展的过程。苏联学者认为，教学理论的核心问题是确定以学生发展为基础的教学方针。这种发展，赞科夫称之为一般发展，包括智力、情感、意志、道德品质和个性的发展，以及身体的发展等，这些可以理解为学生的全面发展。

教学过程的认识性与发展性是相互关联的。教学作为一种创造性的认识活动，是发展智力与能力的基础。学生主动掌握知识和运用所学知识，能促进智力与能力的发展。人的认识活动是心理活动的组成部分，在教学过程中，学生的认识活动与情感、意志等心理活动密切相关，是知、情、意、行的相互统一过程。认识水平的提高会促进各方面心理特征的发展，而良好的心理特征，如情感、意志、习惯等，会促进学生认识能力的提升。

4. 教育性

在任何时代、任何历史条件下，教学过程的教育性都是一个不容否认的客观事实。无论哪个阶级办学，都会优先考虑通过一定的教学目的、内容、方法、组织形式、校园文化等，用本阶级的意识形态影响学生，将学生培养成本阶级所需要的人。教师也会以自己的思想、言论、行为影响和教育学生。在教学过程中，学生不仅在知识和能力方面得到提升，而且在思想感情、道德品质、观念意志等方面也会发生变化，因此，需要加强教育和引导。

二、教学过程的规律

规律是客观事物内在本质的必然联系，是不受人们意志影响的客观过程反映。教学过程的规律即教学过程本质的必然联系。研究教学过程的规律对教学工作具有重大指导意义。具体而言，教学过程的规律主要涵盖以下五点。

（一）间接经验与直接经验相统一

间接经验是指他人的认识成果，主要指人类历史经验的积累。直接经验是学生通过亲身经历获得的感性认识。间接经验和直接经验的关系是教学过程中学生认识从不知发展到知的一对基本矛盾关系。在教学过程中，学生主要学习间接经验。为了适应高度发展的社会，作为后继者的青少年学生首先应掌握人类积累的基本科学文化知识，否则无法在短时间内达到人类长期认识世界所达到的水平。以间接经验为主组织学生学习是学校为青少年学生设计的认识世界的捷径，其主要特点是：将人类世代积累的科学文化知识进行选择、简明化、洁净化、心理化，构建课程，引导学生循序渐进地学习，用最短的时间、最高的效率掌握人类所创造的基本知识。

学生的直接经验是学习间接经验的重要基础。书本上的知识通常表现为概念、原理、定律和公式所构成的系统，是理性知识，对学生而言是抽象的难以理解的东西。学生要把这种书本知识转化为自己理解的知识，就必须依靠自己以往积累或现时获得的感性经验。个人只有依靠已知经验，才能认识尚未知晓的知识。教学中要充分利用学生已有经验，增加学生学习新知识所需的感性认识，处理好间接经验和直接经验的关系。教师的教学要做到理论联系实际，学生的学习要做到知与行的统一。

在处理间接经验与直接经验的关系时，要防止两种偏向：忽视系统知识传授或直接经验的积累。这两种偏向在中外教育史上都曾出现过，且常常影响实际教学工作。受传统教育观影响的书本至上倾向忽视把学习间接经验同直接经验结合起来，忽视参加必要的实践性活动，导致学生学习到的是一些生吞活剥的书本知识，不能真正理解和掌握；受实用主义教育观影响，过分强调实践活动，轻视书本知识，导致学生难以掌握系统的科学文化知识。这两种倾向的共同特点是割裂了间接经验与直接经验的必然联系，违背了教学的规律。

（二）掌握知识与发展智力相统一

知识是人们在实践活动中对客观世界的正确反映；智力则是一种心理特征，包括观察能力、注意能力、想象能力、记忆能力和思维能力，其中思维能力为核心。知识是大脑皮层中形成的暂时联系系统，是后天获得的；智力则是先天素质和后天环境的综合。掌握知识与发展智力的关系是教学过程中学生认识发展和心理的矛盾关系，如何正确认识和处理这对矛盾关系一直是教学理论和实践的重要问题。

智力发展依赖于知识的掌握。系统的知识是智力发展的必要条件，人们的智力发展离不开知识与经验。掌握知识本身要求学生去不断地观察、想象、思考、记忆和操作，这个过程正是智力发展的过程。因此，教学要用系统的科学文化知识去武装学生的头脑，发展他们的智力。

知识的掌握又依赖于智力的发展。个体的智力发展水平直接影响和制约着知识掌握的快慢、难易、深浅与巩固程度等。要提高知识技能的水平，就必须提高学生的智力发展水平。但是，智力的发展不是自发的、自然的过程。教学应该有目的有计划地去发展学生的智力，特别是在科学技术迅猛发展的现时代，教学内容迅速增多，难度与深度不断提高，尤其需要在教学中培养和提高学生的智力，发展学生的创造才能。只有这样，他们才能胜任学习，较好地掌握现代科学知识，并在以后的工作中能够胜任各种来自科技革命的挑战。可见，掌握知识与发展智力是相互联系、相互依存、辩证统一的。

（三）掌握知识与思想品德提升相统一

掌握知识与思想品德提升相统一的规律是教学的教育性规律。教学具有教育性，这是教学中的客观存在。教师在传授知识的过程中，总是在一定思想体系的指导下，受一定的哲学观点和一定的阶级立场、观点所支配。教师在向学生传授知识的同时，也在自觉不自觉地向学生施加政治的、思想的和道德的影响。科学知识本身具有重要的思想教育价值。学校教育中各科教学，其内容都渗透着丰富的思想、道德和世界观教育的因素。在教学过程中，学生不仅可以从知识中受到教育，而且还可以从教师的教学态度、思想感情中受到教育。因此，教师一方面要认真地从各科教材中挖掘思想教育的因素；另一方面，还要注意身教、言教，做到教书育人。

在教学过程中，学生掌握知识与思想品德提升是相互促进的。知识掌握是学生思想品德提升的基础。人们的思想品德、世界观与人生观的形成，都离不开他们自身所占有的知识。学校教学中，教师传授的各门系统文化知识不仅有助于学生的认知和才能发展，还有助于陶冶学生的心灵，为学生形成高尚的思想品德和科学世界观打下基础。学生思想品德的提升又能推动他们积极地学习知识。学生的思想品德状况、学习动机和态度对他们的学习起着十分重要的作用。

在教学中，要注意防止两种错误倾向：一种是单纯传授知识、忽视思想品德教育的倾向；另一种是脱离系统知识的传授，把每门课都上成政治课、思想课，贴政治标签。这两种理解和做法都是不对的，都是违背教学具有教育性这一规律的。

（四）智力因素与非智力因素相统一

教学活动是学生在教师指导下逐步认知的过程，涉及师生的智力因素和非智力因素。智力因素是学生认识活动的执行者，非智力因素则是学生认识活动的调节和推动者。学生通过观察、记忆、思维、想象等智力因素的活动来认识事物，而良好的非智力因素对不同智力水平学生的认识活动都起积极作用。因此，教学过程要求智力因素与非智力因素相互促进，相辅相成，同步增长，达到智力结构的最佳状态。

智力因素和非智力因素在教学过程中相互作用，相互渗透。智力因素主要指学生进行观察、记忆、思维、联想等心理活动，而非智力因素主要指学生的兴趣、情感、情绪、意志、性格等心理活动。智力因素活动是非智力因素活动的基础。学生的非智力因素是通过积极的认知过程和掌握有价值的知识培养而成的。离开智力因素活动，学生的非智力因素就难以培养。非智力因素对智力因素的活动可起积极或消极的作用。当学生的兴趣、情感、意志、性格等心理因素与教学任务相一致时，会对智力因素活动产生积极影响；反之，当学生的动机、兴趣、情感、意志等与教学任务相抵触时，处理不当会对智力因素的活动起消极作用。因此，教学中必须重视学生的非智力因素。

为了确保有效地进行智力因素活动，需要适时地按教学需要调节学生的非智力因素。在教学中，学生的智力因素与非智力因素的关系复杂，因此，当学生的非智力因素与智力因素活动不一致时，需要调节非智力因素使其与智力活动相统一。调节非智力活动应从改进教学和培养学生自我教育能力两个方面入手。教学过程既是利用师生智力因素和非智力因素的过程，也是培养学生智力因素和非智力因素的过程。利用和培养是相辅相成的，只有做到有效地利用、自觉地培养，才能使智力因素和非智力因素在教学过程中发挥作用并得到发展。

（五）教师主导作用与学生主体作用相统一

教学过程是教师和学生共同参与的过程，教师发挥主导作用，学生作为学习的主体，二者在教学过程中达到统一。

关于教师和学生在教学过程中的地位问题，教学论发展史上存在两种观点。一种是以卢梭、杜威等人为代表的学生中心论，他们认为学生的发展是一种自然、主动的过程，教师应引导学生兴趣，满足需求，而不是过多干涉。另一种以赫尔巴特等人为代表的教师中心论，强调教师的权威，认为学生应保持被动状态。这两种观点都存在片面性，把教师的主导作用和学生学习的主动性对立起来，因而不正确。

教师在教学过程中发挥主导作用，他们的指导是学生学习和发展的基本条件。教师受过专门训练，精通专业，了解教学规律与学生发展规律。通过教师的教导和帮助，学生能够迅速提高自己的身心发展水平。教师的主导作用主要体现在启发诱导学生，调动学生的主动性和积极性。

学生是学习的主体，必须发挥主体的能动作用。学生是认识的主体，要把人类的历史经验和认识成果转化为学生的财富，把知识转化成学生的智力和才能，必须通过学生自己的认识和实践。学生的学也是教师教的出发点和归宿，教师的教是为学生的学而服务的。教师的主导作用发挥得好坏主要看学生学习的主动性、积极性、独立性和创造性发挥得如何。

教师主导作用与学生主体作用具有内在的联系，在教学过程中，既要发挥教师的主导作用，又要保证学生的主体作用。只有教师主导与学生主体两方面积极的配合，才能获取教学的最佳效果。

第四节　教学模式及其改革

教学模式是连接教学理论与实践的桥梁，是二者关系的关键纽带，同时也概括了学校各类教学活动方式。教学模式具有整体性、操作性、简约性及方向性等特点。在新课程改革背景下，教学模式需创新发展，以更好地指导教师进行教学。

一、教学模式

（一）教学模式的含义

"模式"一词源于英文"model"，通常指研究对象在理论上的逻辑框架，是经验与理论之间具有可操作性的知识系统，是实践的一种理论性简化结构。教学模式不仅与教学理论、思想紧密相连，解决为什么、是什么的问题，还与教学实践密切相关，解决怎么做的问题。它兼具理论与实践特点，是二者的中介。教学模式涉及教学的各个方面，包括完整的教学活动及其顺序和要求。

综上，教学模式可定义为"在特定教学思想或理论指导下，建立的相对稳定的教学活动结构框架和活动程序"。结构框架突出了教学模式在宏观上把握教学活动整体及其各要素之间的关系和功能；活动程序则突出了教学模式的有序性和可操作性。

（二）教学模式的构成

目前，学者们对教学模式的定义各异，但对教学模式结构的认识基本一致，即教学模式包括教学目标、教学思想、师生组合、教学程序、实现条件和教学评价等要素。

1. 教学目标

教学模式的内容并非指超出学科课程标准的教学内容，而是指每种模式都具备适应自身主题的课程设计思路或方法，以实现特定的教学目标。教学模式的目标是完成教学任务。通常，以知识、能力、态度等不同侧重点为核心目标的教学模式，会对学生的学习成果产生显著影响。所有教学模式都有一定的目标，使主题更具体化，并作为设计教学模式程序和操作体系的依据。

2. 教学思想

教学模式都是在特定教学思想的指导下提出的，并反映了一定的价值取向。这些理论可以来自某一具体流派，如行为主义心理学、社会主义人道主义等。例如，程序教学模式依据行为主义心理学理论；苏联的合作教育教学模式基于社会主义人道主义、民主化和发展性教学思想；我国的中学数学自学辅导模式以主体教育思想为指导。此外，一些教学模式是在长期教学实践中形成的，开始时可能缺乏明确的理论依据和指导思想，但在系统分析、总结和概括教学经验过程中，逐渐发现其理论指导。无论从教学原理演绎还是从实际经验提炼的教学模式，都有鲜明的理论指导贯穿其中，影响教学模式的其他构成因素，进而产生相应的系列概念。

3. 师生组合

教学是教师与学生相互配合的活动。在此活动中，教师和学生各自扮演不同角色，相互影响。不同教学模式中，教师和学生的地位与作用不同，表现出不同的师生组合和互动方式。例如，在罗杰斯的非指导性教学模式中，教师是"促进者"，与学生进行情感交流，创建和谐学习环境，促进学生发展；学生则在教师促进下，形成、体验和发现有助于自我发展的知识经验。师生组合方式主要有三种：以教师为主、以学生为主和师生互动。良好的师生组合能体现教师主导与学生主体的有机统一。

4. 教学程序

教学模式程序是实现目标的步骤和过程。各种教学模式都有独特的操作程序和步骤。如杜威的实用主义教学模式包括情景、问题、假设、推理和验证五个步骤；赫尔巴特的教学模式分为明了、联想、系统和方法四个阶段。教学程序基于教学阶段，根据教学内容具体设计，形成可操作的步骤。教学程序还规定了教学过程中教师和学生各自的角色和任务。

5. 实现条件

教学模式条件是实现教学目标、使教学模式发挥效用的辅助性支持。所有教学模式都有特定条件，只有在这些条件满足时，教学模式才能发挥实际效用。教学模式条件包括对教师、学生的要求，以及对教学材料、教学媒体等方面的要求。

6. 教学评价

教学评价是教学模式的关键要素，涉及评价方法和标准。不同教学模式的目标、程序和条件，评价方法和标准各异。一个教学模式通常规定自己的评价方法和标准，如罗杰斯的非指导性教学模式主要实行学生自我评价，掌握教学模式采用诊断性、形成性和终结性评价，其中强调形成性评价的重要性。

教学模式各部分地位、作用和功能不同，相互联系、相互制约，共同构成完整的教学模式。目标是核心，制约操作程序、师生组合和条件，也是教学评价的标准；理论指导是教学模式建立的价值基础和依据，对其他要素起导向作用；师生组合是教学模式对教师和学生的安排方式；程序是教学模型实施的环节和步骤；教学条件保证教学模式功能有效发挥；教学评价帮助了解教学目标完成程度，对活动过程进行反馈和监控，以便调整或重组操作程序和师生活动，使整个教学模式更有效达到教学目标。

（三）教学模式的特点

要准确理解和有效运用教学模式，需要把握其特点。随着理论研究和教学实践的不断发展，出现了各种教学模式。由于构成教学模式的因素内容和组合方式不同，适用情况和范围也各异。尽管教学模式具有多样性和层次差异，不同的教学模式仍具有一些共性特点。

1. 整体性

教学模式通常由理论指导、教学目标、操作程序、师生组合、实现条件和评价等因素构成，形成一个有机系统。不同教学模式的结构和功能各异，但都具有高度的整体性，揭示了教学过程中诸因素之间的动态联系。如果仅将教学模式理解为教学的方法、程序或策略，则是片面的。

2. 简约性

教学模式最大的特点表现为简约性，反映教学过程的核心和本质，而非具体经验。教学模式以精练的语言、象征的图形和明确的符号来概括和表达教学过程，形成容易掌握的公式化操作程序，便于掌握和交流。

3. 操作性

教学模式作为教学理论指导下的实施方案，具有可操作性，是理论与实践的桥梁。教学模式从特定角度、立场和维度揭示教学规律，易被教师理解和运用。其建立旨在让教师把握和运用，形成操作程序和系统，成为教师设计和实施教学的参照系。

4. 发展性

教学模式处于发展变化之中，作为系统对外开放，能根据教学实际情况灵活调整，优化发挥结构功能。教学模式的各个因素不断吸取新思想和新技术改进，符合时代发展需求。教学模式的变革和发展具有生命力，深入教学实践为其发展提供广阔前景。

5. 指向性和探索性

很难有一种普遍有效的教学模式适用于所有教学目标。每种教学模式都有明显的目标指向性，如发现式教学模式适用于数理科教学、程序教学模式擅长知识技能训练。教学模式具有实验性质，表现出尝试和探索特点。教学模式架起教学理论和实践之间的桥梁，探索教学过程的普遍规律和理论通向实践的道路，实现教学模式的比较、判断和选择淘汰。

第五节　教学设计

一、教学设计含义

学者们从不同角度对教学设计给出不同定义。如加涅认为教学设计是系统化规划教学系统的过程；帕顿指出教学设计是策划解决学业业绩问题的过程；赖格卢特表示教学设计是涉及理解和改进教学过程的学科，提出最优教学方法以实现学生知识和技能的预期变化。梅里尔等人在《教学设计新宣言》中提出教学设计是建立在教学科学基础上的技术。

综合学者观点，教学设计可概括为运用现代学习、教学心理学、传播学、教学媒体论等相关理论与技术，分析教学问题和需求、设计解决方法、试行解决方法、评价试行结果并在评价基础上改进设计的系统过程。教学设计需注意：有明确的教学对象和目标；对教学各要素进行最优化组合；从优化教学效果出发，为教学过程制定蓝图和计划；既可以是对单元或学科的设计，也可以是对一节课的设计。

二、教学设计的特点

教学设计可能因主观和客观因素的变化而出现差异。在不同层次的教学设计中，尽管设计方案可能不同，但教学活动会表现出一些共同特征。具体而言，教学设计具有以下特点。

（一）系统性

教学是一个复杂的系统，教学要素的不同或排列组合方式不同，会产生不同程度的教学效果。教学设计者必须以系统科学的方法为指导，全面考虑和分析每个教学要素，选择合适的教学方法和策略，使各个教学要素在达成一致教学目标的过程中实现有机组合，构成教学活动的系统。

（二）指导性

教学设计是教师精心设计的施教方案和蓝图，为教学活动实施提供依据。一旦形成并付诸行动，教学设计方案就成为教师教学的基本依据，全面指导教学活动的进行。

（三）操作性

教学设计需要教学理论基础和实践经验，将教学理论和实践结合起来。具体的教学设计方案中，各类教学目标被分解为具体的操作性目标。教学设计者为教学实践做好准备，对教学内容选择、教学方法运用、教学时间分配、教学环境调适和评价实施等方面都作出明确的规定和安排。

（四）创造性

教学设计是对未来教学活动进行设想和组织的过程，需要教师在深入分析教材的基础上，根据不同的教学目标和学生特征创造性地设计教学实施方案。教学设计虽可能导致教学的程序化和精确化，但并不束缚教学实践的自由，反而具有创造性。

（五）预演性

教学设计过程需要对未来教学活动进行设想，实质上是教师在头脑中预演实际教学活动的每个环节和步骤，是教学实践的彩排，具有较强的预演性和情境性。在这个过程中，教师设想自己在真实教学情境中的表现，对教学过程进行周密和细致的策划，保证教学的成功实施。

三、教学设计的依据

教学设计具有复杂性，需要综合考虑各种因素。为使教学设计促进教学实践顺利开展并取得良好效果，需要依据以下几点。

（1）现代教学理论：教学理论是对教学规律的客观总结和反映。根据教学理论设计教学方案，可使方案更具科学性和合理性。教师在进行教学设计时，应运用教学理论指导，减少随意性和过分依赖经验。

（2）系统科学的原理和方法：教学活动中的各要素相互联系、相互影响，综合发挥作用。因此，在进行教学设计时，需依据系统科学的原理和方法，分析教学系统中各要素的地位和作用，实现要素的有机组合，优化教学效果。

（3）教学实践的实际需要：教学设计应满足教学实际需要，为教师提供最优的行动方案。在进行教学设计时，应充分考虑教学实践的实际需要，明确教学设计的大致框架，并使之成为可操作的具体要求。

（4）学生的特点：教学是师生共同合作的过程，学生是教的出发点和归宿。教师进行教学设计时，要考虑学生的身心发展特点、规律，以及学生的需求、兴趣等。

（5）教师的经验与风格：教学设计最终为教师教学服务，必须经过教师的内化和吸收。教师丰富的经验、智慧和独特风格，是促进课堂丰富多彩、生动活泼的基本条件。在设计教学时，要结合教师的教学经验和风格，使设计的教学方案灵活多变，适应教师的具体教学。

四、教学设计的内容

（一）教学目标设计

教学目标是教学活动主体在具体教学活动中期望达到的预期结果或标准。教学目标设计包括教学活动开始前、进行中及结束时的教学准备、教学活动和教学任务等。作为预先设定的目标，教学目标设计是实施教学目标的重要方向标。

（二）教学目标设计的作用

总体上，教学目标设计对整个教学活动的开展具有指导意义，对教师和学生的教与学具有制约、规范和导向等功能。具体而言，教学目标设计的作用包括以下内容。

第一，制约教学活动的方向、进程和预期结果。明确教学目标设计是教学活动开展的前提。教学目标设计为教师制定教学计划、处理教材内容、选择教学方法、安排学生活动等提供了依据，是教学活动的出发点和归宿点。

第二，提供教学评价的依据。教学评价是依据教学目标设计对教学活动、教学过程和教学结果进行价值判断并为教学决策服务的实践活动。评价教学活动是否达到预期结果或效果、是否需要进行调整和矫正等，都需要以教学目标设计为依据。

第三，作为学生自我激励、自我评估、自我调控的重要方式。教学目标设计不仅是教师教学的目标，也是学生学习的目标，对学生的学习具有重要的激励作用。教师需要在教学开始时向学生明确陈述教学目标设计，激发学生的学习期望和动机，调动学生的学习积极性、主动性和创造性，帮助他们形成正确的学习动机，并通过教学过程中的评价和反馈等手段不断强化学生的学习动机。

此外，学生还可以根据教学目标进行自我诊断和衡量，客观、合理地评估自己的学习情况，并根据评估结果及时调整和调控学习态度、学习方法和学习效果等。

（三）教学目标设计的原则

教学目标设计应遵循以下原则。

1. 统一性原则

现代社会要求教育为每个学生的未来发展奠定基础。教育需提供基础性的知识框架、能力结构等，以服务于学生的终身发展。现代教学是规模教学，其特点是效率高，教师需按照教学大纲对学生发展提出统一要求，包括教学内容、教学进度等方面，以满足学生身心发展要求，保证人才培养质量与数量，体现现代学校教育的效率与优势。

2. 整体性原则

教学目标设计应考虑整体性特点，统筹安排不同层次和类型的教学目标之间的关系。教学目标是一个系统，由教育目的决定。学校教学目标可分为学校教学总目标、课程总目标、单元目标及课时目标等不同层次。各层次目标之间需保持上下贯通、有机联系的完整体系。在进行教学目标设计时，要考虑目标体系的横向作用和纵向联系，把握整体性原则要求。

3. 操作性原则

教学目标设计需具体化、有针对性，具备较强可行性。这一原则强调教学结果的可见性和可测量性，使教学工作有的放矢、有章可循。教学目标设计应表述详尽、明确，使用具体的"行为目标"描述教学目标，以指向学生的具体学习结果。在描述学生学习结果时，应用可观察或测量的行为动词，指出学生的某一学习动作，如"写出""背诵"等，避免使用"了解""掌握"等词，这些词缺乏具体操作性。

（四）教学目标设计的程序

通常，教学目标设计程序包括以下几点。

1. 研究与分析课程标准

教师设计教学目标的第一步是对课程标准进行充分认识和理解，这需要教师研究和分析课程标准。在此基础上，教师设计的教学目标才能具体确定学习知识项目，以达成教学标准，从而厘清教材的知识体系。

2. 分解教学内容

教师应根据教学要求，对教学内容进行分类。确定教学知识体系中哪些是学生需要掌握的、哪些是可选的，区分教学知识内容的主次和轻重，根据实际教学计划确定教学内容，重点讲授重要知识内容。从已确定的知识内容中找出相对独立的部分，即教学知识点，进一步确定新知识的大致范围，明确教学主要内容。从知识点中确定哪些是重点、哪些是易混淆易错的点，以便教师清晰讲授，便于学生理解和学习。

3. 了解学生

了解学生是教学目标设计的重要环节。教师可以从以下方面了解学生：根据学生的认识水平区分教学内容的难易程度；了解学生现有的知识经验水平，明确学生学习知识的基础；了解学生在学习上的兴趣爱好，针对其爱好设计教学过程，使教学目标顺利实现。以上三点有助于教师找到新知识教授的切入点，帮助学生更好更快地理解所学内容。

4. 确定概括性教学目标

在充分了解教学标准、教学内容和学生后，教师可以总结出一个概括性的教学目标。这需要用简洁明了的语言对教学目标进行概括性表述，为教师教学提供大致方向，有利于教学活动顺利进行。

（五）教学内容设计

1. 教学内容设计的依据

教师在设计教学内容时，需考虑多方面因素。通常，以学科内容、社会生活和学生群体为设计依据。具体如下。

（1）学科内容

现代教育体系中，全面、系统的学科知识是学校教学内容的主体。将学科知识纳入学校课程时，需明确学科功能，包括学科本身的独特功能和教育功能。两方面功能均需重视，避免偏重一方。

（2）社会生活

学校教学内容需适应社会生活需求。社会实践是构成社会生活的基础，对人们社会实践有益的基础知识是教学内容的主体部分。教学内容与科技、社会及人类发展变化密切相关，对社会生活具有作用。科技发展、社会进步，以及人类生活方式的改变会影响教学内容。新的教学内容又会促进社会发展。然而，随着知识增长，学校无法将全部知识纳入教育计划，需关注特定知识内容或技能与能力对当代社会的重要性。因此，社会生活变化不仅是教学内容发展的动力，也是教学内容的来源。

（3）学生群体

不同年龄阶段的学生具有不同的认知特点，需充分研究。教学内容设计要遵循有助于提高学生认识水平和接受能力的原则，充分考虑学生的认知水平和发展。同时，教学内容要符合学生的年龄特点、接受能力和思维方式。

此外，教学内容设计还需考虑国家的文化传统、精神气质、民族特点及民族情感等。随着社会发展，教学内容会随之改变。

2. 教学内容的组织设计

（1）教学内容的宏观组织

教学内容的宏观组织设计旨在实现不同类型课程的互补与合作，弥补课程缺点，发挥各自优势，实现教学内容的整体合理设计与安排。

（2）微型和长期课程的互补

长期课程是指知识容量大、持续时间长的课程，通常为一个学年的持续时间。微型课程是指容量小、持续时间短的课程，通常是选修课程，根据教师和学生的兴趣进行，重视深度而非广度。

与长期课程相比，微型课程在课程安排上更加多样化，能考虑学生兴趣，重视能力提升。因此，现代教学内容组织设计应在以长期课程为主的基础上，适当、合理地安排微型课程，促进二者共同发展，获得更好的教育效果。

（3）活动和学科课程的互补

活动课程，又称"经验课程"，倡导打破学科逻辑组织界限，根据学生兴趣、需求和能力的差异，让学生自行组织课程内容。学科课程以特定文化知识为基础，根据内在逻辑联系选择和组织不同领域学科知识。

活动课程充分考虑学生学习需求、兴趣和内在动力，但教学内容系统性和逻辑性较差，导致知识学习缺乏全面性与系统性。学科课程在继承优秀文化遗产的基础上，保证知识学习的全面性和系统性，有助于教学效率提高，但容易忽视学生需求与认知特点，导致学习积极性不高。

因此，应结合二者，保证教学内容系统与全面，同时激发学生学习兴趣与热情。

（4）综合和分科课程的互补

综合课程是指将两门或两门以上传统分科课程通过特定方式整合为同一门课程，或更重视分科课程之间的联系。分科课程是针对某一单一学科，根据学术领域分类，强调课程学科逻辑体系的完整性和相对独立性。

人类文化发展的分化和综合趋势决定了综合课程与分科课程互补的合理性。两者结合可实现课程互补，合理分配教学内容。通常，综合课程与分科课程的比重依据教育阶段分配。我国部分中小学已开展综合课程实验。

（5）隐性和显性课程的互补

隐性课程与显性课程的主要区别在于课程计划的明确性。隐性课程（又称潜在课程）以非预期性和潜在性为特点，不在正式教学中进行，也不在课程计划中反映，而是存在于学校、班级的某些情境中，如人际关系、文化环境、物质情境等，产生潜移默化的教育效果。

隐性课程对学生价值观、态度和情感培养有作用，显性课程主要促进认知水平发展。因此，教学内容设计需结合隐性和显性课程，实现学生全面协调发展。

3. 教学内容的微观组织

泰勒指出教学内容组织有三个基本原则：连续性、顺序性和整合性。因此，微观教学活动组织设计需注意以下几点。

（1）直线型和螺旋型相结合

教学内容组织设计包括直线型和螺旋型两种方式。螺旋型指在不同教学阶段重复某一知识教学，并在广度和深度上不断加强，呈现螺旋上升状态。直线型将教学内容设计成逻辑上前后联系的直线，避免重复。

螺旋型有助于加深学生对教学内容的理解，但可能导致不必要的重复和精力、时间浪费。直线型虽避免重复，系统反映学科知识，但可能导致学生对知识理解不透彻。因此，应结合二者，发挥优势，弥补不足。

（2）心理次序和逻辑次序相结合

教学内容组织设计需考虑学生心理顺序和课程逻辑次序。根据学生心理发展特点和心理活动顺序设计教学内容，以简单到复杂、低级到高级的知识内容组织。考虑学科知识体系的内在逻辑次序，以实现学生对知识的理解和掌握。

（3）横向和纵向相结合

教学内容的横向组织设计将不同学科知识内容联系在一起，打破知识界限和固有体系，提升学生认识广度。纵向组织设计根据教学准则，以先后顺序排列教学内容，实现由简到繁、由低级到高级的发展，帮助学生循序渐进地掌握教学内容。

结合横向和纵向组织，一方面使学生学习更多知识，另一方面符合学生认知水平和特点，体现教学内容整体性、针对性。

五、教学方法选择

教学方法是教学过程中师生为实现教学目的、完成教学任务所采用的教与学相互作用的活动方式。它是教学过程结构的关键部分，也是教学的基本要素之一。

（一）教学方法选择的依据

教学方法选择应考虑以下几点。

（1）教学目的和任务

教学方法需根据教学目的和任务进行调整。例如，讲授法适用于传授系统知识，而演示法、练习法适用于培养技能技巧。教师需根据多个教学目的和任务选择合适的教学方法。

（2）学科特点和知识形态

学科特点和知识形态对教学方法选择具有决定性作用。自然学科常采用演示法、实验法；语文、外语等学科常用讲读法、陶冶法；体育、音乐等学科则多采用练习法。此外，根据知识的来源和性质，选择适合的教学方法。

（3）学生实际情况

学生的知识、能力、思维、态度和生理心理素质等直接影响教学方法的选择。教师需根据学生的独立学习能力，选择相应的教学方法。

（4）教师素质和个性

教师的知识水平、教育素质、教学经验、语言表达能力、心理素质和个性特征等方面影响教学方法的选择。教师应根据自己的特点，形成独特的教学风格。

（5）时间和物质条件

教学方法选择需考虑时间和物质条件。不同的教学方法需要的时间投入和物质条件不同，教师需在保证教学任务完成的同时，提高教学效率。

（6）教学方法职能、适用范围和使用条件

教师需熟悉各种教学方法的特点、适用范围和使用条件，有针对性地选择和运用。同时，注意教学方法之间的相互配合，以实现最优化的教学效果。

（二）常用的教学方法

不同的教学方法对教学过程组织和学生学习结果特点产生不同影响。常见教学方法包括讲演法、提问法和讨论法等。

1. 讲演法

讲演法包括讲授法和演示法。讲授法是教师通过语言向学生传授知识，而演示法是教师通过展示直观教具、实物或示范实验使学生获得感性认识。在实际教学中，这两种方法常结合使用。讲演法能在短时间内向学生传递大量信息，适合低水平认知和情感目标，但学生处于被动地位，不利于思考和提问。

2. 提问法

提问法是教师根据学生已有知识或经验对学生进行提问，引导学生思考得出结论，获得知识和发展智力。与讲演法相比，提问法显著特点是有问有答，激发学生思考，实现师生间信息双向交流。

要使课堂提问有效，教师需注意以下几点。

第一，把握问题难度水平。根据学生能否回答问题来确定问题难度。如果多数学生不能回答，问题难度偏大；如果多数学生能立即回答，问题过于容易；如果多数学生经过思考才能回答，问题难度可能适当。

第二，提出不同认知水平的问题。根据布卢姆教学目标分类中认知领域的六级目标划分问题认知水平。但要注意，低水平问题（如知识性、事实性）

并不一定比高水平问题（如综合性、思维性）差。教师应根据教学目标要求提出相应水平的问题。

第三，提问要面向全体学生。教师提问时，要记住问题是面向全班学生的，而不仅仅针对几个学生。提问方式可以随机或轮换，对于有多种选择答案的问题，可以通过举手方式让学生回答。

第四，控制等待时间。学生需要足够时间思考问题。研究表明，等待时间长短对学生的成绩有着重要影响。对于低水平问题，等待时间增加会导致成绩下降；而对于高水平问题，等待时间增加可以促使成绩提高。

第五，对学生的回答进行恰当的点评。教师应根据学生回答的准确性给予适当反馈，以激发学习动机和帮助学生获得新知识。

第六，鼓励学生大胆质疑。教师应鼓励学生提出疑问，并对学生的问题给予回答或引导学生自己回答。对于学生提出的问题，无论听起来多么幼稚可笑，教师都不要讽刺挖苦或不予理睬，要保护学生的自尊心，并鼓励培养学生主动质疑的勇气、精神和能力。

3. 讨论法

讨论法是一种以学生集体为中心，在教师指导和监督下，学生相互启发、学习和交流的教学形式。这种方法以学生自己的活动为中心，每个学生都有机会表达自己的见解，并提出事实和论据以说服他人。因此，学生处于主动地位，有利于激发学习积极性、灵活运用知识解决问题，以及培养独立思考和创造精神。

要有效地组织讨论，需注意以下几点。

第一，明确讨论议题。

第二，确保学生在讨论前进行充分准备，阅读相关教材和参考资料。

第三，充分发挥教师在讨论中的作用。教师应引导学生围绕议题进行发言，促进学生间的相互作用。在讨论中，教师是引导者、组织者、调节者和参与者。与讲授法相比，教师在讨论中扮演相对次要的角色，鼓励学生发言，记录发言要点，要求学生论证或澄清观点，指出相同点和不同点，总结取得的进步。

第四，讨论结束后进行总结。教师对讨论中的疑难问题阐明自己的看法，总结优缺点。对于有争议的问题，允许学生保留自己的看法，不强求接受。

第六节　课堂教学管理

课堂是教师实现生命价值的场所，课堂教学是教学活动核心部分，直接影响教学质量和效果。因此，需要加强课堂教学管理，确保教学活动顺利进行。

一、课堂教学管理的两种取向

课堂教学管理是确保课堂教学顺利、有效进行的关键机制。它通过运用管理理论和方法，对课堂教学过程进行调控，以最大程度地提升课堂教学质量和效率。现代管理理论影响下，课堂教学管理模式可分为目标本位和发展本位两种。

（一）目标本位模式

目标本位模式，又称效率本位模式，源于 20 世纪 50 年代末美国管理学家彼得·德鲁克的"目标管理理论"。该模式以预定目标为出发点和归宿，让全体成员了解目标，并围绕目标进行活动，以目标为唯一评价标准。该模式使教学过程具有清晰性、明确性、可控性，提高单位时间内的目标完成率，但可能压抑师生的主体性和创造性。

（二）发展本位模式

发展本位模式是从促进学生全面发展出发的管理，重视发展学生的主体性和个性。该模式源于人本主义思想，受后现代思潮影响，强调调动师生积极性、主动性和创造性，满足学生需求，激发上进心、责任感和荣誉感，以学生自主管理为方法，挖掘学生潜能。该模式已逐渐超越目标本位模式，其影响力将随着课堂管理实践的发展而日益显著。

二、课堂教学管理的内容及影响因素

（一）课堂教学管理的内容

课堂教学管理主要涉及学生、教学情境和教学时间三个方面。其中，学生管理最为关键，尤其是激发学生学习积极性，通过建立和谐的课堂行为系统，确保教学顺利进行。

1. 学生管理

在课堂教学中，应将学生视为学习的主体，而非被动接受者。关注学生的年龄特点，发挥他们的主动性和积极性，使其成为教育顺利进行的主体。学生管理主要涉及制定良好的课堂常规和处理课堂问题行为。

2. 课堂教学情境管理

课堂教学情境包括教学设备、规章制度、校风、班风等，这些因素对教学活动和学生发展具有广泛影响。良好的教学情境有助于促进学生学习。因此，教学情境的布置是课堂管理的重要内容。

3. 课堂时间管理

在有限的课堂时间里，保证教学有效进行需注意以下几点。

第一，合理分配课堂教学时间。在课堂教学设计中，要分配好讲授、师生活动和小组活动的时间。在课堂管理中，要根据实际情况合理把握时间分配，提高教学效率。

第二，关注学生的专注时间。学生的注意力会随着时间变化，不同年龄的学生在一堂课中的专注时间也不同。因此，在进行课堂管理时，要关注学生特定时间段的表现，采取合适方法提高教学效果。

第三，保证学生的实际学习时间。教师应加强管理，减少学生迟到、早退和无故缺勤现象，合理安排教学环节，使课堂时间得到有效利用，尽快解决课堂突发事件，降低干扰。

（二）课堂教学管理的影响因素

课堂教学管理效果与管理者理念、方法、素质及课堂状况等因素密切相关。提高课堂教学管理质量，需认识和分析这些因素，发挥其积极作用。

1. 学生规模

班级规模对教学管理有影响。合理规模有利于教师有效分配精力，照顾每位学生。过大规模班级会使课堂管理困难，效果不佳。

2. 课堂环境

安静优雅的课堂环境有利于教学。教室色彩、直观教具运用、教师装束和举止等都会影响课堂管理。

3. 学生准备状态

学生对上课价值的认识、知识准备和心理接纳程度会影响课堂管理。教师应了解学生状态，排除学习困难，使学生在学习中体验愉快。

4. 教师教学威信

教师的威信对课堂管理有重要作用。威信高的教师能轻松控制课堂秩序，而威信不高的教师则难以有效管理课堂。

5. 座位排列

座位排列会影响教师对学生的关注程度。教师应对后排两边座位的学生多加鼓励，增强学习信心，并定期调换座位。

6. 教师关注分配

教师应关注每个学生，让学生感受到被了解、重视、鼓励和关怀，这对于学生的成长至关重要。

7. 教育机智

教师的教育机智是影响课堂教学管理的重要因素。教师应善于处理课堂教学中偶发事件，维护课堂秩序，提高教学威信。

8. 学生自制能力

学生的自制能力对课堂教学推进有影响。教师应关注学生的疲劳程度，通过降低教学难度、穿插有益活动等方式调节。

9. 课堂教学常规

课堂教学常规是组织教学的基础，也是学生遵守教学秩序的行为依据。教师应与学生共同制定规则，促进自我管理能力提升，保证课堂管理有效进行。

三、课堂教学管理的基本原则

课堂教学管理应遵循以下原则。

（一）教师主导与学生主体原则

教师应在课堂教学中发挥主导作用，同时调动学生的自觉性、主动性和积极性，实现师生双方的密切配合和协调共进。教师主导意味着教师在教学管理中担任指导者和教育者，控制教学进程和秩序；学生主体则要求尊重学生的地位和人格，提高学生学习的积极性。这一原则要求教师在教学过程中既发挥指导作用，又使学生成为真正有意义的学习活动的主体。

（二）教育性与发展性原则

在制定和维持课堂规则时，要尊重学生，从学生的身心特点出发，以学生发展为目的，体现"一切以学生的发展为本"的思想。教育是一项特殊的事业，教育对象的特殊性决定了教育与其他行业的本质区别。在教育过程中，不仅要研究教学规律，还要关注人的身心发展规律；不仅要考虑当前的教育影响，还要考虑对教育对象长远成长的影响；不仅要关注教师管理行为对学生的控制效果，还要关注学生形成对规则的态度和内在情感的效用。

（三）民主与共同参与原则

在制定和维护课堂规则、保持教学秩序时，教师应尊重学生的人格和意见，与学生共同商讨制定灵活严谨的课堂规则，以增强学生对规则的认同感。特别是在小学低年级阶段，要让学生自愿、自然地接受课堂规则，养成良好的遵守习惯。具体做法如下。

教师需要认同并形成民主的教育理念。长期以来，我国中小学教师在课堂中占据绝对中心和权威地位，教师与学生之间的关系是管理与被管理、控制与被控制。教师应改变观念，引导学生形成对课堂规则的内在认同感。

教师应以平等、民主为基本原则，通过共同参与和商讨，尊重学生的意见，引导学生共同制定课堂教学规则。

在运用课堂教学规则、维护教学秩序时，教师应减少使用消极、否定、直接命令式的控制性言行，引导学生成为维护良好教学秩序的主人，而非被动的接受者。

（四）激励与自律原则

在课堂教学管理中，教师应多采用鼓励方式，而非过分指责和批评，以激发学生养成良好的行为习惯，促进自我管理和自我约束，培养课堂自律意识。

以教师控制为特征的教学管理容易引发学生内心的防卫力量，而以信任、激励为特征的教学管理则易激发学生内在进取力量，促使学生产生希望进步的内在需求。

行为主义心理学认为，个体行为受行为后果影响，带来愉快结果的行为会重复出现，带来痛苦结果的行为会消失，任何行为出现都遵循"刺激—反应"原则。教师应注意：及时给予学生良好行为积极刺激，如肯定和表扬学生在课堂上的积极表现；发挥榜样作用。

四、课堂教学管理策略

（一）课堂秩序的维护策略

课堂秩序对教学活动至关重要，其重要性日益受到关注。然而，良好课堂秩序不会自发形成，需要教师采取适当策略维护：关注教学任务展开和目标达成，建立有益于目标实现的秩序环境。

1. 制定课堂规则

课堂规则是维护正常秩序、保证教学效果的基本行为要求和准则。规则具有规范行为、维持秩序、培育良好行为、促进学习等功能。一方面，规则保障课堂秩序稳定，明确正确行为价值标准；另一方面，促进学生行为规范发展，内化为自觉行为，唤起自主管理和自我评价动机，养成良好的行为习惯，提高教学效率。

制定课堂规则需遵循一定价值标准，符合法律法规和校规要求，考虑校风、班风和学生特点。具体原则和要求如下：规则条目应少而精，易记易行；制定明确合理，向学生说明意图和内容要求；内容不得与教育法律法规和校规相冲突；让学生参与制定，关注学生意见；以正向引导为主，用积极正面的语言表述。

2. 树立教师权威

树立教师权威是建立和维持良好课堂秩序的有效途径。教师具有权威地位，学生才愿意接受其教育影响，亲近并信任教师，教师在规范学生行为方面才能发挥"令行禁止"的作用，确保课堂教学稳步有序进行。

在我国历史上，尽管教师地位历经起伏，但对教师的尊重始终占据主导地位。尊师重教的社会文化奠定了教师的传统权威地位。教师的权威心理一方面来自教师群体对这种地位的认同，另一方面来自自身知识积累和专业使命觉醒。

教师在日常教育教学生活中表现出三种不同的权威形式：传统的权威、人格感召的权威和法定的权威。教师要保持和提升自身的权威地位，除了享有外部赋予的权威，还需不断加强人格修养和提升专业水平，以真知灼见征服学生，获得学生全方位认同，进而达到理想的权威地位。

在现代社会，多元价值共存，道德行为主要依靠制度规范和舆论监督。教师从事精神性活动，其人格修养关系到国家民族的道德发展水平，因此，教师应成为人类良知的守望者和代言人。教师需秉持良知和道德勇气，坚守原则，本着自己的良知，服务于道德和人格的力量，尤其在从事教育教学活动时，教师的行为应是一种教育良心下的自我规约。

3. 创设良好氛围

课堂氛围，又称课堂气氛或课堂心理气氛，是指班级成员在课堂上的情绪、情感状态，是师生在课堂上共同营造的心理、情感和社会气氛。良好的课堂氛围能有效调动教师教学积极性和学生学习积极性，从而直接影响着课堂学习的效率和质量。

课堂氛围一般分为民主型、专制型和自由放任型三类。民主型氛围中的师生更注重合作和友好相处，教师能给学生充分自由的表现机会，也善于采纳学生的合理建议；专制型氛围下，教师独揽教育大权，要求学生无条件服从教师的权威，学生或表现出攻击性反抗，或无奈地顺从；而自由放任型氛围则导致秩序混乱和纪律散漫，学生任意妄为，缺乏共同的努力目标和友好协作的动机，一旦出现问题，便导致学生间的敌视和寻找替罪羊。

合理优化和调控课堂氛围，对提高教师的课堂驾驭能力和课堂教学效率，培养学生的健康心理，促进学生健全人格形成，具有积极而重要的意义。因此，教师应有意识地创设良好的课堂氛围，以保证教学活动的效率和效果。

具体而言，教师优化和调控课堂氛围要综合考虑人的因素（主要是教师和学生）、物的因素（如教室环境），还有心理因素（即师生之间、学生之间的关系）等。要准确掌握课堂氛围的现状；重视情景因素，努力实现课堂物质环境的美化和合理化；积极鼓励和合理评价学生；构建平等对话的课堂人际关系。

4. 吸引学生参与

好奇、好动是中小学生的典型心理特征。如果教学内容枯燥贫乏，学生难以保持注意力，可能导致课堂秩序混乱。为维持良好教学秩序，教师需创新教学方法，用新颖有趣的活动和内容吸引学生注意力。经验丰富的教师常采用课堂提问、分组讨论、情景表演、问题抢答、探究活动和小组竞赛等方式，激发学生积极性。不断创新和变换教学方法能激发学生探究意识和求知欲，使学生以积极、愉悦的情绪投入学习，从而提高课堂教学成效。

多媒体技术在教学领域的广泛应用为教学方法创新提供便利条件。教师可运用多媒体技术调动学生多种感官，强化对教学内容的感受和体验，提升学生认知兴趣和探究意识，最大限度集中学生注意力到教学内容上，减少时间和精力耗散，使教学活动气氛热烈且秩序井然。

5. 强化正面影响

在教学秩序维护方面，表扬和鼓励正面行为是一种有效的管理策略。鼓励和赞赏能带来愉悦情绪体验，使学生乐观、自信、性格开朗。教师的鼓励对学生的成长具有巨大的推动作用，微笑、点头、肯定、褒奖等都可能成为学生进步的原动力。教师表扬方式多样，如表扬在喧闹教室中率先准备上课的学生，或适时表扬表现出认真态度的纪律散漫学生等。发挥鼓励和表扬的激励作用，才能营造良好课堂秩序，引导教学成功。

在鼓励和表扬环境下成长的学生，对未来充满信心，成绩优秀，人格健全，人生观和价值观成熟，能应对各种困难和挫折。为促进学生健康成长，教师应善于鼓励和表扬学生，拉近与学生的距离，发现教学中的美，为学生的茁壮成长作出更大努力。

6. 纠正不良行为

在课堂教学中，主张教师运用表扬和鼓励来强化学生的正面行为，但这并不意味着应完全摒弃批评和惩罚。对于某些学生的特定行为，教师的严厉批评甚至惩罚能更好地起到惩戒作用。对于学生的过激或攻击性行为，教师需要给予适当的惩罚。

现代学校教育中的惩罚已不同于过去的体罚或变相体罚，它是一门艺术。惩罚是在爱的基础上，指出学生错误之处，使其正确认识自己的行为，并明白要为自己的行为和错误承担责任，从而培养学生的责任感，提高自我教育能力。教师在实施惩罚时需运用心理学、教育学的理论，避免因惩罚导致学生心理障碍。

（二）课堂偶发事件的处理

课堂教学活动的参与者都是具有个性的主体。由于他们在认识水平、思维方式、价值观念、人生态度、兴趣爱好、性格特点等方面存在差异，教学交往过程中难免产生观念和认识上的分歧。加上外界环境的影响，课堂教学中常出现一些意外事件。课堂偶发事件是指与教学计划和目的无关、出乎教师意料、突然发生的干扰教学秩序的事件。即使教师课前准备充分，由于课堂教学的情境性和生成性，课堂偶发事件仍然难以完全避免。

1. 课堂偶发事件的特点

课堂偶发事件多种多样，通常具有以下特点。

（1）突发性：偶发事件是出乎教师意料的突然发生的事件。尽管教师课前对可能出现的困难有所估计，但课堂教学是师生及多种因素动态互动的过程，教师仍会遇到许多无法预设的问题，需要根据课堂变化调整教学方案。

（2）新异性：课堂偶发事件是与正常教学过程无关的新异刺激，可能引发学生强烈的情绪体验。教师的处理方式对学生的学习态度和个性发展有较大影响，甚至关系到全班学生的思想和情绪。

（3）不确定性：课堂偶发事件的表现形式和影响范围往往不确定，可能产生全班甚至全校的轰动效应，也可能是学生之间的个别问题行为，甚至可能是外人难以察觉的学生个人情绪感受。因此，应对课堂偶发事件需要教师具备应对重大事件的能力和智慧，以及敏锐的观察能力，及时发现学生潜在的心理和行为问题。

2. 课堂偶发事件的处理原则

在处理课堂偶发事件时，教师应遵循以下原则。

（1）沉着灵活：面对偶发事件，教师要冷静、沉着地判断事件起因，并采取果断措施。对不同性质的事件应灵活处理，善于随机应变。对小范围的不干扰正常教学的情况可个别暗示，对严重的矛盾冲突可课后处理，对可转化的问题情境要积极引导。

（2）积极认真：教师不能忽视或草率处理任何偶发事件，要认真对待问题，善于控制情绪，引导学生尽快平息矛盾，转移注意力，使课堂教学恢复正常。

（3）满怀爱心：教师应以爱心对待学生，一方面要就事论事，顾及学生自尊，不进行人身攻击或体罚；另一方面要坚持以教育为主，尽量引导学生自己认识问题并产生改正错误的信心和决心。

（4）宽严适度：教师采取的教育措施和手段都应适度，处理问题时要在情绪表达、措施软硬、批评语气等方面把握分寸，尤其要把握好对学生惩罚的尺度。要根据学生问题的性质、程度、动机、是否重犯等作出区分，对故意惹事、影响极坏又重复犯错者应严肃处理；对无意行为、程度轻者可轻度警示，等等。

（三）课堂偶发事件的处理方法

处理课堂偶发事件，教师要针对其不同类型、不同性质采取不同的方法。

1. 处理学生恶作剧事件的方法

（1）借题发挥法：当学生针对教师的恶作剧行为时，教师可巧妙地将其引向课堂教学主题，既维护教学秩序，又使学生无法得逞，从而减少类似事件的发生。

（2）幽默化解法：具有幽默感的教师能够用风趣的语言化解矛盾，改善课堂气氛，使课堂变得生动活泼。

2. 处理学生注意力不集中问题的方法

（1）情境引入法：为吸引学生注意力，教师可在教学导入环节中创设情境，让学生通过直观感受和体验提升对教学内容的兴趣，迅速集中注意力。

（2）暗示提醒法：当学生注意力不集中或窃窃私语时，教师可用含蓄、暗示的方法提醒学生遵守课堂秩序，关注课堂教学内容，无须中断教学活动。常用的暗示方法有目光暗示、动作暗示、提问暗示等。

第七章　现代教育技术应用：走向信息化

随着现代科技的迅猛发展，尤其是计算机技术和网络在各个领域的广泛应用，人类已步入信息化时代。在这个时代，教育也呈现出新的特点。现代教育技术的应用和教育理论的发展使教育走向了信息化、现代化。本章将探讨现代教育技术的概念、发展、理论基础，现代教育技术与教育信息化，现代教学媒体的选择与运用，多媒体课件开发，以及网络教学资源的应用等内容。

第一节　现代教育技术概述

一、教育技术的基本概念

教育技术在其发展过程中出现了许多名称和定义。20 世纪 60 年代，出现了包括教育技术在内的多种名称，如"视听教育""教育传播""教学技术""教学媒介""教育技术"等。1972 年，美国教育传播与技术协会（AECT）将教育技术作为研究和实践领域，这一举动得到了许多西方国家的响应。1977 年，AECT 对教育技术含义进行了新的阐述，增加了系统方法的内涵。

1994 年，AECT 的定义术语工作组对教育技术的定义作了较为全面、准确的阐述："教育技术是对学习过程和学习资源进行设计、开发、利用、管理和评价的理论与实践。"这一定义在教育技术界获得了较为广泛的认同。

2000 年以后，AECT 的定义术语工作组提出了教育技术新的定义表述："教育技术是通过创造、使用、管理适当的技术过程和资源，促进学习和改善绩效的研究与符合道德规范的实践。"该定义指出，教育技术有两大领域："研究"和"符合道德规范的实践"；有双重目的，"促进学习"和"改善绩效"；有三大范畴，"创造""使用"和"管理"。

上海师范大学的黎加厚教授对 AECT 最新定义的几个关键词进行了解读，包括"创造""使用""管理""提高绩效"和"符合伦理道德"。这些关键词分别指教育技术在不同领域的研究、理论和实践，学习者在学习环境中接触学习资源，教育技术领域工作人员的职责，学习者的能力及其在新环境中的迁移能力，以及教育技术一直坚持的伦理道德立场和实践要求。

二、教育信息化的概念

20 世纪 60 年代，日本学术文献中首次出现"信息化"一词，主要从产业角度进行阐述。20 世纪 70 年代，德国、欧共体、联合国教科文组织等国家及国际组织推动了信息技术在社会中的应用和发展，将信息基础设施视为重要一环。

1993 年，美国克林顿政府提出建设"国家信息基础设施"（NII），即"信息高速公路"计划，核心是发展以 Internet 为核心的综合化信息服务体系和推进信息技术（IT）在社会各领域的广泛应用。随着信息高速公路的兴建，"教育信息化"的概念应运而生。许多国家政府也制定了推进 IT 在教育中应用的计划。

自 20 世纪 90 年代末，随着网络技术的普及，中国社会发展与信息技术关系日益密切，人们开始关注信息技术对社会发展的影响，以及教育改革和发展中的"教育信息化"。现在，政府文件已正式使用"教育信息化"这一概念，并高度重视相关工作。

关于"教育信息化"的表述，我国学术界尚无统一界定。例如，祝智庭认为，教育信息化是在教育过程中全面运用现代信息技术，促进教育改革，适应信息化社会对教育发展的新要求；李克东认为，教育信息化是在教育与教学领域各方面应用信息技术，深入开发、广泛利用信息资源，培养创新人才，加速实现教育现代化的系统工程。

综合专家学者的观点，教育信息化可界定为：在先进的教育思想指导下，在教育教学领域全面深入地应用信息技术，深入开发、广泛利用信息资源，培养适应信息社会要求的创新人才，加速实现教育现代化的系统工程。其基本特征是开放、共享、交互、协作。教育信息化不仅关注教育手段的改变，更关注通过教育手段的改变来促进教育思想、观念、模式、内容、方法和学习方式的转变过程。因此，教育信息化是一个永无止境的追求。

三、教育信息化的内容

（一）信息化政策法规

国家针对教育信息化颁布各种通知、文件，制定一系列标准等，各级政府、各个单位和部门严格按照国家制度推进教育信息化才能使中国教育信息化规范化、秩序化，从而推动教育改革的进一步发展。因此，信息化政策是教育信息化顺利进行的重要政治保证和方向指导。

（二）基础设施及公用信息平台建设

基础设施和公用信息平台建设是教育信息化的物质条件和基本要求。其涉及多媒体计算机的配置、校园网的建设和维护、各类教育公用信息网络平台的开发、运行和管理等。只有建设好了这些，教育信息化才会有一个良好的硬环境。

（三）教育信息技术开发及其产业化

教育信息技术开发及其产业化是教育信息化和国家信息化的结合点，是推动国家信息化进程的动力源。在国家中，高等院校应当担起此任。高等院校要充分认识到加强技术创新、加速科技成果转化和高新技术产业化是一项重要的历史使命，要把科技成果转化和高新技术产业化放在与教学、科研同等重要的地位，采取产学研相结合，建立符合高校实际、有利于科技成果转化和高新技术产业化的用人制度和激励机制，加强大学科技园区建设，开展工程技术的研究开发、系统集成、中间试验和工业性试验，通过多元化投资，创办和发展高校高科技企业和企业集团。

（四）教育信息资源建设

教育信息资源建设是教育信息化的软件建设，是教育信息的载体，也是教育信息化的核心内容。其涉及各类教育教学软件的设计开发、网络教学资源库的建设、管理基础信息库建设等。教育信息资源建设的好坏决定了信息化教学的优劣。

（五）信息化人才培养与培训

教育以人为本。教育信息化建设的根本任务应当是培养信息化人才。信息化人才的培养，关键在于师资力量，要对教师从教育理论、教学设计方法和信息技术这三个层面（而不仅仅是信息技术一个层面）进行培训，要结合教师继续教育工程，对全体教师进行一轮以计算机网络技术为主的培训。需要注意的是，信息化人才的培养需要尽早开始，从小培养学生的信息处理和加工技能，培养学生的信息素养和创新意识。

第二节 多媒体课件开发

计算机辅助教学标志着教育史上的又一次重大变革，象征着教育理念与教学方法的更新。这种教学方式的出现，不仅展现了学校教育技术现代化的水平，而且其核心在于多样化的课件应用。因此，在计算机辅助教学中，多媒体课件的制作与开发占据了至关重要的地位。

一、多媒体课件的定义

计算机软件可视为解决问题的广义编码集，而课件作为其重要组成部分，是计算机辅助教学系统中的应用软件，主要功能是促进学习者有效学习。课件的定义有广义和狭义之分。广义上，具备教学功能的教学软件均可视为课件；狭义上，则是根据教学大纲，经过确定教学目标、分析教学内容和任务、设计教学活动结构和界面等步骤制作的课程软件。

多媒体课件是一种应用了多种媒体（如文字、图形、图像、声音、动画等）的新型课件，以计算机为核心，能交互式地综合处理多种信息。课件的大小不一，大课件可涵盖一门课程的全部内容，运行时间可达数十课时；小课件则只需 10～30 分钟，甚至更短。多媒体课件利用其技术优势，使教学内容展现更为生动、直观，更易于学生理解和喜爱。

二、多媒体课件的教学功能

（一）优化学习环境

多媒体课件图文并茂、内容丰富多彩，能够更好地构建学习环境，方便学习者学习。同时，多媒体课件对于教学内容全方位地阐述，更能充分发挥学习者的主动性，真正体现学习者的认知主体的作用。

（二）调动学习者积极参与

多媒体课件由文本、图形（图像）、动画、音频、视频等多种媒体信息组成，所以能给学习者提供多种感官的综合刺激，这种刺激能引起学习者的学习兴趣和提高学习者的学习积极性。

（三）扩大学习者的知识面

多媒体课件能够提供大量的多媒体信息和资料，创设丰富有效的教学情境，不仅利于学习者对知识的获取和保持，而且大大地扩充了学习者的知识面。

（四）提供多种学习路径

多媒体课件中的超文本是按照人的联想思维方式非线性地组织管理信息的一种先进技术。它的联想性和非线性符合人类的认知规律，所以便于学习者进行联想思维。另外，超文本信息结构具有动态性，学习者可以按照自己的目的和认知特点重新组织信息，按照不同的学习路径进行学习。

三、多媒体课件的分类

多媒体课件有多种类型，可以从不同的依据进行分类。以下是按照使用目标、应用环境和教学模式进行的分类。

根据使用目标分类，课件可以分为三类。

（1）助教型课件：主要用于辅助教师的课堂教学和课后辅导，帮助教师传授知识，揭示教学内容的内在规律。

（2）助学型课件：主要用于促进学生自主学习和协作学习，帮助学生构建当前知识体系，成为认知的主动构建者。

（3）综合型课件：集助教型和助学型功能于一体，既适用于教师在课堂上使用，又适合学生课外自学。

根据应用环境分类，课件可分为两类。

（1）单机版课件：在本地机独立运行的课件，仅支持人机交互，适用于教师课堂教学和学生自主学习。

（2）网络版课件：在网络上运行的课件，支持人机交互和人与人交互。例如，IP 课件，需通过网站发布，用户可登录网站点播所需课件。

根据教学模式分类，课件可分为以下五类。

（1）演练型课件：程序设计技术简单，实效性强，广泛应用。其基本设计结构为"提问—解答—评判"的模拟教学过程，学生通过不断练习巩固理解。

（2）指导型课件：发展较早，应用成熟。根据教学原则将教学内容分解成独立课程单元，完成总教学目标的一部分。设计者需具备教学经验，制作过程中需付出艰辛努力。

（3）查询和对话型课件：学生通过对话主动探求学习内容，具有指导型软件优点，提高资源利用效率。提供交互环境及获取信息规则，随着多媒体技术发展，电子百科全书等应用逐渐流行。

（4）问题求解型课件：适用于数学和自然科学相关学科，学生通过编程或使用软件包求解问题，掌握解决问题的程序和方法。

（5）游戏型课件：通过游戏形式达到教学目标，生成竞争性交互环境，激发学生兴趣，锻炼分析、决策和管理能力。制作过程复杂，需多方面人员协同工作。

四、多媒体课件开发的基本原则

教育性原则：多媒体课件需遵循教育性原则，以教学理论为指导，教学大纲为依据，突出教学重点，突破教学难点。开发人员需关注教学目标、课件针对性和新颖性。

科学性原则：多媒体课件要正确表达学科知识，避免违反科学准则。开发人员需确保概念阐述、观点论证、事实说明等符合科学逻辑，资料真实，使用正确的学科术语。

技术性原则：多媒体课件的技术性体现在程序数据结构、程序结构、控制技巧及运行可靠性等方面。要求课件运行快捷，操作界面友好，交互应答明确，容错能力强。

启发性原则：多媒体课件开发需遵循启发式教学原则，提高应用价值。

通过兴趣启发、设题启发和比喻启发等方式，激发学生兴趣，调动学习积极性，启发思考。

一致性原则：多媒体课件应保持信息表现方法和界面控制操作的一致性，便于学习者理解和熟悉。

艺术性原则：多媒体课件需保持较高的艺术性。开发人员需关注画面制作、内容背景协调、语言文字规范等方面，使课件具有艺术吸引力。

五、多媒体课件的开发步骤

多媒体课件的开发过程是指设计者将教学想法通过计算机程序进行描述，经过调试成为可运行的软件。学科教师通常是课件的开发者和使用者。具体的开发步骤如下。

（1）课件需求分析：这是多媒体课件开发的第一步，关系到课件质量的优劣。在制作之前，需细致地讨论和修改。

（2）课件的选题分析：要选择具有价值性的内容，例如，抽象或复杂的过程，难以口头表述，学生难以理解且传统教学难以有效进行的内容。

（3）课件的功能分析：在开发前要了解课件的主要功能、表现形式、使用形式和播放形式，以及选择合适的开发平台。目前流行的开发工具包括PowerPoint、Authorware、Flash、FrontPage等。

（4）课件开发可行性分析：考虑课件的难度、能否编写好的脚本、现有的条件和需购置的设备及软件，以及参与开发的人员水平等。

（5）课件制作人员组织、工作量、费用及制作周期的预测：如果课件选题合适且具有可行性，需考虑制作问题，如组织人员、工作量、费用、报酬分配及制作周期等。

（一）进行教学设计及课件总体风格设计

教学设计是多媒体课件开发的关键环节，体现了教学思想。开发者需根据教学目标、内容、学习对象特点分析问题，确定解决步骤，选择教学媒体、方法，设计教学环境，安排教学信息、评价及人机交互方式。

教学目标是课件开发的出发点和基础，由教师根据实际需要确定。根据课程大纲、训练要求及学习对象特征确定教学目标，有助于选择课件类型。

分析学习者特征是教学设计的重点，包括年龄、能力、动机、情感、知识结构等，以及学习风格、先决知识技能和计算机操作技能。这些特征影响教学方法、媒体和教学组织形式的选择。

课件总体风格设计涉及教学内容与表现形式的统一。影响因素包括课件类型、内容、结构、色彩基调等。设计包括界面内容、色彩运用和课件结构。

界面内容应合理安排，遵循一致性、适应性、清晰性等原则。色彩运用需科学合理，了解人眼视觉特点，考虑色彩搭配、情景效应等因素，真实展示客观世界，突出学习内容，展现学习信息。

课件结构设计要减少复杂性，降低关联度、耦合度及调用深度，使功能分布均匀。常见结构包括线型、树型和网状结构。

（二）编写课件脚本

脚本是对多媒体课件设计阶段结果的描述工具。类似于影视剧的"编剧"，课件脚本设计需处理内容安排、声音表现、动画或视频加入、交互等问题。专业课件制作中，脚本通常分为文字脚本和制作脚本。

文字脚本由教师根据教学要求对课件内容进行文字描述，包括课件名称、教学目标、重点难点、教学进程等。编写者可通过填写文字脚本卡片方式进行。

制作脚本基于文字脚本，将文字脚本改编为适合计算机网络媒体表现的形式，如交互界面、媒体表现形式等。制作脚本是制作多媒体课件的直接依据。

多媒体课件需要大量文本、图形、图像、声音等素材。搜集素材应根据脚本需求进行，理想的素材是制作优秀课件的基础。

制作合成是多媒体课件核心环节，根据脚本要求和意图设计教学过程，利用多媒体课件制作软件，将各种多媒体素材编辑成交互性强、操作灵活、试听效果好的多媒体教学辅助软件。

课件制作完成后，需经过多次调试、试用、修改、完善，确保课件质量。从上述过程可见，多媒体课件开发并不简单，整个过程可概括为如图 7-1 所示内容。

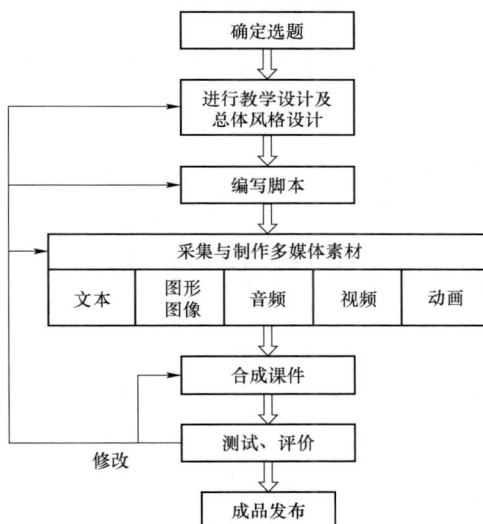

图 7-1 多媒体课件制作流程

参考文献

[1] 石学云，高丽. 教师职业发展与心理健康［M］. 西安：陕西人民教育出版社，2009.

[2] 张豪峰，张水潮，等. 教育信息化与教师专业发展［M］. 北京：科学出版社，2008.

[3] 袁运平，刘兴春. 新世纪教师专业化发展［M］. 北京：中国档案出版社，2006.

[4] 胡慧闵，王建军. 教师专业发展［M］. 上海：华东师范大学出版社，2014.

[5] 赵昌木. 教师专业发展［M］. 济南：山东人民出版社，2011.

[6] 叶澜，等. 教师角色与教师发展新探［M］. 北京：教育科学出版社，2001.

[7] 朱宁波. 中小学教师专业发展的理论与实践［M］. 长春：吉林人民出版社，2002.

[8] 丁钢. 中国中小学教师专业发展状况调查与政策分析报告［M］. 上海：华东师范大学出版社，2010.

[9] 赵慧君，等. 教育学基础［M］. 北京：科学出版社，2014.

[10] 余文森，等. 教师专业发展［M］. 福州：福建教育出版社，2007.

[11] 刘兴富，刘芳. 教师专业化发展的理论与实践［M］. 北京：光明日报出版社，2009.

[12] 常思亮. 教育管理学［M］. 长沙：湖南大学出版社，2006.

[13] 曾天山，褚宏启. 现代教育管理学［M］. 北京：教育科学出版社，2014.

［14］朱德全. 现代教育理论［M］. 重庆：西南师范大学出版社，2008.

［15］郑航. 学习德育概论［M］. 北京：高等教育出版社，2007.

［16］刘智峰. 道德中国［M］. 北京：中国社会科学出版社，1999.

［17］王汉澜. 教育学［M］. 北京：人民教育出版社，1989.

［18］刘京铎，权利霞. 德育学教程［M］. 西安：陕西师范大学出版社，1992.

［19］睢文龙. 教育学教学咨询［M］. 北京：人民教育出版社，1991.

［20］李学农. 多媒体教学优化设计［M］. 广州：广东高等教育出版社，1996.

［21］顾明远. 教育大辞典（增订合编本）［M］. 上海：上海教育出版社，1998.

［22］陈桂生. 教育学视界"辨析［M］. 上海：华东师范大学出版社，1997.

［23］佐藤学. 静悄悄的革命——创造活动、合作、反思的综合学习课程
［M］. 李季湄，译. 长春：长春出版社，2003.

［24］色诺芬. 回忆苏格拉底［M］. 吴永泉，译. 北京：商务印书馆，2009.

［25］拉格曼. 一门捉摸不定的科学：困扰不断的教育研究的历史［M］. 花海
燕，等译. 北京：教育科学出版社，2006.

［26］加涅. 教学设计原理［M］. 皮连生，等译. 上海：华东师范大学出版社，
1999.

［27］拉尔夫·泰勒. 课程与教学的基本原理［M］. 施良方，译. 北京：人民
教育出版社，1994.

［28］马丁·布伯. 我与你［M］. 陈维纲，译. 北京：三联书店，1986.

［29］沃林斯基. 健康社会学［M］. 孙牧虹，等译. 北京：社会科学文献出版
社，1992.

［30］约翰·杜威. 学校与社会·明日之学校［M］. 赵祥麟，译. 北京：人民
教育出版社，1994.

［31］马卡连柯. 马卡连柯全集（第3卷）［M］. 耿济安，等译. 北京：人民教
育出版社，1957.

［32］波塞尔. 科学——什么是科学［M］. 李文潮，译. 上海：上海三联书店，
2002.

［33］ 阿·尼·列昂捷夫. 活动意识个性［M］. 李沂，译. 上海：上海译文出版社，1980.

［34］ 马卡连柯. 论共产主义教育［M］. 刘长松，杨慕之，译. 北京：人民教育出版社，1962.

［35］ 马克思、恩格斯. 马克思恩格斯全集（第1卷）［M］. 中央编译局，译. 北京：人民出版社，1972.

［36］ 诺丁斯. 学会关心——教育的另一种模式［M］. 于天龙，译. 北京：教育科学出版社，2003.

［37］ 布鲁纳. 故事的形成：法律、文学、生活［M］. 孙玫璐，译. 北京：教育科学出版社，2006.

［38］ 杜威. 我的教育信条·杜威教育名篇［M］. 赵祥麟、王承绪，译. 北京：教育科学出版社，2006.